세미오시스 연구총서 08

식자의 삶

먹기와 함께 먹기

이 저서는 2010년도 대한민국 교육부와 한국연구재단의 인문한국(HK)지원사업의 지원을 받아 수행된 연구임(NRF-2010-361-A00013). 이 저서는 2020년 한국외국어대학교 학술연구비지원에 의해 수행된 것임.

| 세미오시스 연구총서 08 |

食者의 삶

먹기와 함께 먹기

서종석 지음

HU:iNE

차례

먹는 것은 생각하는 것이다.
인간이라는 잡식성 동물은 세상과 자기 자신, 다른 개체와 집단과의 관계 속에서,
지속적으로 자신이 먹는 것을 생각하고 곱씹어 보거나 이성적인 성찰을 해야 한다.

"Manger, c'est penser.
Dans son rapport avec le monde, avec lui-même,
avec les autres individus et la collectivité, [...]
l'omnivore humain a constamment besoin de penser son alimentation,
de la raisonner ou de la rationaliser."
– Claude Fischler(2001[1990])

프롤로그

먹는 동물, 함께 먹는 인간

이 글은 인간의 삶과 행위 속에서 '음식'과 '먹기'를 통해 드러나는 다양한 의미들에 대한 작은 논의이다. 인간의 행위들 중 많은 것들은 단순하고 거칠며, 유의미하지 않은 것으로 보이지만, 서로 결합되고 함께 어우러져 사회적 의미를 획득하는 순간 어느덧 행위 주체의 특성과 본질을 드러내는 실체로 다가온다. 음식은 그것을 만드는 과정과 '먹는 행위'를 통해 인간 삶의 다양한 측면과 복잡한 방식으로 결부된다. 음식과 관련된 원재료의 생산, 준비 그리고 소비의 과정은 음식 자체의 문제뿐만 아니라 사회와 문화의 영역을 복합적으로 얽어매어 육체의 건강과 병, 페미니즘, 성 그리고 젠더, 정체성과 타자성, 심리학, 생태학, 정치경제학 등 인간과 관련된 모든 영역을 관통한다. 따라서 음식을 연구한다는 것은 곧 인간 동물에 대한 심층적인 이해의 문제와 관련될 수밖에 없다. 음식을 연구하는 많은 학자들은 음식이 하나의 자연적 사실이자, 마르셀 모스Marcel Mauss의 표현을 빌자면, "총체적인 사회적 현상phénomènes sociaux totaux"(Mauss 1950, 148)이라는 데 주저 없이 동의한다. 음식은 사회적 삶의 다양한 영역과 관계되며, 사회와 그 제도 전체를 움직이기 때문이다.

인간은 이 세상에 태어나면서부터 '음식을 통해' 자신을 규정하고 규범화하며 학습한다. 먹기는 저마다 주어진 환경에서 이 세계를 자신의 몸으로 고유하게 받아들이는 하나의 방식인 것이다. "당신이 먹는 것이 곧 당신이다."라는 경구는 이미 우리의 선대가 지난 시절 먹어왔던 음식과 식문화의 역사가 현재의 우리 삶을 구축하고 있다는 사실을 담고 있다. '먹기 공동체' 혹은 '밥상 공동체'라 불리는 것은 그러므로 현재뿐만 아니라 과거의 모습과 그 흔적들도 담고 있는 것이어서, 먹기란 그 단순한 행위성을 통해 무형의 문화유산을 수용하고 유지시키며, 발전시키는 일이 된다. "우리 경험의 일부 측면은 단지 그것이 물리적이고, 일시적이며 완전히 일상적이라는 이유로 가치가 있다."(Curtin 1992, 4) 먹기와 음식은 그것의 필연성을 통해 우리 삶의 일상성을 지속적으로 구성하고 유지하게 한다는 점에서 매우 중요하다.

먹기와 음식이 함의하고 있는 필연성과 일상성은 그 자체로 수많은 의미와 관계들을 다양한 방식으로 드러내 준다. 다시 말해 우리가 먹는 음식은 몸이 필요한 영양분을 제공해 준다는 것과 더불어 또 다른 내재적인 인자들로 구성되어 있다. 음식은 정의상 인간의 육체적 존재의 유지를 위해 필수적인 성분을 갖춘, 섭취가 가능하도록 가공되거나 자연상태 그대로인 물질이라고 할 수 있을 것이다. 이러한 음식을 준비하고, 식탁을 차리며 누군가와 – 혹은 홀로 – 먹는 일은 곧 나의 정체성의 구축과 더불어, 특정한 문화와 나를 연계하고 규정하는 하나의 사건이다. 그런데 먹기는 먹고 먹히는 관계를 바탕으로, 식자재의 생산자, 음식을 준비한 자, 그리고 식탁의 동반자 등 다면적인 고려 사항들이 함께 존재한다. 잭 구디Jack Goody는 먹는 행위를 자신과 타자들을 관계시키는 하나의 방식으로 간주한다(Goody 1982, 2). 다시 말해 음식을 먹는다는 것은 가시적이거나 비가시적인 타자들과 대면하는 것이다. 음식은 시간과 공간, 그리고 다양한 수고와 희생이 물질의 형태로 제시된 문화적 산물로, 그 개념적 토대에는 많은 행위가 개입될 수밖에 없다. 이 행위들은 먹는 행위에 앞선, 절대적인 선행 전제로 주어진다. 그러므로 음식은 관계다. 음식을 마주하는 그 순간 우리는 이미 타자와의 관계 속으로 들어간다. 관계의 관점에서 음식이 타자를 소환하는 것이라면, 이 음식을 몸 안으로 받아들이는 일은 필연적으로 이 타자와 더불어 내밀한 관계를 맺는 것이다.

이러한 이론적 입장은 음식을 보다 큰 차원에서, 그리고 또 다른 층위에서도 살펴보아야 할 필요성을 느끼게 한다. 이 글에서 우리의 논의는 무엇보다 음식을 하나의 '매체'로 규정하고 '먹기'와 '함께 먹기'라는 자연적 행위와 사회적 행위가 지니는 의미를 다루는 데 집중한다. 음식을 매체라고 한다면 "그것은 물질로서, 그리고 그 자체가 만들어내는 관계로서 그렇다." 매체로서 음식은 "독립적이고 대립적인 두 개체를 연결해 주는 제3의 존재"(서종석·엄소연 2017, 251)로 규정될 수 있다. 즉 음식을 하나의 매체로 바라본다는 것은 음식이 지니는 본질적 특성과 음식이 맺는 다양하고 복합적인 관계들을 총체적인 차원에서 이해한다는 것이다. 인간의 역사 속에서 음식은 항상 물질적인 것 이상으로 작동되어 왔고 생물학적인 요소와 문화적인 것의 만남이 이루어지는 곳이었다(Gosden and Hather 1999). 먹는 행위가 함의하고 있는 인자들은 생물학적이면서 동시에 문화적인 성격을 지닌다는 말이다. 먹기와 관련하여 인간 동물은 본유本有적인 측면과 후천적으로 획득하는 요소들을 갖는다. 잡식성 동물雜食性 動物 omnivore로 규정되는 인간은 이 인류 공통의 본유적인 특성을 기반으로 고유한 식탁의 문화를 개체와 집단의 수준에서 유산으로 전달받아 왔다.

그러므로 매체로서 음식은 먹는 행위와 더불어 우리의 논의 속에서 크게 두 차원에서 기능하는 것으로 고찰된다. 하나는 생물학적 차원이고 또 하나는 사회적인 차원이다. 매체로서 음식의 두 차원에는 보다 확장된 의미에서 '체내화incorporation의 원리'가 그대로 작동된다. 여기서 '생물학적인' 차원은 단순히 생명 유지와 영양분의 공급이라는 측면뿐만 아니라, 한층 폭넓고 총체적이며 심층적인 차원과 결부된다. 생물학적 차원은 인간을 포함한 모든 존재들의 관계를 음식과 먹기의 차원에서 이해하는 것이다. 이 차원은 세계의 존재들과 상호 종속적인 연계를 갖는 인간의 먹기와 음식의 특성을 표상한다. "먹기는 보편적인 상호 의존의 한 표현이다."(Appelbaum 2006, 189) 음식은 존재와 존재 간의 매개 물질이며 그 기능과 역할이 작동되는 수준은 인간의 존재론적 차원으로까지 확대해 간다. 이는 음식이 '음식'이기 전의 상태, 즉 요리라는 문화적인 행위에 의해 변형되기 이전의 모습까지 고려해야 한다는 의미가 된다. 음식을 존재와 존재 간의 먹고 먹히는 관계 속에서만 이해하는 것은 단순한 개념 도식에 불과하다. 음식은 그 자체로 파괴와 창조의 개념을 토대로 만들어진 것이다. 먹기 행위는 음식의 이 내재적인 특성과 닮아 있다. 그것은 파괴적이며 동시에 창조적인 성격을 갖는다. 파괴와 창조는 음식과 먹기의 개념적 틀 안에서 모호한 경계를 드러낸다. 먹고 먹히는 존재들 사이에서 드러나는 이 역설적인 모습은 죽음과 삶의 양상과도 자연스럽게 연계된다. 생물학적 차원에서 작동되는 매체의 성격은 바로 이러한 관계에 의지하고 있다.

매체의 사회적인 차원은 밥상을 토대로 한 인간들의 '함께 먹는' 관계를 다룬다. 함께 먹기는 '따로 또 같이'라는 개념 단위로 정의할 수 있을 것이다. 음식을 먹는 행위는 짐멜(Simmel 2005)의 생각을 빌리자면, 지극히 개인적이고 이기적이며 개체적인 활동이지만, 함께 식탁을 나누는 행위를 통해서 유의미한 가치를 얻게 된다. 이러한 의미에서 음식은 소통이라고 할 수 있다. 소통은 단절되고 독립된 타사들을 선제하는데, 음식은 식탁이라는 공간을 통해서 이 개체들을 매개하고 이들 사이에 내밀한 질서를 독특한 방식으로 부여한다. 아래에서 보겠지만, 함께 먹기의 시작은 무엇보다 가족이라는 사회적 단위에서 출발하여 보다 큰 사회적 집단과 먹기 공동체를 구성한다.

이 책의 본문은 다섯 부분으로 나누어져 있다. 제1부는 무엇보다 매체로서의 음식에 대한 논의에 초점을 맞추었다. 매체의 관점에서 스피노자와 미셸 세르 등의 철학적 입장을 수용하여 간략하게 다룬다. 이어 하나의 흥미로운 실례로서, 파푸아뉴기니Papua New Guinea의 화Hua족의 세계관과 식문화를 통해 어떻게 인간을 포함한 세상의 유기체들이 인과 사슬처럼 서로 연결되어 있는지 살펴볼 것이다. 제2부는 '먹기'라는 제목을 달았는데, 인간의 식행위 자체가 담고 있는 몇 가지 주요한 요소들을 살펴보는 것이 그 주된 목적이다. 인간은 다른 동물처럼 먹는 존재이지만, 무엇보다 잡식성 동물이라는 변별적 자질을 지니고 있다. 이러한 특성이 문화적인 인자와 어떻게 결부가 되는지, 그리고 인간의 삶에 어떤 의미가 있는지 먼저 살펴볼 것이다. 이와 더불어 '먹는' 인간으로 입이 지니는 주요한 두 기능, 즉 '먹는' 입과 '말하는' 입에 대한 짧은 숙고도 병행한다. 또, 아마도 이 책 중간 중간 빈번하게 언급될 용어이기도 하지만, 인간의 먹는 행위의 본질과 관련된 '체내화'의 원리와 이와 결부된 논의들이 함께 개진될 것이다. 여기에는 현대의 식자食者 eater가 안고 있는 불안과 고민도 포함되며, 또 식자로서 철학자 니체를 그의 음식관으로 살펴보는 기회도 갖고자 한다. 먹기 행위에 대한 논의에 이어 제 3부에는 '함께 먹기'라는 제목으로 식탁을 나누는 사회적 의미와 그 문화적 속성에 대해 논급하려고 한다. 함께 먹는 행위는 인간 식문화에 대한 다양성뿐만 아니라, 인간의 본질과 관련된다. 동서양을 막론하고 공동 식사는 가정의 좁은 밥상에서 잔치의 흥겨운 마당을 거쳐 종교와 정치의 의례적인 공간에 이르기까지 모두 정체성을 강화하거나 재생산하고 소통을 꾀하는 장소로 기능한다고 할 수 있다. 그러나 좀 더 들어가 보면 이 개념은 매우 복합적이며 정의하기가 그리 쉽지가 않다. 게다가 시대의 상황에 따라 함께 먹는 행위의 의미와 방식은 질적인 변화를 겪고 있다. 이 책에서 '함께 먹기'에서 파생된 모든 문제를 다룰 수는 없을 것이다. 그래서 논의의 중심을 이루는 매체성과 정체성, 그리고 가족과 사회라는 개념을 바탕으로, '집밥'이나 '식구' 등 변화의 중심에 있는 공동체적 요소들을 환기해 보려고 한다. 제4부는 현대 식자의 삶을 규정해 주는 한 인자, 곧 '혼잣밥'에 대한 짧은 생각을 담고 있다. '혼밥의 사회'로 묘사되는 한국 사회에서 밥을 홀로 먹는 일, 혹은 혼자 식사를 하는 모습은 이제 더 이상 낯설지가 않다. 이러한 사회 속에서 혼잣밥에 대한 공동체적 규준이 어떠한 방식으로 작동되는지 식자들의 변화된 삶을 되짚어보며 생각해 보았다. 이 책 본문의 마지막 장인 제5부는 인간 세상의 식탁이 지니는 긍정과 부정의 양면성을 살펴보았다. 우리가 경험하는 식탁은 식자들 간의 연대와 화목을 꾀하는 자리로 기능하기도 하지만, 또한 배타가 생산되고 불화를 겪는 식공간이기도 하다. 그리고 이와 함께 '공생공락共生共樂 conviviality' 개념의 본질을 되새김하면서, 식탁을 통해 인간 사회의 이상향을 꿈꿀 수 있는지 독자들과 함께 생각해보고자 한다.

미각은 철학적 전통 속에서 폄하되지만,
인간의 조건을 숙고하는 데는 본질적인 통로이다.

"Disqualifié par la tradition philosophique,
le goût se révèle une voie d'entrée essentielle pour penser la condition humaine."
— David Le Breton(2009, 19)

I
매체로서의 음식

음식을 하나의 매체로 본다는 것은 보다 폭넓은 세계관을 받아들여야 한다는 것을 의미한다. 도입부에서 우리는 매체적 시각에서 본 음식관을 간략히 언급했다. 하나는 생물학적 차원으로 존재와 존재 사이를 연결하는 음식의 역할을 말하는 것이며, 다른 하나는 사회학적 차원으로, 무엇보다 식탁을 나누는 인간들의 사이 공간에서 음식이 창출해내는 관계와 결부된다. 물론 음식의 관점에서 보면, 두 차원은 근본적으로 서로 구분되는 것은 아니며 논의의 편의상 필요한 것에 불과하다는 점을 상기할 필요가 있다.

음식을 하나의 매체로 간주하고자 하는 우리의 시도는 '자연'과 '문화' 간의 근본적인 대립을 지양한다는 생각에서 출발한다. 이본느 비즈카라 보르디Ivonne Vizcarra Bordi에 따르면, 생물학적인 것과 문화적인 것, 자연과 문화 간의 명시적 구분은 과거 인류학과 사회학에서 빈번하게 강조되어 왔던 학문적 조류이다. 이러한 관점이 사회의 조직과 현대 사회의 역동성 등의 문제들을 효율적으로 분석하는 데 많은 기여를 했다는 것은 사실이다. 그러나 그 결과 분쟁과 통합, 변화와 안정, 생산의 합리화와 산업화 등에 대한 주제들이 중심을 차지하고, 젠더, 몸, 건강과 병, 그리고 특히 음식의 소비와 그 의미 등의 문제는 상대적으로 주변화되어버렸다. 먹는 행위는 인간의 전체적인 면과 연관되는 것이어서, 심리적, 사회경제적, 정치적 그리고 문화적인 요소들이 어우러진 "총체적 인간 행위acte humain total"(Vizcarra Bordi 1999, 145. 혹은 Poulain and Corbeau 2002도 참조)로 이해되어야 한다. 따라서 음식을 매체로 보고자 하는 생각의 기저는 무엇보다 자연과 문화의 구분을 초월하는 차원과 연계되어 있다. 그것은 보다 포괄적인 수준에서 존재들의 상호 연계와 의존성을 드러내기 위함이다. 서로 구분되어 있는 듯이 보이는 실체들이 사실상 본질적으로는 긴밀히 연결되어 있다는 것이다. 아래에서 보겠지만, 음식은 이 세계에 존재하는 개체들 저마다 서로 내밀하게 연관되어 있다는 사실을 깨닫게 해주는 물질이자 문화적 구성물이다.

음식은 매체로서, 자연과 문화 혹은 세계와 인간, 인간과 인간, 인간과 다른 생명체들을 연결한다. 아래에서 간략하게 살펴 볼 스피노자와 미셸 세르의 철학적 숙고는 이러한 음식의 매체성을 이해하기 위함이다. 스피노자와 미셸 세르 두 철학자는 모두 데카르트적 사유에 대해 비판적인 입장을 취한다는 점에서 공통분모를 갖는다. 두 사상가의 시각에서 인간은 자연의 거대한 존재의 망 속에서 삶을 영위하는 개체일 뿐이다. 인간 중심적인 사고로 세계를 바라보지 않는 것이다. 스피노자는 자연의 한 개체로서 인간의 삶에 특권을 부여하지 않는다. 인간은 자연을 구성하는 수많은 개체들과의 관계를 맺으며 살아가야만 하는 존재이다. 세르 역시 인간의 본질은 자연과 원초적으로 연결되어 있다는 점을 강조한다. 따라서 인간의 현대 사회가 만들어 놓은 환경으로 야기된 자연과의 존재론적인 절연을 비판하고 인간의 오감을 회복할 것을 주장한다. 우리는 스피노자와 세르의 철학적 숙고가 음식에 대한 성찰뿐만 아니라 인간의 삶과 경험에 대한 전반적인 이해의 배경을 제공해 줄 것이라고 믿는다.

1
스피노자
관개체성

스피노자에 있어 하나의 물체 혹은 개체는 운동과 정지, 빠름과 느림이라는 힘을 내재화하고 있고, 이 역동적인 내부의 힘에 따라 다른 개체들과 서로 구분된다. 개체는 여러 개체들이 부분들로 모여 구성된 하나의 전체이다. 우리의 신체를 구체적인 예로 생각해 보면 쉽게 수긍이 갈 것이다. 또한 하나의 개체는 다른 개체의 일부가 되어 보다 큰 개체로 합성될 수도 있다. 이러한 의미에서 자연도 수많은 개체들이 함께 모여 이룬 하나의 거대한 개체이다. 그런데 자연을 구성하는 개체 저마다는, 자연이라는 "전체로서의 개체에는 아무런 변화도 미치지 않고 무한한 방식으로 변화한다. [...]"(『에티카』 2부 정리 13 보조정리 7 주석) 여기서 가장 주목할 점은 우리 인간도 자연을 구성하는 수많은 개체들 중의 하나에 불과하다는 것이다. 데카르트적 사고에서 출발하자면 인간은 자연 속 그 어떤 존재들보다도 우월하다고 간주된다. 그러나 스피노자의 사상 속에서 우리 인간에게 주어진 우월적 특권은 전혀 없다. 자연의 다른 개체들보다 어떠한 초월적인 지위를 갖지 못하며, 또한 인간의 신체도 정신보다 열등하다고 여겨지지 않는다. 자연은 수많은 개체들을 품고 있고, 그 안에서는 개체들 간의 다양한 교섭과 교통이 간단없이 이루어지고 있다. 이러한 상호 작용은 자연을 자연답게 하는 것이며 자연을 본래의 모습으로 유지시키고 앞으로 나아가게 한다.

인간은 개체로서 수많은 개체로 합성된 존재이다. 아래는『에티카』2부 정리 13의 일부이다.

> [요청1] 인간의 신체는 각 부분이 매우 복잡한, 본성이 다른 매우 많은 개체로 합성되어 있다.

인간의 몸을 구성하는 수많은 개체들은 전체로서 인간의 생명을 유지하기 위해 특정한 운동과 정지의 비율로 작동된다. 따라서 신체의 일부가 상해를 입거나 혹은 기능이 정지할 경우 전체로서 인간은 생명을 유지할 수 없는 상태에 이를 수 있다는 것을 의미한다. 인간을 이루는 수많은 개체들은 서로 상호 의존하면서 인과적인 관계를 토대로 끊임없이 변화하는 존재들이다. 그러므로 한 개체의 변화는 다른 개체들에게 근본적인 변화를 야기하게 된다. 아마도 먹는 것을 거부하거나 두려워하는 병적 증상인 거식증을 한 예로 들 수 있을 것이다. 섭식장애의 유형의 하나로서, 거식증은 무엇보다 자기와 세계 간의 불화이다. 세계를 수용하지 못하는 삶은 곧 존재론적인 단절을 의미한다. 먹지 않으면 죽는 인간이 먹을 것을 거부하는 것은 분명히 정상에서 일탈한 어느 구성 개체에서 기인한다. 그리고 이로 인해 다른 개체들에게까지 치명적인 영향을 미치고 결국 전체의 붕괴를 불러올 위험을 갖는다.

에티엔 발리바르Étienne Balibar는 스피노자의 사고를 '관개체성 transindividualité'이라는 용어를 빌려 규정한다. 그에 따르면 스피노자에 있어 하나의 개체 – 인간이건 비인간이건 – 는 개념적으로 볼 때, 정태적이지 않은 '역동적인' 균형을 이루어야만 하는 존재로 규정된다. 따라서 개체는 지속적으로 재구성되지 않는다면 즉각적으로 파괴되는 존재이다(Balibar 1996, 43). 관개체성은 하나의 개체가 홀로 실존하고 삶을 영위할 수 있으며, 언제나 다른 개체와 상호적인 관계를 선제로 존립할 수 있음을 표현하는 것이다. 다시 말해 아래 [요청4]에서 주장하듯, 하나의 개체는 살기 위해서 – 특히 음식과 먹기의 관점에서 – 반드시 다른 개체들을 필요로 한다.

> [요청4] 인간의 신체는 자신을 유지하기 위하여 대단히 많은 다른 물체를 필요로 하며, 이들 물체에 의하여 계속해서 재생된다. (『에티카』 2부 정리 13)

개체들은 서로 구분되지만 실존과 활동을 유지하기 위해서는 서로를 필요로 한다는 점에서 상호 종속되어 있다. 타자들과의 관계는 나의 생존과 직결된 문제인 것이다. "먹지 않은 음식은 타자이다."(Sceats 2000, 1) 인간이란 개체, 인간의 몸은 생존을 위하여 다른 개체들을, 외부 세계의 일부를 취해야 한다. 살기 위해서 우리는 음식이라는 타자를 섭취하여 내 것으로 만들어야만 한다. 스피노자의 관점에서 보자면, 먹는 일은 단순히 하나의 행위 이상의 것을 함의한다. 먹는다는 것은 그 자체로 인과적인 연쇄 작용을 함의한다. 그것은 먹는 주체의 생존이 유지되지만 먹히는 개체가 파괴된다는 사실을 전제한다. 먹으면서, 그리고 먹을 때마다 우리는 이미 우리가 먹는 것과 내재적인 상호 작용을 통해 끊임없이 재구성되는 변화를 겪는다. 다시 말하자면 음식을 먹는 일은 자연 속에서 상호 결속된 개체들 간의 복합적인 소통행위라고 규정해 볼 수 있을 것이다. 이는 우리가 소통하는 개체에 따라, 즉 우리가 먹는 것에 따라 우리의 존재에 영향을 미친다는 의미도 함의되어 있다. 스피노자의 철학에서도 하나의 개체가 다른 개체와 맺는 관계의 성격에 따라 개체의 모습은 달리 변할 수 있다. 여기에는 물론 삶과 죽음을 포함하여 개체에 지대한 결과를 만들어 낼 수도 있음을 의미하는 것이다.

스피노자의 철학적 논의는 무엇보다 사회적 개체들의 관계를 관개체론적 관점에서 포착할 수 있게 한다는 점에서 식탁의 사회적 역할, 즉 함께 먹기 등에 대해 유의미한 해석의 틀을 제공해 줄 수 있다. 인간의 식탁은, 그 형식이 어떠하건, 무엇보다 함께 나누는 공간의 역할을 수행해 왔고, 이는 인류의 기원만큼이나 오래된 이야기이다. 식자는 일상의 삶 속에서 사회적 개체로서 다양한 타자들과의 관계를 통해 다원적인 변모를 거듭한다. 아래에서 살펴보겠지만 현대의 식자가 과거에 비해 복잡해진 사회 속에서 여러 유형의 정체성을 갖게 된 건 바로 이러한 환경 속에서다.

2
미셸 세르, 혹은 감각의 제국

먹을 때마다 우리의 잠자는 감각들은 깨어나고 몸과 마음은 현실과 물질의 세계로 연결되며, 이때 우리의 자의식은 깨어난다. 진한 다크 초콜릿을 상상해 보라. 혀끝으로 느껴지는 쌉쌀함과 치아들 사이로 으깨어지는 질감. 감각의 진리는 즉각적이고 직접적이며 실재이다. 데카르트의 철학을 비판하는 세르의 주장은 우리의 관점에서 중요한 의미를 갖는다. 세르가 데카르트의 입장을 비판하는 방식은 매우 '감각적'이다. 나의 입 안에서 다양한 감각 기관으로 느껴지는 음식의 조각들, 내 몸이 체험하는 "국지局地적 코기토cogito local"(Serres 2014, 294)이다.

> "미각이란, 입이 맛있는 음식을 통해서 느끼는 하나의 입맞춤이다. 이때 입은 갑작스레 자신을 인식하고 자의식을 느끼며, 대자對自적으로 존재하게 된다. [...] 나는 맛을 본다. 그러므로 나는 국지적으로 존재한

다." (Serres 2014, 293)[1]

감각이 활성화되면 우리 몸은 감각에 의해 "조각조각으로 구성이" 된다(Serres 2014, 294). 세르에게 있어 데카르트의 "나는 생각한다. 그러므로 나는 존재한다.Je pense donc je suis"는 "나는 맛본다. 그러므로 나는 국지적으로 존재한다.Je goûte donc j'existe localement"(Serres 2014, 293)로 사고의 전환이 요구된다. 인간의 오감은 이러한 이론적 입장에서 합리적이고 분석적인 능력만큼이나 존재에 대한 이해와 인식에 있어 결정적인 역할을 수행하는 것으로 간주된다. '나는 생각한다. 고로 존재한다.'라는 주장은 용어 자체 속에 이미 모순을 내포하는 것이다. 세르가 데카르트 철학관을 정면으로 부정하는 데까지 나아가는 이유는, 데카르트 철학을 포함한 서구의 주류 철학 속에는 인간 중심의 논리가 팽배해 있고, 이것이 궁극적으로는 현재 인간 사회에서 팽배한, 세계와의 존재론적 절연에 기여한 바가 크다고 믿기 때문이다. 세르의 눈엔 전통철학은 사실 너무 추상적이고 이론적이어서, 우리의 물질적 일상의 삶에 깊이 뿌리내린 감각의 현실을 포착하는 데 오히려 방해가 된다.

> "그러니까 철학에 빵 좀 달라고 해보라. 철학은 훌륭한 말과 표상들을 내어준다. [...] 그러나 빵을 주지는 못한다." (Serres 2014, 44)

---

1 이 책의 인용 중 우리말로 옮긴 서양 문헌의 경우, 번역서가 있는 것은 번역서를 따르되 필요하다면 수정을 하여 사용하였다. 그 외의 것은 모두 필자의 번역임을 밝힌다.

철학의 추상적인 개념들이 인간 근본주의 논리로 매몰될 경우, 늘 진정한 지식의 탐구와는 동떨어져 버릴 위험을 내포한다. 우리의 생명은 이 세계에서 기원한다. 그러나 우리의 지적 능력은 우리를 품고 있는 이 생물권을 보고 만지고 맛보고 느끼는 데 있어 경우에 따라서는 오히려 장애가 될 수도 있다.

인간은 다른 생명체들과 동일하게 감각적이고 물질적인 존재여서, 광범위한 생명의 공동체와 매우 밀접하게 연결되어 있는 존재에 불과하다. 세계에 대한 세르의 감각적 읽기는, 지구상의 모든 생명체들 간의 존재론적 관계를 심층적으로 이해하기 위해서는 인간의 합리성의 한계를 벗어나야 된다는 점을 우리에게 일깨워 준다. 세르의 철학은 무엇보다 세계 자체와 유리될 수 없는, 인간의 존재론적 소여를 강조한다. 인간의 삶을 규정하는 물질성은 생명의 토대를 이루는, 전 지구적인 생물학적 근원과 직접적으로 연결되어 있다. 이러한 시각은 인간 외의 존재들에게는 부차적인 지위를 부여하는 입장을 거부하는 것이다. 세르의 주장은 그동안 서구의 정신사 속에서 변방의 영역으로 취급되었던 이 '감각의 세계'에 인간이 다시금 합류할 것을 요구하는 데 있다. 오늘날 우리가 사는 사회가 자신을 품고 있는 이 세계, 이 우주와 존재론적으로 절연되어 가고 있는 이유들은 많다. 그중의 하나는 생명이 담고 있는 가치나 인간의 행복과 성공이 단순히 소비되는 대상, 시뮐라크르simulacre 혹은 인공적인 이미지들로 대신 되고 있다는 사실과 연관된다. 추상적인 사고와 더불어, 자본 창출에 매몰된 수많은 인공적인 기호들, 그리고 언어는 이러한 상황을 더욱 악화시키고 있다. 우리를 둘러싼 모든 인공적, 상징적인 영역들은 존재에 대한 인식을 가능하게 하는 우리의 감각을 오히려 둔하게 만들기 일쑤다.

이러한 환경 속에서 살아가는 현대의 식자 또한 감각적으로 자연과 점점 유리되어 가고 있는 존재들이다. 급격한 도시화와 세계화, 그리고 초거대 기업이나 다국적 기업들, 그 속에서 양산되는 시뮐라크르의 세계에서 어느새 우리는 먹는 것에 대한 선택권이 없어져 버렸다. 우리의 먹을거리가 어디서 왔으며, 어떤 과정을 거쳐 내 입으로 들어오게 되는지 판단할 수 없는 이 거대한 혼돈의 소비의 바다. 이곳에서 우리의 감각은 점점 둔화되고, 클로드 휘슬러Claude Fischler의 표현을 빌자면 "가스트로 아노미gastro-anomie"(Fischler 1979) 상태에 놓여 있다고 할 수 있을 것이다. 세르의 시각으로 음식을 보자면, 무엇보다 우리에 필요한 것은 음식의 원천 세계와 직접적인 관계를 재수립하는 일일 것이다. 그것은 문화적 형태를 띠고 입으로 들어가는 음식이라는 물질적 현실을 우리가 직접적으로 느끼고 그것과 소통하는 일이기도 하다. 음식의 원천과 생산의 과정을 이해하고 포착하려는 노력은 무엇보다 현실 세계 속에서 잠들어 있는 우리의 감각을 깨우는 일이기도 하다. "감각은 우리를 안내하고, 우리를 지켜 준다. 감각이 없다면 우리는 죽을 것이다."(Serres 2014, 165) 이는 음식을 통하여 우리 자신을 재발견하는 일이기도 하다. 우리는 본래 이 세계와 하나였다. 우리가 태어난 곳, 우리의 몸으로 들어와 나가는 세상의 일부, 그리고 우리가 죽어 돌아갈 곳. 세르의 표현을 빌자면 "진동하는 자궁상자", 우리는 여기서 배태되고 나왔다, 이 "자궁상자" 속에서 만들어진 모든 생명체는 유기적으로 하나로 연결되고 저마다의 존재론적 정체성을 고유하게 갖게 된다. 이러한 관점은 스피노자의 생각과 많은 부분에서 닮아 있다. 우리는 음식을 먹을 때마다 우리가 이 감각의 물질세계 속에서 살고 있다는 것, 그리고 이를 통해 인간과 자연 혹은 문화와 자연이라는 구분이 본래부터 불가능하다는 것을 인식할 수 있게 된다.

3
자연, 존재의 망
그리고
인간의 조건

모든 건 배고픔에서 시작된다. 동서양을 막론하고 먹는 일은 인간 삶의 기본 조건이며, 인류의 역사상 기아로 인한 고통에서 벗어난 적은 한 번도 없었다. "왕자王者는 백성을 하늘로 알고 백성은 먹을 것을 하늘로 안다王者以民人爲天, 而民人以食爲天."[2] 과장해서 얘기하자면, 먹기 위해 사는 건지 살기 위해 먹는 건지 구분이 되지 않던 시절도 빈번했다. 서구의 경우 적어도 1900년까지 대부분의 사람들은 소득의 50% 이상을 먹을 거리에 지출했다(Hyldtoft 2007, 131). 먹기라는 의례의 일상성과 반복성

2 『사기』 제97권에 나오는 내용으로, 유방의 책사 역이기가 항우의 압박에 곡창 지대인 오창을 포기하려는 유방에게 한 말이다. 물론 잘 알려진 것처럼, 유방은 역이기의 제언을 받아들여 오창뿐만 아니라 그의 백성의 마음도 지켰다.

은 종종 배고픔이라는 생리적 반응을 통해 그 가치와 중함을 깨닫게 한다. "배고픔은 자신의 가장 기본적인 생존 욕구를 만족시키지 못한다는 강한 표시이다."(Counihan 1999, 7) 이렇다 보니 위정자들에게 국민의 주린 배를 채우는 일은 해소시켜야 할 시급한 임무이자, 경우에 따라서는 정치적으로도 활용 가치가 높은 수단이 되기도 했다. 초기 현대 정치 엘리트들은 자신들의 권력을 유지하기 위한 전략으로 만성적인 기아와 영양부족을 이용해 가난한 사람들의 육체와 정신을 지속적으로 나약하게 만들기도 했다. 아울러 극한의 배고픔은 반면에 굶주린 대중의 봉기를 불러일으켜 집권한 정치 세력의 안정성을 심각하게 위협하기도 하였다(Counihan 1999, 7 참조).

주린 배를 진정시키는 일보다 시급한 건 없다. 인간은 불완전하다. 배고픔은 인간이 왜 불완전한 존재인지 설명해 주는 생리적인 신호이다. 하루에도 여러 번 자신이 아닌 무엇인가를 빈 위장에 채워 넣어야 한다. 따라서 배고픔은 인간이 세상의 다른 존재들과 자연스럽고 필연적으로 접촉하게 만드는 요인이다. 아울러 인간의 잡식성이란 조건 또한 수많은 자연의 존재들과의 관계 확대에 기여한다. 다음 장에서 다루겠지만 잡식성인 인간 동물은 식물과 동물 양쪽에서 먹을거리를 조달한다. 이러한 점은 인간이 다른 동물에 비해 많은 존재들과 운명적으로 많은 교류를 할 수 밖에 없다는 사실을 담고 있다. 다양한 이유로 인간은 홀로 살 수가 없고 자연의 다른 존재들의 도움과 희생을 필요로 하지만, 이 중 먹을거리를 위한 의존은 가장 본질적이고 중요한 사안인 것이다. "배고픈 인간은 오직 하나의 욕망만을 느낀다. 처음엔 그저 그런대로 견딜 수 있지만 점점 다 고통스러워지는 욕망 [...]" 이런 인간에게 먹는 일은 "끊임없는 번제holocauste perpétuel"를 수행하는 일이다(Onfray 1995, 111). 음식 연구자들이 우리의 먹을거리와 관련하여 종종 언급하는 것들 중의 하나가 바로 먹는 자와 먹히는 자, 혹은 '음식'이 되는 희생물 사이에 놓인 문제이다. 우리가 먹고 사는 일에는 어쩔 수 없이 많은 생명들이 연결되어 있다. 메리 더글라스Mary Douglas는 "음식은 개념적으로 희생의 기저를 이룬다."(Douglas 1977, 1)는 말로 이를 표현한다. 인류학자의 단순하면서도 본질적인 이 지적은 음식에 대한 보다 심층적인 성찰을 꾀하고자 하는 우리의 의도와 밀접하게 연결된다. 펠뤼숑 또한 식食행위의 현상학에 기대어, 인간은 인간 외의 나머지 생명체들로부터 유리될 수 없다고 지적한다. 이 생명체들 또한 우리처럼 먹이를 찾는 존재들이다. 나의 존재의 조건은 '외부'의 환경, 음식물의 타자성이며, 나의 이 존재의 조건 역시 타자들의 존재 조건이다. 다시 말하자면, "우리는 음식과의 관계 속에서 타자들과 결속되어 있다. 음식은 게다가 종들 간의 상호 종속성을 강조한다."(Pelluchon 2015, 19) 먹을거리의 모습으로 우리의 의례와 식탁에 오르는 존재들의 형모에는 삶과 죽음의 순환이 들어가 있다. 앞서 논한 스피노자의 자연을 다시 떠올린다면, 먹는 일에 있어서 삶과 죽음은 언제나 함께 간다고 말할 수 있을 것이다.

그러므로 인간은 자연의 일부이다. 생명이 시작되고 죽음으로 육체의 소멸이 이루어지는 곳도 바로 자연이다. 클로드 레비-스트로스Claude Lévi-Strauss는 인간의 정신이나 사고조차 자연에 귀속된다고 주장한다. 자연의 심연을 보고자 하는 인간의 정신이지만, "정신 또한 하나의 물상이다."(Lévi–Strauss 1962, 328, note) 다시 말해서 인간의 정신이 이 세계를 이해할 수 있다면 그것은 정신이 이 세계의 산물이자 일부이기 때문인 것이다(Lévi–Strauss 1983, 163). 레비–스트로스에게 있어서 정신과, 육체 그리고 사물은 하나의 완전한 자연 공동체 위에 토대를 두고 있어, 그 사이에는 엄정한 연속성이 수립된다(Terray 2010, 25). 이는 문화라 총칭할 수 있는, 인간이 만들어 놓은 온갖 인위적인 행위와 그 결과물들이 자연과 유리되어 존재할 수 없다는 점을 강조하는 것이다. 자연과 문화, 그리고 사회는 식탁을 중심으로 경계가 없는 연속체를 형성한다. "먹기란 세계와 사람 간 물질적 교류의 주요 방식이다."(Rozin 1996, 20) 하나의 음식이 우리의 식탁에 이르기까지 상상하지 못하는 수많은 과정을 거칠 수밖에 없다. 이 과정에는 지금 내 눈앞에 보이는 존재들뿐만 아니라 시간적으로 이미 과거인 어떤 장소에 있던, 먼 존재들의 삶도 포함된다. 살아 있는 저마다의 입은 다양한 자연의 존재들이 서로 만나는 접속의 장소이다(다음 장에서 우리는 '먹는 인간'과 더불어 '입'에 대한 이야기를 다시 할 것이다). 이 지점에서 먹는 존재들에게 주어진 생물학적 조건과 먹는 인간들이 공유한 사회적 조건이 만난다. 로진(1990)에 따르면 음식과 먹기는 사회적 맥락 속에 자리 잡고 있는 사안이며 강력한 윤리적, 사회적 지위를 획득한다. 음식을 하나의 매체로 보는 것은 음식의 원천을 배제하는 '탈맥락화된 음식decontextualized food'의 관점에서 벗어나 보다 더 본질적인 시각에서 이를 바라보는 것이기도 하다. 먹는 것은 곧 관계의 안으로 들어가는 일이기 때문이다. 서구의 산업화된 사회들에 뿌리내린 탈맥락화된 음식들의 번창은 이러한 음식의 본질적인 면들을 가리는 데 일조한다. 자연은 그 모습 그대로, 인간 문화와 사회의 다양성과 결합하여 끊임없는 발전과 창조를 견인하며 문화 간 교류와 혼종을 통해 식탁을 풍요롭게 해왔다. 휘슬러는 하나의 음식을 특징짓는 다양한 문화적 소산들은 개인을 집단으로, 전체를 세계로 통합시킨다고 주장한다. 먹기와 음식을 통해 나와 세계, 개인과 사회, 소우주와 대우주, 즉 인간들 간의 관계가 서로 근본적으로 결속된다는 것이다. 다시 말해서 음식 시스템은 인간과 세계를 총체적인 연속성과 인접성 속에 위치시키며 여기에 하나의 의미를 부여한다(Fischler 1990, 69).

4

화Hua족 이야기

'생명의 정수'로서 '누Nu'

매체로서의 음식에 대한 논의를 마무리하기 위해, 파푸아뉴기니Papua New Guinea 화Hua족의 세계관으로 바라본 음식의 모습을 살펴보도록 하자. 이들의 세계관은 매체로서의 음식을 다루면서 강조했던 음식, 개체, 세계 간의 유기적인 연계성과 존재론적 상호 작용을 다시 한번 확인하게 해준다. 이 장에서는 안느 메이그스(Meigs 1977; 1987a; 1997)의 연구를 중심으로 화족의 음식관을 간략히 소개하면서 매체로서 음식에 대한 우리의 입장을 다시금 강조하고자 한다.

먹기는 화족에게 있어 물리적 특성과 '누Nu'라 불리는 '생명의 정수vital

essence'가 사물과 유기체 사이로 이동되는 여러 방식들 중의 하나로 이해되는 행위이다. 화족의 '믿음' 속에서 누는 상상 속에 존재하는 물질, 마법의 물질이 아니다. 그들에게 누는 실재적이며 물리적인 물질로서 움직이고 다른 개체에게 전이되는 속성을 지닌다. 메이그스는 화족의 세계관 속에서 음식과 먹기가 서로 유리된 것처럼 보이는 다양한 사물과 유기체들을 생리학적인 차원이나 초자연적인 차원에서 하나로 만드는 수단으로 이해되고 있음을 보여 준다. 이들의 세계관에서 음식은 그 원천 및 소비하는 자와 밀접한 연계를 갖는다. 모든 음식은 몇몇 예외를 제외하면, 그것을 만든 이의 누를 간직하고 있다. 누의 존재는 음식과 그것의 원재료, 그리고 음식을 소비하는 존재 사이에 어떤 관계 혹은 연관성이 있다는 것을 의미한다. 따라서 먹는 일은 음식을 준비한 사람, 그리고 때로는 그것을 생산한 사람의 누를 먹는 일인 것이다. 농부의 숨이 밭의 작물에 닿을 수가 있고, 땀이 흘러 자라는 식물 안으로 들어갈 수도 있기 때문이다. 누군가의 음식은 그 누군가의 몸의 일부가 그 음식에 들어갈 개연성이 있으므로 우리는 단순히 음식을 먹는 것이 아니라 또 다른 타자의 일부도 받아들이게 되는 것이다. 화족은 음식과 먹기가 유기체를 무기체와 연결시키는 중심적 과정의 일부라고 믿는다. 음식과 먹기는 단순한 생리학적 행위의 개념적 틀에서 포착될 수 없다. 화족의 세계관이 우리의 흥미를 끄는 것은 음식과 이를 먹는 행위를 통해서 겉으로는 서로 상관없이 독립적인 사물들과 유기체가 어떻게 하나의 존재론적 틀로 수렴될 수 있는지 보여 준다는 점이다.

화족들의 음식 문화에는 모든 구성원들이 준수하는 규범이 존재한다. 이 음식 규범은 먹을거리의 생산과 준비, 나눔과 소비 전반을 지배하는 문화적 규범이다. 이 규범은 절대적인 것과 상대적인 것으로 나뉜다. 절대적 규범은 특정한 음식을 먹거나 먹지 말아야 한다는, 먹는 자와 음식 사이의 관계를 규정한다. 음식에 내재한 고유한 특성이 이 관계를 결정하는 것인데, 이 특성이 소비자에게 도움이 될 수도 해를 끼칠 수도 있기 때문이다. 이는 체내화의 원리를 다루면서 논의하게 될 소위 '주술적 사고'의 전형적인 예라고 볼 수 있다. 예를 들어 전투를 앞둔 남자들은 날카롭고 거친 것이란 의미의 'kaso' namo'라는 식물들을 먹어야 한다. 그러니까 날카롭고, 상처를 입히며 피를 내게 하는 이 식물들이 지닌 자질들이 먹는 자에게 옮겨가고 그 덕분에 훌륭한 전사로 변화되기를 기대하는 것이다. 또한 임산부의 경우 고양이나 개 같은 동물을 먹어서는 안 된다. 태어나는 아이가 말을 잘 못할 수가 있다는 믿음이 자리 잡고 있기 때문이다. 동물이 지닌 특성이 인간에게 옮겨 간다는 것이다. 물론 문화적으로 볼 때 이러한 것은 화족만의 고유한 것은 아니며 정도의 차이가 있을 뿐 많은 사회에서 수용되고 있는 주술적 사고이다.

상대적인 규범들은 먹는 자와 음식, 그리고 그 음식이 어디서 왔는지 등의 관계를 정의한다. 따라서 알지 못하는 외부인이 제공하는 음식은 해치려는 의도로 오염된 것일 수 있으므로 섭취해서는 안 되는 것이다. 우리의 흥미를 끄는 것은 누가 본질적으로 상대적 규범과 결부된다는 점이다. 화족들은 몸이 만들어 내는 모든 산물에, 그리고 몸과 관련된 모든 것에 누가 들어 있다고 여긴다. 누는 주로 피와 땀 같은 체액에 들어 있지만, 살을 포함하여 몸에서 나오는 것들, 숨, 머리카락, 손톱,

각질, 고름, 오줌 등의 물질 등 우리의 몸 전체에 들어 있다. 게다가 적용 범위가 한층 확대되어, 그림자나 발자국 등의 몸의 산물이나 그 노동으로 얻어진 것들, 즉 활, 화살, 도끼, 망태기 혹은 음식 등을 포함하게 된다. 만약 누군가의 몸과 접촉했다면 양과 상관없이 그 사람의 누를 흡수하게 되는 것이다. 그것은 관련된 사람의 성장이나 건강에 긍정적이거나 부정적인 영향을 미칠 수가 있다. 사회적 관계 역시 운동성을 지닌 누의 영향에서 벗어날 수 없다. 누는 언제나 움직이는 존재이며 사람에서 사람으로 옮겨 간다. 끊임없이 움직이는 이 세상과 연동하여 누는 늘 움직인다. "화족의 생각에 따르면 누는 매우 불안정하고 비정태적인 물질로 언제나 움직인다."(Meigs 1987a, 347) 일부 야생종들을 제외한 모든 음식은 그것을 생산한 자의 누를 담고 있다. 따라서 음식이 오고 가는 모든 교류를 통해 자연스럽게 누가 전이되고 교환된다. 누는 의도적인 행위뿐만 아니라 비의도적인 행위들을 통해 사람에서 사람으로 직접 전달된다. 사람이 살고 있는 이 땅은 온갖 누의 물질들을 머금고 있는 장소로서, 누를 통한 존재들의 연결망의 토대 역할을 한다.[3]

화족의 음식 문화를 지배하는 수많은 절대적 규범들은 변화무쌍한 현실 속에서 작동하는 것이다. 따라서 물리적 특성들은 본래에 있던 자리에 언제나 머물며 움직이지 않는 것은 아니다. 이 특성들은 감염contagion의 과정을 통해 한 사물이나 유기체에서 다른 사물이나 유기체로 옮겨

3 상대적 음식 규범들 중에는 누가 그 생산자에서 나와 여러 매개 물질을 거쳐 소비자에게 오는 매우 간접적인 경우들을 막기 위해 만들어진 것들이 존재한다.

가거나 침투하게 된다. 다시 말하자면 인간과 또 다른 유기체, 그리고 사물들이 만들어 놓은 상호연결망을 통해 이동되는 것이다. 절대적 규범은 물리적 특성과 자질들이 움직이고 있는 하나의 세계를 기술하는 것이다. 이 세계에서 개체들 간의 경계는 뚜렷하지 않다. 각 개인은 타자들과 뒤섞이고 동질성을 띤다. 개인의 정체성은 유동적이며 일시적일 뿐이다. 개인의 정체성을 구성하는 자질들은 다양한 원천들에서 온 것이며 새로운 접촉과 관계들로 언제나 변화하기 때문이다. 음식은 이러한 변화의 한 가운데에서 결정적인 역할을 수행한다. 음식은 고유한 전염적 특성뿐만 아니라 또한 그 생산자와 준비자의 생명의 정수와 더불어 살아있는 것으로 이해된다.

누는 영양분의 공급과 성장의 원천이며, 가장 강력한 형태의 누는 가장 직접적인 것으로 피와 살이 여기에 해당한다. 따라서 화족에 있어 누는 후손의 양육과 관련된 본질적인 물질로 이해된다. 아이의 출생과 성장은 부모의 누에서 비롯되고 부모는 같은 과정으로 나이를 먹게 된다. 즉 아이가 무언가를 얻는다면 부모는 그 무엇인가를 잃게 되는 원리가 작동되어, 노화는 결국 자식 세대를 위한 부모 세대의 누의 소모로 이해된다.[4] 이러한 화족의 개념 세계에서 나이를 먹는다는 것은 육체의 내적인 과정이 만들어내는 것이 아니다. 노화는 기성세대가 자신의 누를 신세대에게 제공하기 때문에 발생한다. "노화 현상을 발생시키는 것은 자율적 동인으로서 몸 자체가 아니라 양육의 사회적 관계이다."(Meigs

4 멜라네시아인들의 세계관도 이와 흡사하다(Meigs 1987a, 347).

1987a, 347) 따라서 산다는 것은 자신을 소모하고 새로운 것을 키워내는 것이라고 할 수 있을 것이다. 나 자신도 이미 누구에게서 받은 선물이라는 것과 나도 누구에게 줌으로써, 즉 받은 걸 다시 내놓음으로써 내 생명을 마무리해 간다는 해석도 가능하지 않을까 한다. 산다는 게 단순히 소멸해가는 것은 아닌 것이다.

우리에게 음식의 의미는 그 지배적인 속성인 물질성을 벗어나 생각하는 것이 힘들다. 많은 합리적인 이유로 설명이 가능하겠지만, 그것은 아마도 배고픔이라는 인간의 오랜 기억과도 결부되어 있을 것이다. 현대를 살아가는 우리에게 음식은 완성된 무엇이다. 우리들은 즉각적으로 요리를 할 수 있는 손질된 형상의 먹을거리, 혹은 내 몸 안으로 즉각 받아들일 수 있는 형태의 식품들에 익숙해져 있다. 많은 경우 우리의 몸으로 들어가는 먹을거리가 어떠한 자연환경에서, 어떤 생산자의 손길을 거쳐 우리의 식탁에 오르게 되었는지 알지 못하거나, 그렇게 중요한 문제가 되지 않는다. 매끈한 플라스틱이나 비닐 포장에 담겨 있지만, "우리가 '음식'이라고 부르는 것이 본래는 살아있는 동물이나 식물들이었다."(Meigs 1987a, 354) 하지만 이러한 사실 또한 중요한 사안으로 다가오지 않는다. 그러나 화족이 바라보는 음식은 이러한 인식과는 매우 다르다. 음식은 그들에게 생명이 없는 비인격적인 대상이 아니다. "음식은 불활성의 사물이 아니다. 사고 파는 '물건'이 아니다. 음식은 오히려 살아 있는 존재들의 생명력과 역동성을 지니고 있다. 음식은 살아있다."(Meigs 1987a, 354) 음식은 그 자체로 전염력 있는 고유한 특질들을 지니고 있으며, 그것을 생산한 인간 존재의 누, 즉 생명력과 정수와 더불어 감정과 정서 등을 옮길 수 있기 때문이다. 따라서 화족의 음식에 대한 개념에서, 어떤 음식을 먹는다는 것은 단지 경제적, 사회적 그리고 영양적인 하나의 사건일 뿐만 아니라, 또한 정서적이고 신비적인 사건이기도 한 것이다. 먹는 행위는 자신의 몸과 자아 속으로 다른 유기체들의 생명의 정수와 정서를 온전히 수용하는 것이 된다. 이러한 의미에서 음식을 거부하는 행위는 음식이 담고 있는 모든 것을 거부하는 것이자 자아와 타자 사이의 나눔을 거부하는 것이기도 하다.

이러한 화족의 음식관과 음식 규범들은 무엇보다 관계성을 강조하는 세계관을 드러내 준다. 메이그스는 화족의 세계관에서 보면 모든 유기체들이 상호 영향의 사슬에 연결되어 있다는 해석을 내린다. 육체들 사이의 경계는 침투할 수 있는 것이다. 이러한 해석은 누가 모든 생명체들을 가로 지르며 움직이는 거대한 순환 사이클이 존재한다는 함의와 더불어, 자아와 타자의 개념이 하나의 연속적이고 역동적인 참여 과정 속에 얽혀 있음을 말해 준다. 자아는 자기를 둘러싸고 있는 세계 속으로 융합되고, 세계는 그런 자아 속으로 들어가 그 일부가 된다. 개인은 생산자와 소비자로서 지속적인 음식의 교환 행위를 통해 물리적으로 뒤섞인 공동의 전체의 일부로 구성된다. 음식에 대한 화족의 개념적 발상은 정체성과 자아의 경계에 대한 그들의 이해를 잘 말해 준다.

이제 우리는 '먹기'와 '함께 먹기'에 대한 논의를 차례대로 개진할 것이다. 일견 '먹기'와 '함께 먹기'는 행위의 본질에서 구분되는 듯이 보인다. '먹기'는 인간에게 있어 무엇보다 육체적인 생존을 위해 행해야만 하는 욕구와 결부된다면, '함께 먹기'는 이러한 생물학적 차원을 넘어서는 사회적인 차원을 함의하는 행위로 해석될 수 있기 때문이다. 그러나 인간의 삶에서 이 두 행위는 사실상 연계되어 있지 구분되지는 않는다. 이 두 유형의 차원은 매체로서 음식을 다루는 우리의 논의 속에서 편의상 단순화하는 것에 불과하다.

생명이 없으면 우주도 없으며, 살아 있는 생명체는 모두 먹는다.

"L'univers n'est rien que par la vie, et tout ce qui vit se nourrit."

– L'Aphorisme I. Brillat–Savarin(1848[1826], 아포리즘 I)

II 먹기

1 '먹는' 인간

인간은 오래전 먹을 것을 얻기 위해 직접 수렵과 채집 활동을 했고, 이후 농경 사회가 정착된 후부터는 보다 안정적인 식량을 공급하는 데 성공하였다. 과거와는 달리 오늘날은 지구의 일부 지역을 제외하면, 인류 대부분의 식탁은 식품 산업의 막대한 영향하에 놓여 있다고 할 수 있다. 그러나 사회의 근본적인 변화 속에서도 일상의 먹는 행위와 음식, 그리고 특별한 장소로서 식탁은 여전히 우리의 삶의 가장 중심적인 부분을 점유하고 있고, 여기에 내재된 의미들은 인간의 본질을 관통한다.

인간은 본질적으로 '육체적'이다. 먹어야 생명을 유지할 수 있다. 음식은 무엇보다 이러한 진지한 목적을 위해 지속적이고 반복적으로 섭취해야 할 물질이다. 음식에 대한 정의는 일차적으로 이러한 관점에서 내려진다. 음식은 – 무엇보다 인간 동물을 기준으로 말하자면 – 단백질과 탄수화물 등의 성분을 함의한 것으로 유기체의 생명활동과 더불어, 그 성장과 회복, 그리고 육체와 정신에 에너지를 제공해 주는 역할을 수행한다. 브리야 사바랭의 음식 정의를 참조하자면, "위에 순응하여 소화에 의해 동화되고, 생명 현상으로 인해 인체가 손실한 것을 보상할 수 있는 물질"(Brillat–Savarin 1848[1826], 48)로 이해할 수 있다. 결국 무엇인가 먹는 일은, 그 주된 목적은 살기 위한 것이다. 그런데 "음식은 사료가 아니다."(Douglas 1977, 7) 인간 문화의 정수인 음식은 정의하기에 무척이나 복합적인 대상이다. 무엇보다 우리는 대체로 인간 동물이 먹는 것과 일반 동물이 먹는 것은 다르며, 두 동물이 먹는 방식 역시 구분이 필요하다고 생각한다.

인간은 잡식성 동물들 중의 하나여서, 인류가 섭취할 수 있는, 소위 '음식'으로 거듭날 물질의 후보군은 매우 많다. 우리의 일상의 경험을 통해 알 수 있듯이 인간이 조리를 통해 식탁에 올려놓을 수 있는 종류는 잠재적으로 거의 무한한 것처럼 보인다. 그렇지만 영양이 풍부하거나 독이 없는 물질이라도 음식의 범주로 진입할 수 있는 자격이 항상 주어진 것은 아니다. 생물학적으로 먹을 수 있는 것과 문화적으로 먹을 수 없는 것 사이에 인간의 음식의 역사가 놓여 있다. 클로드 휘슬러는 잡식성 인간의 다양한 선택 양상의 주요 근원을 문화체계의 가변성과 연결 짓는다. "우리가 생물학적으로 식용 가능한 모든 것이 소비의 대상이 되지 못한다면, 그것은 생물학적으로 먹을 수 있는 모든 것이 문화적으로는 꼭 그렇지 않기 때문이다."(Fischler 2001[1990], 31) 결국 인간이 거주하고 있는 인간 사회의 물리적 환경은 먹을 수 있고 영양이 풍부한 재료들로 가득 차 있지만 우리는 이 중 극히 일부만을 잠재적 식품군으로 분류하게 된다. 에드먼드 리치Edmund Leach에 따르면 이러한 분류는 자연이 아니라 언어와 문화의 문제이다. 리치는 다양한 문화들에서 관찰되는, 식용/비식용의 구분을 세 유형의 범주로 나눈다(Leach 1989[1964], 153–154). 첫째는 식품으로 인정되며 정상적으로 식탁에 올라 소비될 수 있는 식용 물질들이며, 둘째는 식품으로는 가능하지만 먹는 것이 금지되어 있거나 특별한 의례의 조건에서만 섭취할 수 있는 물질로 '의식적으로' 금기로 간주된 것이다. 셋째는 문화와 언어의 차원에서 식품으로는 전혀 인정되지 않는 물질들로서 '무의식적으로' 금기가 된 것이다. 폴크도 이러한 맥락에서 유사한 지적을 한다. 리치의 두 번째 범주와 세 번째 범주의 관계는 각각 상대적 금기와 절대적 금기 간의 관계로 정의될 수 있는데, 전자가 무엇보다 문화 내적인 맥락에서 기능하는 것이라면 후자는 문화 간 맥락에서 작동된다. 하나의 문화 내에서도, 그리고 국가나 민족처럼 서로 다른 문화를 지닌 집단 내에서도 특정한 음식들은 용인되거나 용인될 수 없는 대상이 되기도 하는 것이다. 이 세계를 '먹을 수 있는 것'과 '먹을 수 없는 것'으로 나눈다면, '음식'의 보다 정확한 정의는 '먹을 수 있는 것'이 된다(Falk 1991, 758; 1994, chap.4). 폴크에 따르면 이러한 식용과 비식용의 구분은 '우리'와 '그들', '동일자'와 '타자', '안'과 '밖', '좋은 것'과 '나쁜 것' 등과 같은, 한층 더 추상적인 이원적 대립 쌍들과 밀접하게 연관되어 있다(Falk 1991, 758–759; 1994, 69).

결국 인간이 식용할 수 있는 것들이 매우 많기는 하지만, 인간 사회는 저마다 역사적, 문화적 소산으로서 고유한 '식습관', 혹은 보다 일반적으로 음식 문화라는 것을 지니고 있다. 이러한 양상은 개인의 기호를 넘어 집단과 종족의 문화적 차원에서 작동되는 공통의 행동 양식이다. 위에서 살펴본 파푸아뉴기니의 화족의 음식과 관련된 세계관도 이 점에서 매우 흥미로운데, 가령 화족의 어휘 '모든 것'do 'ado' na: everything은 문자 그대로 '먹을 수 있는 것과 먹을 수 없는 것'을 뜻한다(Meig 1997, 96).[1] 음식은 말 그대로 이들의 삶에 온전히 스며들어 있다. 음식의 생산과 준비, 그리고 소비에 이르기까지 수많은 규칙들이 개입하여 공동체 구성원들을 지배하는 것이 설명된다. 음식은 문화이고 문화는 상대적이다. 음식이라는 용어를 정의할 때는 특정한 집단이나 문화, 지역이나 국가 등이 기준이 될 수 없다. 여기에는 옳고 그름이 아니라 다름이라는 기준과 가치가 음식이라는 물질세계를 지배한다.[2]

여기서 보다 우리의 주목을 끄는 것은 인간의 잡식성이라는 특성 자체이다. 음식을 정의할 때 이러한 잡식성이라는 본원적 특성은 문제를 더욱 복잡하게 만드는 것처럼 보이지만 실제로는 인류의 번영과 발전을 이끈 생물학적 인자로 여겨야 한다. 인류가 식물과 동물 양쪽에서 영양

1 아래에서 다루겠지만 음식과 관련하여 화족의 경우는 매우 흥미로운 정신세계를 드러낸다. 언어에 드러나는 인지적 흔적은 그 언어를 사용하는 먹기 공동체의 정신적 상태를 잘 반영해 준다. 다시 말하자면, 인간의 자연 언어는 현실reality을 재단하고 그 언어 공동체의 세계관을 관찰 가능한 형태로 드러내 준다.

2 물론 음식 문화라는 것도, 제도로서 언어처럼 쉽게 변화를 겪는 건 아니지만, 개인과 집단 그리고 사회 속에서 시간과 더불어 예외 없이 늘 변화의 대상이 되어 왔다. 음식 문화는 문화의 교류를 통해, 다른 무엇보다도 더욱 용이하게 이동이 가능한 인자들 중의 하나이다. 이와 관련하여, 음식은 타자에 대한 훌륭한 교과서이기도 하지만, 피부색처럼 많은 경우 차별을 상징하고 다름을 드러나게 하기도 한다. 이에 대해서는 뒤에서 다시 논의를 할 것이다.

을 섭취할 수 있다는 점은 다른 종들에 비해 생존 가능성을 훨씬 더 높여 준다는 합리적인 추론이 가능하다. 로샤는 오래전 이를 유인원들과 차별화하는 능력들 중의 하나로 파악했다(Rochat 1869, 224). 다시 말해서 인간은 타고난 잡식성 덕분에 다양한 기후 환경에 적응하고 주거하며 먹을거리를 구할 수 있었다는 것이다. 그 덕분에 유기체의 능력을 완벽히 유지하면서 자연에서 봉착하는 다양한 어려운 조건들을 극복할 수 있는 수단들을 크게 확장시킬 수가 있었다.

그러나 인간이란 잡식성 동물이 척박한 환경에서도 다양한 먹을거리들을 찾아낼 수 있는 능력이 있다 해도, 언제나 안도와 쾌락이라는 행복한 감정만을 느끼는 건 아니다. "잡식성 동물들은 걱정을 떨치지 못하는 식자anxious eaters이다."(Ackerman 1995, 133) 지금도 그렇지만, 인간이란 먹는 것에서도 늘 불안과 공포라는 감정을 안고 살 수밖에 없는 운명의 존재이다. 음식의 역사 속에서 우리의 조상들은 항상 어떤 것이 식용 가능한지 알아보기 위해 위험을 무릅써야 했던 운명의 존재였다. 잡식성과 관련한 문제는 특히 체내화 원리를 다루면서 다시 논의를 하기로 한다.

2

'먹는' 입
혹은 '말하는' 입

1) 입 —— 우리 몸의 시작

입은 삶의 시작과 끝을 함께한다. "생의 첫 번째 울음부터 생의 마지막 내쉬는 숨까지, 입은 우리의 세계를 관리한다."(Dadoun 1993, 54) 다둔의 이 말은 아마도 인간 외의 다른 동물들에게도 적용할 수 있을 것이다. 입은 무엇보다 동물의 몸이 어디서부터 시작되는지 알려 주는 신체 기관이다. 동물의 몸에서 관찰되는 '돌출된' 부분, 즉 '주둥이'이다. 입은 야만의 폭력적인 부분으로 많은 동물들에게는 "가장 살아 있는", "더할 나위 없는 공포를 주는"(Bataille 1970, 237) 신체의 부분이다. 그러나 인간의 몸은 동물의 것과 비교해 간단하지 않다. '우리의 몸은 어디서 시작되는가?' 조르주 바타이유(Georges Bataille)의 입에 대한 묘사는 우리에게 입에 대한 호기심을 자극한다. 문명화된 인간의 입은 돌출된 모양새를 조금씩 상실해 오다가, 현재는 더 이상 이 야만의 동물성을 간직하지 않은 것처럼 보인다. 따라서 이제는 "어디서 인간의 몸이 시작되는지조차 말할 수가 없다."(Bataille 1970, 237) "문명은, 아니 보다 간략하게, 자연의 진화는 입을 얼굴 안으로 완전히 들어가게 하지는 못했다. 적어도 얼굴은 이 난폭한 신체 기관을 입술로 붙들어 매어 장식한 채 [...] 보존하게 된다."(Fédida 2000, 30) 퇴행적 과정을 거치기는 했지만, 인간의 입은 그럼에도 불구하고 잠재적인 상태에서 여전히 동물적인 특성을 간직하고 있다. "인간의 삶은 여전히 동물적으로 인간의 입에 집중되어 있다."(Bataille 1970, 237) "깊은 물리적 충동"을 입을 통해 해소할 수 있는 동물과는 달리, 인간의 경우 직립이 가져온 서 있는 자세는 입이 아니라 두개골을 척추의 연장선상에 놓음으로써 머리가 곧게 내리뻗게 되었다. 그렇지만 분노와 고통 속에서 인간은 격렬한 동물성을 즉시 회복한다. 동물적인 비명 혹은 울음이 입을 통해 나오는 순간 머리가 들리고, 이때 인간의 입은 축소와 퇴화에도 불구하고, 동물의 그것처럼 "척추의 연장"(Bataille 1970, 237)에 놓이게 된다. 인간이 느끼는 극도의 고통이나 환희 같은 극단적인 감정들은 생리적으로 입을 통해 표현되며, 이때 인간은 동물과 더 가까워지게 되는 것이다. 극단적인 감정의 경험 속에서 문명화된 인간은 잠재되어 있던, 잃어버린 본능을 깨워 동물과 만나게 되는 것이다. 인간은 태어나면서부터 울어야 한다. 그러므로 인간은 일단 처음엔, 여지없이 동물이다.

2) 상징과 문화

입은 그 형태적인 면에서 다른 신체 기관과는 다른 특성을 보인다는 점에서 흥미롭다. 신체 기관으로서 입은 존재하는가? "빈 공간 주위로 빛나는 단순한 신기루"라는 다둔의 비유처럼 입은 언뜻 보면 신체 기관이 갖춰야 할 조건들을 갖추지 못한 것처럼 보인다. 입은 입술, 이, 혀, 그리고 점막 부속 기관들로 이루어져 있지만, 엄격한 의미에서 '입'은 존재하지 않는다. 구강口腔이라 불리는 빈 공간, 혹은 공동空洞 외에는 그 무엇도 없다고 할 수 있기 때문이다(Dadoun 1993, 54). 그러나 알고 보면 이러한 독특한 모양새가 입의 역할과 기능, 그리고 상징성을 규정하는 데 기여한다.

우선 입은 '먹는' 입이다. 이는 이의 없이 입의 가장 본질적인 기능과 역할을 수행한다. 외부의 먹을거리를 내부로 들이기 위해서는 바로 이 빈 '사이 공간'을 이용해야 한다. 입은 들어가는 음식물을 처리하는 소화관의 시작이자 소리를 내는 구음 작용을 담당한다. 이 빈 공간에서는 들어오는 물질들을 맛으로 감정하고 저작하며, 침의 도움으로 삭인 후 식도로 전달하는 일들이 일어난다. 인간의 욕망들 중의 하나는 바로 이 '먹는' 입, 끊임없이 내 것으로 삼으려는 욕망의 입과 관련된다. '탐식' 혹은 '식탐', 이 욕망의 어휘들에 대한 사전적인 정의는 말 그대로 음식을 탐하거나 탐내어 먹는 것이다. 서구의 경우 식탐은 그리스 철학과 더불어 기독교의 전통에서 매우 경계해야 할 죄악들 중의 하나였다. 특히 기독교의 오랜 전통 속에서 탐욕[탐식]은 인간의 다른 욕망들과 더불어 인간을 죽음에 이르게 하는 '일곱 가지의 큰 죄들' 중의 하나라고 가르쳐 왔다. 지혜와 지식, 참된 삶의 지표를 전해 주는, 신의 거룩하고 신성한 '입'과는 달리,[3] 인간의 먹는 입은 에덴동산의 아담과 이브의 선악과善惡果의 시점부터 죄악의 근원으로 자리 잡는다. 또한 인류 문화사에서 입은 식탁뿐만 아니라 다양한 사회적 맥락 속에서 통제와 조절의 대상이 되어 왔다.

---

3 "[주님께서는 지혜를 주시고] 그분 **입**에서는 지식과 슬기가 나온다."(잠언 2:6) 혹은 "사람이 빵으로만 살지 못하고 하느님의 **입**에서 나오는 모든 말씀으로 살리라."(마태복음 4:4)[고딕 강조는 필자의 것임].

외부에서 들어 온 이질적인 타자들이 음식이라는 물질뿐만 아니다. 입은 감시와 통제가 이루어지지만, 타인의 감정이 나의 감정과 교환되는 에로스의 문 같은 곳이다. 여기서는 타액 등 타인의 몸의 일부가 나의 몸으로 들어오는 일종의 카니발리즘cannibalisme이 일어나기도 한다(Picquart 2011). "입은 감각적이고 관능적인 경험의 기관이자 검열의 기관으로 작동된다."(Falk 1994, 90) 음식을 먹는 것과 사랑을 나누는 행위가 모두 입을 통해 이루어진다.[4] 쾌락과 욕망의 최전방으로 나머지 몸의 감각 기관들을 전율하게 한다. 그런데 심리적인 차원에서 보면, 모든 생명체는 잡아먹으려는 욕망과 먹히는 데 대한 시원적始原的인 공포를 모두 지니고 있다. 그러므로 입은 상대적인 장소이다. 먹는 존재와 먹히는 존재 모두에게 관련되는 입은 따라서 각기 상이하게 표상된다. 입은 "존재와 소유의 경계"(Durif-Bruckert 2007, 115)이다. 먹는 자에겐 세상을 받아들여 생존의 유지를 가능하게 하는 곳이라면, 먹히는 자에겐 소멸과 파괴를 의미하는 공포의 장소이다. 먹히는 자에게는 그 너머에 무엇이 있을지 모를 어두운 '동굴' 같은 곳, 들어가면 다시는 돌아 나올 수가 없을 것 같은 미지의 입구, 동물들의 경우 가장 두려움을 주는, 몸이 "시작"(Bataille 1970, 237)되는 부분이다. 그러나 먹히는 자에게만 공포가 있는 것은 아니다. 먹는 자의 공포는 무엇보다, 특히 인간에겐 잡식성 동물의 숙명에서 기인한 공포이다. 따라서 입은 생명과 죽음의 가치를 모

4 먹기와 섹스는 여러 가지로 공통점을 갖는다. 이에 대해서는 '함께 먹기'를 다루면서 언급하기로 한다.

두 합의한다.

입의 문화적 의미와 상징성이 생성되는 것은 바로 이 지점이다. '먹는' 입이 갖는 의미는 무엇보다 '입으로 들어가는 것은 궁극적으로 그것을 먹는 이의 부분을 이룬다'는 '체내화의 원리Principe d'incorporation'(Fischler 2001[1990])가 그 토대를 이룬다. 아래에서 다시 다루겠지만, 이 원리를 이루는 개념적 요소는 안과 밖, 그리고 경계이다. 경계로서 입을 통과한 외부의 물질은 불가역적으로 그 입의 주체의 일부가 된다는 사실에서 다양한 문화적 의미가 파생된다. 많은 종교와 문화, 혹은 신화들 속에서 입은 죽음과 정체성의 상실, 혹은 자아의 변형이나 강화, 또는 파괴와 부활 등의 의미를 생산해 낸다(Gibson 2008). 가령 중세 기독교 문화에서 인간의 오감 기관은 영혼의 문 혹은 창문으로 간주했다. 이곳을 통해 개인의 영적인 삶을 위협할 외부의 위험이 침입할 수가 있다고 생각했다. 따라서 이 신체 기관들을 보호하는 일은 종교적으로 매우 중요했다. 이러한 맥락에서 입 역시 악령이 들어올 수 있는, 몸의 문 같은 곳이었다(Turner 1994, viii).[5]

입의 구성 인자인 이 역시 다양한 문화 속에서 많은 의미를 만들어 낸다. 척추동물의 이는 입의 내부를 구성하는 매우 중요한 요소로서, 문화적으로 권력이나 힘, 혹은 파괴나 죽음 등의 의미들과 밀접하게 연결된

5 혹은 입은 몸 안에서 무엇인가 중요한 것이 빠져나갈 수 있는 통로로도 이해된다. 동양의 문화에서는 입을 벌리고 잠을 잘 때 기氣가 빠져나온다고 하는 이야기나, 서구에서 영혼이 입을 통해 빠져 나올 수 있다는 이야기는 입의 기본적인 상징적 가치나 의미 작용이 유사하다는 것을 보여 준다.

다(Gibson 2008). 가령 서구의 많은 문화 속에서 파괴와 연관된 이의 의미 작용은 뱀파이어라는 흡혈귀 문화 속에서 광범위하게 언급된다. 이는 많은 문화 속에서 힘의 원천이며 생명과 젊음의 상징으로 해석된다. 그래서 이를 상실한다는 것은 자연스럽게 그 반대의 의미 효과를 갖게 된다. 현대의 많은 사회에서 하얗고 고른 이는 미적인 면과 결부되기도 한다. 이러한 의미에서 이에 대한 의미 부여의 차이는 사회의 문화적 지표를 파악할 수 있는 수단이 되기도 한다.

3) '두께 있는 경계'로서의 입 —— 위상학적 표상

입은 미지의 물질을 앞에 두고 가장 긴장하는 육체의 기관들 중의 하나이다. 몸의 여러 감각 기관들이 이 외부의 물질을 몸 안으로 들일 것인지 예비 판정을 하지만, 일단 먹기가 결정되면 입은 결국 최종적인 실행 장소가 된다. 폴크의 정의에 따르면, 입은 "연결 통로vestibule"로서 "판단의 장소site of judgement"(Falk 1994, 14)로 간주된다.[6] '판단의 장소'라는 정의는 입의 최종적인 결정을 위한, 어느 정도의 시간과 공간적인 여유를 기능적인 차원에서나 혹은 형태적인 차원에서 지니고 있다는 함의를 갖는다. 외부와 내부를 나누는 경계가 단순히 선으로 이루어졌다면, 새로운 물질을 받아들이는 주체의 긴장과 위험성은 더 높아질 것이다. 데리다는 입의 중의적 특성을 "안과 밖 사이의 경계"(Derrida 1976, 55)로 규정

6 특별한 경우가 아니라면 익숙하지 않은 새로운 물질의 경우, 무엇보다 눈과 코라는 시각과 후각 기관의 예비적 판정을 거친 후 입에 이른다.

한다. 그러나 행위주의 판단과 통제가 지배하는 이 장소의 특성을 단순히 '안'과 '밖', 그리고 이들 사이의 경계의 개념으로는 포착하기가 어렵고, 보다 섬세한 정의가 요구된다. 입이라는 장소를 위상학적으로 볼 때, 그저 안과 밖의 경계로 단순화하는 것은 옳지 않다. 입의 특징은 바로 이 경계적인 모습과 그 경계의 특성에 있기 때문이다.

입의 중의적인 공간적 특성과 여기서 파생되는 개념적 특성을 보다 효율적으로 설명하고 표상하기 위해 우리는 새로운 분석 도구를 제안한다. 입의 특징은 고전적인 위상학적 발상이 아닌, 보다 유연한 새로운 관점의 위상학의 틀에서 이해가 필요한 신체 기관이다. 외부 물질에 대한 판단 장소로서 뿐만 아니라 소화 기관의 시작으로서 입은 독특한 공간적 형태를 간직한다. 우리는 이 글에서 장 피에르 데끌레Jean-Pierre Desclés의 「추상장소이론Théorie des Lieux Abstraits」에서 제시하는 '경계'의 개념을 토대로 입의 특성과 기능을 이해해 보고자 한다(Desclés 2001, 2006). 입은 피부처럼 몸의 안과 밖의 경계이지만, 외부 물질에 대한 소화 과정이 순조롭게 이루어질 수 있도록 예비 작업을 하는 기능적 장소의 역할을 수행한다. 또한 이 과정은 이 물질에 대한 인체 내의 최종적인 수용을 판단하고 통제하는 기능과 분리되지 않는다. 그러니까 입은 단순히 몸의 안과 밖을 구분하는 하나의 경계선으로 존재하는 것이 아니라, 외부의 것이 몸 내부로 진입하는 '점진적인' '통과 장소lieu de passage'의 역할을 하는 것이다. 기존의 위상학적 발상은 이 역동적인 장소의 복합적인 양상들을 단순화할 위험이 있다. 「추상장소이론」의 핵심은 '경계' 개념에 대한 발상이다. 이 이론에서는 안과 밖을 나누는 경계의 개념을 '두께 있는 경계La frontière épaisse - The Thick Boundary'로 표상한다. 하나의 경계는 개념적으로 선이 아니라, 나름의 고유한 내부와 외부를 지닌 하나의 추상적인 장소lieu abstrait로 간주된다. 이 장소는 단지 매개적인 장소로서뿐만 아니라 내부와 외부 사이의 역동적인 힘이 작용하는 힘의 장으로도 표상된다. 따라서 경계는 어떤 '두께une épaisseur' 혹은 폭을 지닌 곳으로 내부 경계와 외부 경계가 존재하는 장소가 된다.[7]

이러한 시각은 입의 의미와 기능, 그리고 그 특성들을 이해하고자 하는 우리의 논의에서 큰 도움을 줄 수가 있다. 몸 밖의 타자가 몸 안으로 들어와 어우러져 나를 존속시키는 작용 속에서, 입의 내부 경계와 외부 경계는 음식물이 최종적으로 혹은 비가역적으로 나의 몸 안으로 들어가는 과정을 점진적으로 표상하는 것이다. 몸 안에서 밖으로 나가는 '말' 혹은 언어의 경우도 동일한 개념적 토대 위에서 이해해 볼 수 있다. 원칙적으로 한번 삼킨 음식을 다시 되돌릴 수 없는 것처럼, 한번 뱉은 말

---

7 추상장소이론의 수학적 개념의 토대를 간략히 소개하고 넘어가도록 한다. 이 이론에서는 쿠라토프스키Kazimierz Kuratowski의 대수학에서처럼 전통적인 위상 연산자들이 그대로 사용된다. 그리고 안(INT)의 연산자는 멱등冪等, idempotent성을 갖지 않으며, 경계(FRO)의 안(INT)이 항상 비어있는 것은 아니라고 재정의 된다. 따라서 추상장소이론에서 안(INT)의 개념은 매우 중요한데, 다음과 같은 주요한 특성들을 갖는다.

- "한 장소(LOC)의 안(INT)의 안(INT)은 이 장소의 안(INT)에 포함된다." 전통적인 위상학에서는 '한 장소의 안(INT)의 안(INT)은 그 안(INT)과 동일하다'라고 정의됨을 상기하자.
- "만일 어떤 장소 LOC2가 또 다른 장소 LOC1에 포함되어 있다면, LOC2의 안(INT)은 장소 LOC1의 안(INT)에 포함된다."
- "한 장소(LOC)의 폐포closure의 폐포는 이 장소의 폐포를 포함한다."

한 장소(LOC)의 경계(BOUND)와 관련하여 안경계(BOUND-int)과 밖 경계(BOUND- ext)라는 두 곳의 장소들이 구분되고 다음과 같이 정의된다.

- "안경계와 밖경계의 합은 그 장소의 경계이다."(BOUND-int ∪ BOUND-ext = BOUND(LOC))

보다 자세한 이론적 소개에 대해서는 서종석(2009) 참조 바람.

도 다시 주워 담을 수가 없다. 다만 음식도 말도 삼키거나 뱉기 전에 입 안에 잠시 담아 놓을 수는 있다. 이렇게 입은 우리의 신체 기관 중 '과도過渡역zone de transition'으로 상정되어 한 장소의 외부와 내부를 연결시켜 주는 몸의 '여백' 같은 장소라고 할 수 있을 것이다. 따라서 이곳은 삼키거나 뱉을 수 있는 가능성과 함께, 식자의 통제가 허락된 사실상 최종의 장소이다. 어떤 의미에서 입은 제한된 선택권이 있다는 점에서 잡식성 동물이 갖는 잠재적인 공포를 그나마 어느 정도 완화시켜 줄 수 있는 생리적 기관이라고 할 수 있을 것이다.

이러한 위상학적 발상에 기초한 '입'에 대한 이해는 아래에서 다룰 개인의 입과 '공동체의 입'의 차이를 구분하고 식문화 간의 경계와 이동, 그리고 혼성의 양상을 설명하는 데 유용하다.

4) 두 개의 입

드라마 '별에서 온 그대'(5회)에 나오는 두 남녀 주인공의 대화 장면 하나. "그 입 좀 다물고 먹지. – 입을 다물고 어떻게 먹냐!" 같은 입이지만 서로 다른 기능을 지닌 입, 같은 장소를 사용하는 두 입은 그래서 들어오고 나가며 충돌한다.

입은 '맛'과 '말'이 함께 사는 곳이다. 닫힌 입은 때로 침묵과 거부를, 열린 입은 욕망과 솟구쳐 나오는 담론의 언어를 표상하기도 한다. 이 두 유형의 '혀'는 같은 장소를 차지하지만 서로 다른 기능을 수행하므로 때로 심각한 대립을 낳기도 한다. 따라서 입은 자연스럽게 다양하고 복합적인 의미를 생산해 내는 장소가 된다. 맛은 밖에서 들어가는 방향성을 갖지만, 말은 안에서 밖으로 나오는 방향성을 지닌다. 서로 다른 방향은 입 안에서 충돌한다. 먹는 행위처럼 말을 하는 행위 역시, 방향성만 다를 뿐 일단 입에서 빠져나오면 돌이킬 수 없다는 점에서 공통점을 갖는다. 말이 많거나 많이 먹거나, 대부분의 사회에서 과도하게 욕망하는 입은 권고되지 않으며 그 사회 윤리적 가치로 제한된다.

입은 세상에서 무엇인가가 들어가는 곳이자 세상 밖으로 무엇인가를 내놓는 곳이다. 그리고 식탁은 이 두 입이 만나는 장소이다. 가족들과 혹은 친구들과 맛있는 음식을 먹으며 이야기를 나누는 것은 일상이 주는 행복한 전경이다. 식탁이란 장소는 그러므로 저마다의 구별되는 두 입들이 교차하고 섞이며 만나는 곳이다. 그러나 식탁이 누구에게나 이렇게 편안하고 즐거움만 주는 자리는 아니었을 것이다. 특히 아이들에게는 그랬고 지금도 그렇다. 동양이나 서구나 식탁은 작은 사회와 같아서, 후속 세대에게 사회적 질서와 문화적 규범을 전달하고 학습시키는 곳으로 기능했다. 이러한 밥상머리 교육 중 '먹을 때는 말을 하지마라.' 혹은 '입에 음식을 잔뜩 넣은 채 말하지 마라.'라는 식탁 매너는 핵심을 이룬다.

서구의 경우 이 교육의 전통은 고대 플라톤과 아리스토텔레스까지 올라간다(Brunschwig 2002, 7). 입에 대한 두 철학자의 입장은 확고한 듯이 보인다. 하나가 살기 위해 먹어야 하는 입이라면, 다른 하나는 최고의 선과 관련된다. 같은 신체 기관을 이용하는 두 입, 혹은 동일한 장소를 공유하는 두 기능은 이렇게 그 근간에서 대립한다. 따라서 로메리의 표현을 빌자면 입은 본질적으로 "양립이 불가능한 장소lieu d'incompatibilité"(Romeri 2002, 126 혹은 서종석 외 2017; 서종석·김모세 2020 참조)로 이해될 수 있을 것이다. 이러한 의미에서 입은 인간성과 동물성 사이의 경계를 모호하게 할 위험이 존재하는 곳이기도 하다(Brunschwig 2002, 7). 두 개의 입, 두 유형의 '혀'는 서구의 철학적 전통에서 차별적인 취급을 받아왔다. 이들에게 생존을 위해 먹는 입과 지적인 담론을 내는 입은 그 근본에서 차이가 있는 것이었다. 로메리의 설명에 따르면, 가령 플라톤의 철학에서 이 두 입은 욕구le besoin와 선le bien이라는 서로 양립하지 못하는 두 범주에 각각 속한다. 욕구와 선은 서로 다른 움직임으로 설명된다. 욕구가 입을 통해 밖에서 안으로 들어가는 움직임이라면, 최고선le meilleur은 이와는 달리 몸의 내부에서 외부로의 이동이다. 여기서 기능을 달리하는 두 개의 입은 서로 다른 지위를 부여받음으로써 상하관계의 위계적 질서 속에 놓인다. '먹는' 입이란 결국 먹는 이의 생존과 육체의 보존을 위한 것이다. 섭식행위를 통해 영양을 섭취하는 일은 매우 이기적이고 개체 독립적인 활동이며, 이는 동일한 행위를 하는 인간들 사이에서 어떤 관계를 만들어내지 않는다. 즉 내가 먹는 것을 남에게 줄 수 없는 것처럼 먹는 입을 통해 이루어지는 행위는 그 특성상 자기 몸의 내부로 고립되고 스스로를 유폐시키는 결과를 낳는다. 음식을 먹는 일은 외부의 것을 내부로 끌어드리는 닫힘의 행위가 된다는 것이다. '말하는' 입은 이와는 전혀 다른 모습을 보여 준다. '말'의 움직임은 본질적으로 안에서 밖으로 나오는 것이다. 말은 그러므로 세상을 향한 열림이다. 말은 입에서 솟아나와 다른 사람들에게 전달되고 퍼져 나간다. 육체라는 한계에 머무는 것이 아니라 그 폐쇄적인 것을 치고 나와 외부로 향하

고 결국 사람들 사이의 대화가 가능하게 해주는 것이다(Romeri 2002, 127, 128, 혹은 서종석 외 2017; 서종석·김모세 2020 참조).

그렇다면 여기서 몇 가지 궁금한 점이 떠오른다. 먹기는 말하기보다 더 근원적인 행위로 생각할 수 있을까? 말하는 입만이 인간성을 드러내는 장소라고 말할 수 있는 것일까? 말하는 입은 먹는 입에 비해 더 우월한 지위를 갖는가? 하나의 동일한 기관을 활용해야 하는 두 행위가 서로 영향을 미치거나 간섭하는 것은 생리적으로 혹은 물리적으로 예상이 가능하다. 테리 이글턴Terry Eagleton은

> "말 혹은 언어가 우리의 마음을 형성하듯이 음식은 우리의 몸을 만든다. 몸과 마음을 구분하는 일이 사실상 어렵다면, 먹고 말하는 두 행위가 은유적인 교환으로 지속적인 교차를 한다는 점이 놀랄 일은 아니다."

고 말한다(Eagleton 1988, 207). 이글턴의 이러한 관찰은 입의 복합적 운명을 잘 설명해 준다. 입을 통해 먹고 말하는 것이 서로 복합적으로 얽히고 관계를 맺고 있다는 사실은 신체로서 입이 하나인 것에서 배태된다. 입을 통해 이루어지는 행위가 기능적으로, 그리고 상징적으로 서로 구분되어 있지만 둘의 관계는 입이라는 하나의 장소를 두고 운명적으로 서로 관계를 맺고 있다고 할 수 있다.

그러나 우리의 논의에선 두 입이 지니는 특성을 좀 더 다른 각도로 접근해서 살펴볼 필요가 있음을 느낀다. 그것은 서구 철학의 전통 속에서, 하나의 입이 그 본질적 중요성에도 불구하고 또 다른 입에 견주어

폄하되어 왔기 때문이다. 따라서 우리는 플라톤 등의 고대의 철학적 입장과는 좀 다른 시각에서 입의 성격을 파악하려는 미셸 세르Michel Serres의 숙고에 보다 많은 흥미를 갖는다. 미셸 세르에 따르면, 인간은 두 개의 서로 다른 입, 즉 '말하는' 입과 '먹는' 입을 지니고 있다.[8] 말하는 입은 무엇보다도 두드러지는 첫 번째 입이다. 세상에 대고 안에 있는 말을 쏟아낸다. 먹는 입은 세상의 것을 소비하고 맛을 음미하는 두 번째 입이다. 인류의 정신사는 입의 관점에서 보자면, 끊임없는 두 입의 대립과 투쟁의 역사로 점철되어 있고, 기호의 제국에서 말하는 입의 승리는 늘 당연한 것이었다. 따라서 먹는 입, 맛을 느끼며 음미하는 입은 늘 말하는 입의 뒤에서 가려져 있었다. 동일한 신체 기관을 두고 상호 배타적인 행위를 하는 두 입의 대립 속에서 늘 "담론의 입은 맛의 입을 쫓아낸다."(2014[1985], 201) 세르에게 있어 현생 인류인 "'호모 사피엔스Homo sapiens'는 맛을 음미할 줄 아는 인간"이다(Serres 2014[1985], 307). 'sapience'의 의미에 다가가면 더욱 흥미로운 사실을 알 수 있다. 잘 알려졌다시피 이 어휘의 뿌리인 라틴어 'sapere'는 지혜를 의미하는데, '맛보다' 혹은 '맛을 음미하다'라는 또 다른 의미도 동시에 갖는다. 세르는 두 입의 관계와 역할에 주목한다.

세르의 주장에 따르면 맛보지goûter도 느끼지sentir도 못한다면 지식le savoir은 나올 수가 없다. "말하기는 지혜가 아니다. 첫 번째 혀는 두 번째 혀를 필요로 한다. [...] 지혜는 맛 뒤에 오며 맛이 없으면 생길 수가

8 미셸 세르는 이 두 입 외에도 세 번째 입, 즉 '키스하는 입'에 대해서도 언급한다.

없다."(2014[1985], 201) 그러니까 감각으로 체험된 경험에서 지혜가 온다는 것이다. 맛은 지혜의 토대를 이룬다. "맛이 지혜를 세운다."(Serres 2014[1985], 202) 제대로 맛을 느끼고 음미할 줄 아는 존재는 결국 더 지혜롭고 무엇인가 아는 지적 존재인 것이다. 그러나 "입 안에서, 말하는 혀는 음미하는 혀를 죽인다."(2014[1985], 245) 그러므로 맛을 모르는 삶을 살아가는 존재, 혹은 형편없는 맛을 느끼며 살아가는 존재에게 지혜란 존재할 수가 없다. 결국 '호모 사피엔스'인 우리는 먹는 입을 가지고 지혜의 담론을 펼치는 존재인 것이다.

미셸 세르는 지혜la sagesse는 맛le goût의 다음에 오며, 맛이 없다면 지혜는 일어날 수 없다고 지적한다(Serres 2014[1985], 201) 호모 사피엔스는 '말하는 인간' 이전에 '맛에 반응하는' 존재라는 것이다. 음미하는 입은 지혜와 지식, 지능과 판단 등의 능력을 위한 전제조건이다. 이 입이 없다면 인류는 다른 동물과 차별화되지 못한다. "짐승이 허겁지겁 세걸스럽게 먹어치운다면, 인간은 맛을 음미한다. 인간은 냄새를 즐기며, 더는 사냥하지 않는다."(Serres 2014[1985], 202) 세르는 우리에게 호모 사피엔스의 본질, 지혜와 지식의 감각적 근원을 망각했다고 지적하고 있다.

비언어적인 '맛의 입'은 '말의 입'의 기호들을 통해 표현해야 하지만, 세상과 그 세상의 물질을 직접 대면하고 깊은 체험으로 느낀다는 점에서 '말의 입'보다 근원적이다. 그것은 무엇인가를 대체한 기호가 아니라 기호 이전의 본래 모습이다. 그것은 또한 인간을 더욱 폭넓은 차원으로 결속하여 세계와 우주의 일원이 되게 한다. 언어는 기호로서 지식을 담아 전해 주는 훌륭한 수단임일 수는 있으나 그것이 지혜 자체나 지혜를 의미하는 것은 아니다.

세르는 브뤼노 라투르Bruno Latour와의 대담에서, 인간의 오감五感의 중요성을 역설하며, '기호의 제국'에 대한 비판적 입장을 아래와 같이 개진한다(Serres 1992, 193).

> "우리 주변 어디서나 언어는 경험을 대체하고 있다. 기호는 '유연하여doux' '거친dure' 사물을 대신해 주지만, 나는 이러한 대치를 동등한 것으로 생각할 수 없다. 이는 오히려 남용과 폭력 같은 것이다. 동전의 소리가 그 동전의 가치를 대신할 수는 없다. 음식의 냄새가 굶주린 위장을 채우지는 못한다. 광고가 상품의 품질과 동등하다는 것을 나타내지는 않는다. 말하는 혀는 음미하는 혀나 혹은 키스를 주고받는 혀를 무력화한다."

가바치아는 일부 심리학자들의 의견을 따라 음식과 언어는 인간이 제일 먼저 학습하는 문화적 자질이라고 주장한다(Gabaccia 1998, 6). 하지만 마거릿 애트우드Margaret Atwood는 먹기와 말하기라는 행위가 인간의 발달 단계에서 서로 구분된다는 사실을 상기시키며 먹기라는 행위의 본질적인 특성을 강조한다. "먹기는 우리가 가장 먼저 알게 되는 은유로, 젠더 차이, 인종, 국가 그리고 언어 등을 인식하기 전부터 존재한다. 우리는 말을 배우기 전부터 먹는다."(Atwood 1988, 53) 음식과 음식을 먹는 행위는 그것이 지니는 실제적인 소용을 넘어 보다 폭넓은 은유의 차원으로 넘어간다. 그리고 이를 통해 인간의 삶을 매우 다양하고 폭넓게 표현해 낸다.

5) 입과 사회 —— 개인의 입과 공동체의 입

식탁에 앉아 밥을 먹는 일은 눈에 보이는 그 실재적 가치를 넘어선다. 그것은 '나'라는 개인이 행하는 단순하고 사적인 개체 활동처럼 보일 수도 있다. 그러나 나를 포함하여, 내가 속한 집단의 모든 구성원들이 일상으로 동일하게 행하는 반복적인 활동이라면 얘기가 달라진다. 개인의 섭취 행위는 어떤 방식으로든 그 개인의 삶이 영위되는 사회와 관계를 맺는 일이기 때문이다. 개인이나 가족의 식탁은 보다 넓은 공동체의 밥상 문화의 규범과 사회적 코드가 실행되는 장소이다.

입의 사회문화적 의미 작용은 주어진 사회의 변화와 함께한다. 입은 몸의 '구멍'으로서 소비하는 몸과 자아 간의 연관 고리를 만들어 준다. 프리모던premodern 사회에서 모던modern 사회로 넘어옴에 따라 공동체와 개인의 지위, 그리고 그 성격은 근본적인 변혁을 겪는다. 즉 개인의 지위는 상대적으로 강화되고, 개개인은 소비하는 주체로 거듭나게 되는 것이다. 여기서 입이라는 신체 기관이 작동되는 방식은 주어진 사회의 문화적 규범의 변화와 매우 밀접한 관계를 갖는다. 입에 대한 폴크(Falk 1994; 서종석 외 2017)의 독특한 사회학적 시각은 사회의 변화와 함께 매체로서 음식을 이해하는 데 많은 도움을 준다. 음식이라는 물질은 개인과 공동체를 고유한 방식으로 묶어 주는 매체의 역할을 수행하기 때문이다.

폴크는 인간 사회 구성원들의 정체성과 음식 공동체 간의 관계에 대한 독특한 소비 사회 이론을 제안하며, "원시 사회는 근본적인 의미에서 '먹기 공동체'이다."(Falk 1994, 20)라고 규정한다. 이 먹기 공동체라는 프리모던 사회의 특징을 구성하는 주요 인자는 '공유sharing'라는 개념이다. 이 개념은 공동체 구성원들을 강력하게 통제하고 통일된 연대를 이끌어 낸다. 여기서 프리모던 사회와 모던 사회의 구별은 입의 의미를 통해서 설명될 수 있다. 인간의 몸은 "하나의 문화적 실체"(Falk 1994, 12)로서 몸의 외부 혹은 문화적 환경과 상호 작용을 하는 주체로 규정된다. 개인의 몸은 한층 폭넓은 사회적 몸 – 혹은 사회체 – 과의 관계에 있어서도 매우 중요한 관계를 형성한다. 즉 개인의 몸처럼 먹기 공동체 역시 비유적인 의미에서 '먹는' 입을 지닌 사회적인 몸으로 간주될 수 있다. 개인 차원에서 이루어지는 체내화의 원리가 공동체의 차원에서도 동일하게 작동되는 것으로 이해할 수가 있는 것이다. 이때 개인과 공동체의 차원에서 몸과 자아, 그리고 문화의 관계를 특징짓는 데 '안'과 '밖'의 개념은 중요한 역할을 한다. 개인이 섭취하는 음식이 자신의 몸을 이루고 정체성을 형성하는 것과 같이, 그 먹기 행위 자체는 이미 특정한 공동체 안으로 들어가는 섭식 활동이다. 음식은 의례에 참여하는 공동체 구성원들 간의 관계를 지속시키고 강화할 뿐만 아니라, 다시금 재활성화하는 매체의 역할을 수행했다. 이 매체의 성격은 물질로서뿐만 아니라 정서나 심리의 수준에서 작용하는 것이어서 개인들을 하나의 단위로 통합하는 데 음식은 더욱 효과적인 소통의 수단이 되었다. 먹기 공동체는 무엇보다 "'먹고 먹히는' 원칙"(Falk 1994, 21)이라는 상징성이 작동되는 사회였다. 의례적 식사를 통해 몸으로 음식을 들이는 행위는 개인을 넘어 공동의 먹기 행위가 됨으로써 결과적으로 개인은 공동체의 입에 '먹히는' 것을 의미했다. 이를 통해 개인의 섭식 행위는 곧 공동체의 몸을 구성하는 체내화의 원리를 실현하게 된다.

따라서 개인의 입들이 모여 형성한 공동체의 입은 구성원들을 모두 아우르는 공동의 미각을 갖는다. 프리모던 사회의 음식 문화에 대한 규범, 즉 특정 음식에 대한 금기나 제례 규율에는 무엇을 먹을 수 있는지, 누구와 어떻게 그리고 언제 먹어야 하는지에 대한 판단에 있어 개인의 미각적 차원이 자리 잡을 여지는 많지 않다. '미각'이라는 것에 대한 '판단'은 일차적으로 문화의 경계, 즉 "공동체의 입'mouth' of the community"(Falk 1994, 13)에 놓여있는 것이다. 인간이 잡식성 동물이지만, 앞서 잠시 살펴본 것처럼, 먹을 수 있는 것과 먹을 수 없는 것의 구분은 문화적인 성격을 띤다. 모던 사회 이전의 먹기 공동체들의 문화적 울타리는 그 공동체를 보호할 만큼 튼튼한 것이어서 울타리 안의 개인 주체들의 입은 공동체 입의 미각과 연동할 수밖에 없었다. 미각' 혹은 '맛'의 차원이 개인의 자유를 의미한다면, 여기서 공동의 미각이란 그 자유를 억압하는 사회문화적 규범을 의미했다. 따라서 하나의 공동체 입이란 특정한 문화적 규범 위에 수립된 사회적 공간이므로, 이방인이 그 안으로 들어간다는 것은 매우 힘든 일이다. 그것은 특정한 음식 문화를 지닌 먹기 공동체의 정체성을 표상하며, 이때 입은 문화적 경계로 그 공동체의 규범을 수호하는 최전선이 된다. 집단의 개인들이 함께 나누는 식사는 공동의 규범을 나누는 식사일 뿐이며, 그렇게 공동체의 입 안으로 들어가 그 공동체의 몸을 구성하게 된다. 그러므로 집단 사회를 구성하는 개체들은 식자로서 상호 구분이 명확하지 않고 일정한 균질성을 확보하게 된다. 함께 식사를 하면서 개체들은 동일한 정체성을 갖게 되고, 그 먹기 공동체가 지닌 문화를 함께 나누게 되는 것이다. 이러한 의미에서 개인은 공동체가 규정한 문화적 규범에 따라 자신의 입 안으로 들이는 것을 판단해야만 한다. 공동체가 금기로 삼은 물질을 입으로 취하는 것은 곧 '순수'한 공동체의 몸을 '오염'시킨다는 것을 의미하기 때문이다.

개인의 몸이 사회의 몸을 구성한다는 의미에서 프리모던 사회 개인의 정체성과 공동체의 정체성 간에는 균질성과 연속성이 존재한다. 이러한 사회에서는 구성원 전체가 하나의 "집단 자아group-self"(Falk 1994, 20)를 구성하게 된다. 개인의 내부와 외부의 개념은 자신의 몸이 아니라 공동체의 몸을 기준으로 수립된다. 공동체의 몸은 외부적으로는 이질적인 타자들로부터 개인을 보호하는 폐집합으로, 내부적으로는 개인의 일탈을 막는 장벽으로 기능한다. 개념적으로 말하자면, 개인의 몸이 공동체의 규범에 '열려' 있다면, 개인의 정체성은 '닫힌' 특성을 보인다. 따라서 특정한 공동체가 따르는 식용과 비식용의 기준도 이 내·외부의 틀로 설명될 수 있다. 개인이 먹을 수 있는 것은 공동체의 입으로 수용할 수 있는 것, 즉 "우리의 공동체가 받아들일 수 있는, 취할 수 있는" 것, "우리의 몸들이"(Falk 1994, 69) 공동으로 섭취할 수 있는 것을 말하는 것이다.

그런데 사회의 변화에 따라 공동체 간의 미각의 경계가 무너지거나 구성원들의 취향에 대한 통제가 느슨해지기 시작하게 된다. 이것이 의미하는 바는 곧 전통적인 먹기 공동체 붕괴, 즉 공동체가 존중하는 규범이 와해되고, 반면에 개인의 자유가 확대되었다는 것이다. 프리모던 사회가 강력한 공동체의 입을 특징으로 한다면, 모던 사회의 경우는 개인의 입에 선택권을 부여하는 사회이다. 앞서 언급한 것처럼 입은 판단의 장소인데, 사회의 변화에 따라 판단의 주체도 달라지게 된다. 모던 사회에서 입의 주체는 개인이고, 이때 입은 "개인의 미각적 판단을 위한 감각적 장소"(Falk 1994, 13)로 규정된다. 모던 사회 이후 개인 취향은 공동체의 지배적인 미각에서 벗어나게 된다. "사회적 삶을 구조화하는 원리로서 먹기 공동체"(Falk 1994, 29)가 중심이 된 의례적 식사의 형태는 비의례적인 먹기 행위로 대체되었다. 비의례적인 먹기란 예를 들어 우리가 '간식'이라고 부르는 것을 상기해 보면 쉽게 이해할 수 있다. 대체로 우리가 음식이라고 부를 수 없는, 영양과는 거리가 먼 먹을거리들이 여기에 해당한다. 일상에서 우리가 즐겨먹는 다양한 과자류, 청량음료나 알코올성 음료, 담배, 껌 등은 대부분 우리의 구순기적 자극이나 쾌락과 결부가 된 것들이다. 프리모던 사회라는 먹기 공동체에서 의례적 식사가 개인과 집단을 하나의 단위로 묶는 행위라면, 패스트푸드나 간식을 먹으며 개개인 저마다 자기의 만족과 먹는 즐거움을 찾는 소비 행위는 소비 사회의 특성인 개별화와 분리를 온전히 표현하는 것이다. 이러한 프리모던의 먹기 공동체의 쇠락은 개인들뿐만 아니라 가족이나 친목 단위의 규모가 작은 공동체에도 영향을 미치게 된다(Falk 1994, 25, 34). 가족 단위의 모임에서 식사는 일종의 의례로 그 본연적인 의미는 먹기 공동체의 그것과 동일하다. 또한 가족이라는 단위가 먹기 공동체를 형성하는 가장 기본 단위이기에 그 중요성은 프리모던 사회에서 지대하다고 할 수 있다. 모던 사회에서도 여전히 이러한 가족 단위의 식사가 남아 있는 것은 사실이지만, 과거에 비해서 그 빈도와 중요성이 많이 사라진 것도 사실이다. 또한 가족의 식탁에서 이루어지던 다양한 사회교육도 과거와는 달리 축소되거나 비중이 작아졌다. 모던 사회 이후 목격되는 식탁의 변화는 무엇보다 집 밖의 식탁을 찾는 일, 즉 외식의 비중이 매우 증가했다는 점이다. 저마다 고유한 '집밥'을 떠나 사람들은 식당이나 레스토랑에서 자신이 취향에 맞는 음식을 자유롭게 선택해서 먹는다.

개인의 자아가 집단적 자아에 매몰된 프리모던 사회와 비교하여 모던 사회의 개인의 자아는 완전히 다른 양상을 보인다. 소비의 주체로서 개인은 소비를 통한 자기표현이 가능해 졌기 때문이다. 소비의 양상이 곧 그 사람의 정체성을 나타내 주게 된 것이다. 사람들은 더 이상 먹기 공동체의 집단적 정체성을 위해 자신을 희생하지 않는다. 앞서 말한 것처럼 '열린 몸'과 '닫힌 자아'를 사회적 특징으로 하던 양상은 이제 '닫힌 몸'과 '열린 자아'라는 변화를 맞게 된다. 닫힌 몸과 열린 자아가 의미하는 것은 개인의 입을 통해 섭취하는 음식이 집단이 아닌 개인의 정체성을 유지할 수 있게 해주는 물질이 되었다는 것이다. 억눌리거나 억압된 자아는 이제 입의 선택의 자유를 통해 개인주의적 자율성을 확보한 것이다. 미각이나 맛에 대한 판단은 개인의 고유한 영역이고, 취향에 따라 선택하여 먹는 먹을거리들은 궁극적으로는 선택한 개인의 정체성을 알려 주는 표지로 작동한다. 프리모던 사회를 구성하는 개인들의 자아가 집단적 자아의 내용으로 채워져 있었다면, 모던 사회의 개인들의 자아는 "빈 공간으로서"(Falk 1994, 29), 개인들은 저마다 자신의 기호대로 이 빈 공간을 채울 수 있는 자율성을 갖게 되었다. 여기서 각 개인은 자신의 내부에 빈 공간을 간직한, 닫힌 육체로 정의된다. 물리적이자 정신적인 성격의 이 공간은 소비 사회에서 줄곧 채워지길 기다리는 독립된 소비 주체, 분리된 개인의 자아를 의미한다. 입의 역사는 이렇게 사회의 변화에 따라 새로운 변혁의 주체를 맞이하게 되었다.

이제 아래에서는 음식과 먹기 행위를 관통하는 체내화라는 원리와 그 발상을 다루기로 한다. 체내화의 원리는 입으로 들어간 음식의 여정을 이야기한다. 음식의 관점에서 보자면, 어머니의 몸 안에 잠시 있던 시절을 포함하여 어린 시절부터 먹은 음식의 총화가 바로 우리의 정체성이다. 음식은 몸 안으로 들어가 안에서부터 먹는 이의 몸을 변화시키고 마음까지 영향을 미치는 물질문화이다. 체내화의 문제를 살펴보면서 음식을 먹는 행위에 대한 한층 깊은 이해를 구해 보도록 하자.

3
체내화의 원리

1) "그러므로 살기 위해서는 소화해야 한다."

사회 문화적인 관점에서 먹기는 무엇보다 개인의 정체성, 나아가 집단의 정체성을 형성하는 하나의 행위이다. 이러한 발상의 개념적 토대 중의 하나가 '체내화의 원리Le principe d'incorporation'이다. 레오 물랭Léo Moulin에 따르면 인간이 살면서 일생 동안 먹는 횟수는 칠만 오천 번에서 만 번에 이르고, 깨어 있는 시간 중 십삼 년에서 십칠 년을 먹는 데 사용한다(Poulain 2002a, 9에서 재인용). "조물주는 인간이 먹지 않으면 살 수 없도록 창조하였으며, 식욕으로써 먹도록 인도하고 쾌락으로써 보상한다."(Brillat-Savarin 1848[1826], 아포리즘 V) 살기 위해서는 이 행위를 중단할 수 없으므로 선택의 여지가 없는 '형벌'처럼 느껴질 수도 있지만, 먹는 행위는 또한 '먹는 재미', 즉 쾌락의 문제와 결부되어 있다. 우선 체내화에 대한 논의를 다루기에 앞서, 오래되어도 여전히 바래지 않은 브리야 사바랭의 생각을 잠깐 엿보고자 한다. 브리야 사바랭은 인간의 미각 기관이 다른 동물들에 견주어 드물게 완전성을 지닌다고 주장한다. 동물의 혀는 자신들의 지성의 한계를 능가하지 못하지만, 인간은 모든 생물의 우두머리로서 맛이 있는 건 그것이 무엇이건 체내로 수용할 수 있는 우월한 기관을 갖추고 있다는 것이다. 그가 말하는 미각 기관의 작동 방식은 다음과 같다.

> "식용 가능한 물질이 입 안으로 들어오면 이내 처음 상태에서 벗어나 기체와 즙액으로 탈취되어 버린다. 양 입술은 입 밖으로 나가지 않도록 차단하면 이는 그것을 가로채어 으깬다. 침이 적시고 혀는 반죽하여 뒤집는다. 이것이 흡착운동으로 목구멍 쪽으로 밀려가면 혀는 이를 받아 그 안으로 밀어 넣는다. 그러는 사이 후각이 음식물의 냄새를 맡는다. 그런 다음 그것은 위 속으로 빠져 들어가 마지막으로 변형된다. 이 모든 과정에서 한 조각, 한 방울도 맛이 판별되지 않는 것은 없다. 미식이 인간의 전적인 전유물인 것도 이러한 완전성의 결과이다."(Brillat-Savarin 1848[1826], 21)

브리야 사바랭의 이 같은 묘사는 단순히 인간 동물의 육체적 조건을 규정하는, 혹은 생리적으로 내밀한 속 것을 보여 주고자 하는 것에 있지 않다. 다소 장황한 이 같은 진술은 인간을 '자연의 위대한 구르망 gourmand'[9]으로 공표하려는 그의 의도에서 비롯된다. 앞서 본 것처럼, 세르의 의미에서 미각은 인간이 왜 인간인지를 규정하는 데 가장 주요한 근거들 중의 하나이다. 브리야 사바랭의 주장 역시 또 다른 관점에서 그가 이미 오래전부터 미각의 중요성을 충분히 강조하고 있었음을 잘 보여 준다고 할 수 있다. 그런데 위의 인용문의 내용은 무엇보다 우리 몸에 들어간 식용물질이 어떠한 상태 변화를 거쳐 동화가 되는지 그 물리적 과정의 주요 단계를 설명해 준다. 미각 역시 소화라는 생리적 과정과 분리돼서는 생각될 수 없다. 이와 관련하여 브리야 사바랭은 '소화에 관하여' 장의 서두를 이렇게 시작한다.

> "오래된 격언에 말하기를, '사람은 그가 먹은 것으로 살지 않고 소화한 것으로 산다.' 그러므로 살기 위해서는 소화해야 한다." (Brillat-Savarin 1848[1826], 174)

---

9 'gourmand'은 『프·한사전』에서 '식도락가'나 '미식가' 등으로 풀이되어 있는데, 사실상 우리말로 적절하게 옮길 수가 없는 어휘 중 하나이다. 이는 같은 어휘장에 속하는 '가스트로노미gastronomie'나 '구르망디즈gourmandise', 혹은 '구르망'과 유사한 의미의 '가스트로놈gastronome' 등도 마찬가지이다. '가스트로노미'와 '구르망디즈'는 각각 '식도락, 미식법'과 '미식, 식탐, 진미, 식도락'으로, '가스트로놈'은 '구르망'처럼 '식도락가'나 '미식가'로 사전에 풀이되어 있다. 이는 단지 프랑스어와 한국어 간의 문제만은 아니다. 브리야 사바랭은 이미 『미각 생리학』에서 프랑스어 'Gourmandise'는 역사성이 깃들어 있는 고유한 어의로 인해 영어나 독일어 등 다른 언어에서 등가어를 찾을 수 없다고 주장했다(Brillat-Savarin 1884[1826], 130). 이러한 이유에서 이 책에서는 해당 어휘들을 사용할 경우 원어 발음을 가져와 사용하고 고유성을 살리기로 한다.

체내화란 개념의 오랜 시원을 시사하듯 여기서 '오래된 격언'이라는 표현에 담긴 의미는 그 무게가 남다르다. 살기 위해서는 소화해야 한다! 식자는 입으로 들인 것을 목구멍 너머로 넘겨야 한다. 그리고 소화라는 과정을 거쳐 온전히 자신의 것으로 삼아야 되어야 한다. 그때야 비로소 하나의 물질은 먹는 이의 몸에 동화되어 그와 하나가 되고 먹는 행위는 완성되는 것이다.

체내화 문제를 논하기 위해서는 아마도 미하일 바흐친Mikhaïl Bakhtine의 통찰력을 잠시 언급해야 할 것이다. 바흐친은 식자와 음식의 관계를 통해서 그 상징적 의미와 집단적 의식 속에 자리 잡은 본질적 문제를 짚어냈다. 체내화의 개념은 음식 사회학과 음식 인류학, 혹은 음식의 사회심리학의 관점에서 다루는 연구들에서 주요한 분석 도구들 중의 하나로 언급되는데, 이는 흥미롭게도 바흐친이 프랑수아 라블레François Rabelais 연구에서 다루었던 개념적 발상을 강하게 상기시킨다. 바흐친은 라블레의 작품을 연구하면서 축제 혹은 연회 속에 나타난 식사의 의미와 상징성을 이렇게 설명해 준다.

> "먹고 마시는 것은 그로테스크한 육체의 삶의 가장 중요한 현상들 중 하나이다. 이 육체의 특징은 개방적이고 미완성이며 세계와 상호 작용한다는 점이다. 이러한 특성들이 가장 확실하고 구체적인 방식으로 드러나는 곳이 바로 먹는 행위 속에서이다. 육체는 자신의 경계를 벗어나 이 세계를 먹고 삼키어 조각낸 후 자신의 안으로 들이고는 이를 발판으로 자신을 살찌우고 성장한다. 인간과 세계의 만남은 바수어 찢고 씹는

> 커다랗게 벌린 입 속에서 이루어지는데, 이는 인간 사고의 가장 오래되고 현저한 주제들 중의 하나이다. 인간은 이 세계를 음미하고 맛을 보곤 자신의 육체 속으로 들여 자기의 일부로 만드는 것이다." (Bakhtine 1970, 280)

바흐친의 논의 속에서, 식자는 외부의 먹을 것과 마실 것을 섭취하고 동화시킴으로써 자신의 고유한 육체적 경계를 벗어나게 된다. 그리고 자신을 둘러싼 세상과 대화적인 관계를 수립하고 이를 통해 세상을 자기의 것으로 삼아 살아간다. 인간의 육체는 음식 덕분에 주어진 한계를 탈피하고 세계와 확대된 상호 작용을 할 수 있게 된다. 즉 먹을 때는 인간과 세계 사이의 경계가 사라지게 되는 것이다. 바흐친의 음식은 축제적인 성격을 지닌 것이어서 집단적 정체성의 문제와 연결된다. 연회에서 많은 사람이 섭식하는 행위에는 음식을 통한 개인의 자아 확대와 공동체의 개념이 자연스럽게 녹아들어 간다. 소화 작용과 관련된 브리야 사바랭의 미각 논의와 더불어 이러한 바흐친의 분석에는 우리가 이제부터 다루려는 체내화의 원리가 담겨있다.

2) 원리의 정의, 그리고 의미

내가 아닌 것이 내 안으로 들어와 궁극적으로는 내가 되는 변형 과정. "마법적인 행위" 혹은 "복합적인 연금술"(Apfeldorfer 1994, 1)이라 부를 수 있을 이러한 변형은 먹기 행위가 인간에게는 단순한 행위가 아니라는 점에서 그 의미는 한층 더 복합적이다. 그것은 소화 작용처럼 생리적인 차원뿐만 아니라 상징의 영역으로 들어가기 때문이다. 클로드 휘슬러는 체내화를 "밖과 안, 즉 세계와 우리의 몸 사이의 경계를 음식이 넘어가도록 하는 운동"(Fischler 2001[1990], 66)으로 정의한다. 어떤 음식을 체내화한다는 것은 그 음식의 특성 모두를, 혹은 그 일부를 흡수하여 마침내 '나는 내가 먹는 것이 된다.'는 것이다. 아래에서 다시 다루겠지만, 이러한 의미에서 체내화는 곧 정체성의 토대를 구성한다. 여기서 먹기라는 몸의 행위는 유사한 인간 행위의 기본 모델로서, 다른 체내화 행위들이 여기서 파생된다. 우리는 잠정적으로 체내화의 일반 원리를 '본래 내가 아닌 것을 나로 만드는 모든 행위'라고 정의해 볼 수 있을 것이다. 매기 킬거Maggie Kilgour에 따르면, 'incorporation'이란 낱말의 뿌리는 몸body에 있고, 모든 형태의 체내화를 아우르는 가장 기본적인 모델은 먹기라는 물리적 행위이다. 그래서 음식은 흡수되는 다른 외부 물질들에 대해 가장 중요한 상징으로 기능한다(Kilgour 1990, 5–7).[10] '살기 위해서는 소화해야 한다.'는 말은 "비非자아를 자아로 변형시키는 일이다."(Apfeldorfer 1994, 1) 달리 말하자면 체내화는 곧 타자의 존재를 전제로 하는 행위이며, 또한 이 타자의 도움으로 전과는 다른 또 다른 나로 거듭나야만 생존할 수 있다는 말이다. 그래서 먹는 일은 단순한 경험이 아니라 "육체적이고 존재론적인 경험"(Durif-Bruckert 2017, 26)이라고 이해해 볼 수 있

10 이러한 의미에서 하나가 되고자 하는 두 연인의 사랑의 행위도 '성적 체내화sexual incorporation'라는 체내화의 한 형태이다. 그러나 사랑의 행위는 불완전한 형태의 체내화이다. 두 몸이 하나가 된다는 의미에서 먹는 행위와 동일하지만, 여기서 일어나는 동화 작용이 일시적이기 때문이다. 다시 말하자면 사랑하는 연인 간의 결합은 먹기라는 물리적 행위와 비교해 상대적으로 절대적이지 못할 뿐만 아니라 항구적이지 못한 행위인 것이다(Kilgour 1990, 7–8).

는 것이다. 몸은 여기서 문화와 심리 그리고 사회적 기능들이 육화된 하나의 교차점으로 정의된다(Durif-Bruckert 2017, 35). 따라서 몸 안으로 음식을 받아들이는 일은 매우 복잡한 현상으로 자연스럽게 다양한 해석의 장이 될 수밖에 없는 것이다.

체내화 원리는 생명과 죽음을 함께 담고 있다. 이 역설적 이중성은 먹고 먹히는 행위를 의미 있는 행위로 만들어낸다. 체내화의 작용 속에서 삶과 죽음의 모습이 그 표층적인 의미와 언제나 일치하는 것은 아니다. 우선 그것은 무엇보다 먹는 주체에 의한 먹히는 객체의 파괴와 소멸을 함의하는 폭력적 행위이다. 여기서 객체는 주체의 생존을 위해 희생되는 일방적인 관계의 성원이다. 그러나 관점을 달리해 보면, 먹히는 대상은 식자를 온전히 구성하고 종내는 먹는 주체가 된다고 볼 수도 있다. 우리는 먹으면서 먹히는 것이다. 체내화의 원리는 주체가 객체를 자신의 일부로 흡수하여 자신을 유지하고 확장하거나, 혹은 객체와 주체의 위상이 변하면서 둘 사이에 놓인 경계가 사실상 사라진다는 이중의 해석이 가능하다. 두 관점은 체내화의 작용에 있어 두 실체의 역할에 따른 해석의 차이이다. 흥미롭게도 이 이중의 해석을 이어 주는 것은 먹는 자와 먹히는 자 모두 지니고 있는 존재의 불안이다. 식자가 주체가 되어 대상을 내재화하는 것이라면, 먹히는 존재에겐 자기를 포기하고 타자에 흡수되는 공포가 된다. 그러나 먹는 주체가 먹히는 객체에 대해 갖는 두려움도 이와 마찬가지이다. 미지의 타자가 내 안으로 들어와 나를 파괴할지도 모른다는 공포. 이 식자의 불안이 아래에서 살펴보겠지만 '잡식성 동물의 역설'과도 연계가 된다.

그러나 종교적 관점에서 이러한 이중의 공포는 오히려 지고한 희생, 완전한 부활과 영원한 삶, 영적 공동체를 의미할 수 있다. 여기에는 타자에 대한 공포는 없다. 먹히는 존재의 의지에 의한 완전한 소멸과 흡수, 그리고 먹는 존재의 염원에 의한 완전한 동화만이 유의미할 뿐이다. '내가 먹는 것이 곧 나를 이룬다.'는 원리의 기원을 종교에서 찾는다면 무엇보다도 기독교의 전례典禮를 무시할 수는 없을 것이다. 특히 가톨릭의 성찬 전례에서 빵과 포도주는 예수 그리스도의 몸과 피를 표상한다. 매기 킬거에 따르면(Kilgour 1990, 7) 체내화의 원리는 안과 밖, 먹는 자와 먹히는 자 간의 절대적인 구분을 상정한다. 그런데 누가 주체이고 대상인지 이 구분은 모호하다. 먹는 행위는 먹는 자와 먹히는 자가 존재하므로 상호적이지 않지만, 결국은 구분이 힘들기 때문이다. 그런데 가톨릭 성찬식의 경우 이러한 관계는 또 다른 의미를 갖는다. 먹는 행위가 상호적이 되기 때문이다. 누가 누구를 먹는지 모르는 이 상황에서 인간과 신은 저마다 주체가 된다. 인간은 빵의 형태로 신을 취하지만 신은 인간의 몸에 들어가 먹는 이를 변화시키게 된다. 이러한 유형의 체내화는 온전히 상호적인 체내화라고 할 수 있을 것이다. 여기서 더 이상 안과 밖, 먹는 이와 먹히는 자 간의 절대적인 경계는 사라진다(Kilgour 1990, 15). 가톨릭의 성체 성사는 집단적 정체성의 종교적 모델로 간주될 수 있을 것이다. 식사 의례를 통해 같은 것을 먹는 집단들은 결국 하나의 정체성을 토대로 공동체를 형성하기 때문이다. 신자의 입으로 섭취된, 예수의 몸과 동일시 된 빵과 예수의 피와 동일시된 포도주는 우선 신자의 몸 안에서 체내화되고 이어 이 빵과 포도주를 먹은 이들을 하나의 공동체로 이

끌게 된다. 체내화의 원리는 결국 가톨릭의 성체 성사의 핵심을 이루는 실체이다[11].

휘슬러를 비롯한 많은 연구자들은 체내화의 원리가 작동하는 수준이 실재적réel인 측면뿐만 아니라 상상계imaginaire의 차원을 포함한다는 점을 강조한다.[12] 사실 이는 체내화의 원리가 개념 도구로서 중요한 이유이기도 하며, 그 전에 음식과 먹기 행위의 문제가 단순한 것이 아님을 말해 주는 것이기도 하다.[13] 많은 연구자들이 제시하는 체내화 원리의 작용 범위는 이 두 차원을 포함하면서 한층 섬세한 개념 확장이 이루어진다. 여기서는 플랭과 코르보의 관련 논의들을 간략히 참조해 보도록 하자. 플랭(Poulain 2008, 51)에 따르면 체내화의 원리는 삼중의 의미 작용을 담고 있다. 먼저 심리생리학적 관점에서 보면 식자 자신이 소비하는 것이 곧 자신이다. 즉 체내화의 기본은 자신이 먹는 음식의 특질을 자기의 것으로 만드는 일이다. 음식의 영양분이 그것을 먹는 이의 육체가 된다는 것이기에 이는 객관적인 현실을 반영하는 생각이다. 두 번째는 상상계의 시각으로, 식자는 자신이 먹는 음식의 영양소뿐만 아니라 그 음식

11 짐멜도 공동 식사의 형태가 어떻게 먹기 행위라는 이기적 행위를 극복하고 더 높은 차원으로 승화될 수 있는지 논급하며 기독교의 성찬 전례의 의식을 다룬다. 체내화의 원리는 공동체의 정체성과 긴밀한 관련을 갖는데, 이에 대해서는 이 장의 나머지 부분과 더불어 3부 '함께 먹기'에서도 다시 다룰 것이다.

12 장 자크 부토Jean-Jacques Boutaud 또한 "먹는다는 것은 무엇보다 상징적인 것을 먹는 것이다."라며 "인간이 먹는 것은 […] 기호와 상징들로 가득 차 있다."고 설명한다(Boutaud 2004, 11).

13 레비-스트로스에게 있어 하나의 음식은 "먹기 좋은 것bonnes à manger"만으로는 충분하지 않다. 그것은 또한 "생각하기 좋아야bonnes à penser"만 한다."(Levi-Strauss 1962a, 128; 2008, 533) 음식은 인간의 각 사회와 문화 속에서 고유한 의례와 금기를 담고 있는 물질 문화이다. 여기서 '생각하기 좋은 음식'이란 체내화 원리와 더불어 공동체 정체성의 본질을 관통한다(3부 참조).

의 상징적인 특성까지도 함께 섭취하여 자신으로 만든다. 세 번째는 사회심리학적인 관점으로, 인간은 자신이 알고 있는 익숙한 음식을 반복적으로 섭취하면서 하나의 문화 속으로 통합된다. 음식, 요리 그리고 식탁의 규범 등은 문화적으로 결정되는 요소들이기에 식자 자신은 어떤 사회적 공동체, 혹은 문화적 질서 속으로 '체내화'가 된다는 의미이다. 앞서 살펴본 폴크의 먹기 공동체와 개체의 관계를 상기하면 쉽게 이해할 수 있을 것이다. 이러한 의미에서 먹는 행위는 그 단순함을 넘어 집단 정체성의 토대를 이루며 동시에 사회적, 문화적 구분의 참조점을 만든다. 이는 자신을 다른 사람 혹은 집단과 구분하는 것이자 동시에 자신의 소속을 표지하는 수단이 된다. 그러므로 음식은 정체성 구축 과정의 중심에 놓이게 된다.

코르보(Corbeau 2017, 27-28)에게 있어 이 개념은 무엇보다 '믿음'이다. 액체나 고체 혹은 기체 형태의 요소가 우리를 관통하여 내면의 저 깊은 곳에서 우리의 정체성을 변화시킬 수 있다는 믿음이다. 코르보는 이를 토대로 체내화를 구성하는 요소를 세 차원으로 구분한다. 하나는 무엇보다 음식이 본연적으로 갖는 기능, 즉 우리의 생명을 유지시키는 일과 관련된다. 이 일은 먹어야만 사는 인간에게는 필수적이면서도, 동시에 근본적인 불안과 두려움을 주는 일이기도 하다. 또 하나는 '이상적인 육체'와 결부된 우리 몸의 형태론적 미학의 문제이다. 서구 사회에서 이상적인 몸에 대한 생각이나 기준은 시대에 따라 달라져 왔다. 독자들을 포함하여 현재를 살고 있는 많은 식자들은 특정한 음식들이 자신의 몸에 미칠 영향을 심각하게 고민하고 살고 있다. 마지막 차원은 상징적, 정신적 그리고 윤리적인 틀에서 바라본 섭식 행위이다. 어떤 '불순한' 요소가 내밀한 육체를 침노할 때 우리의 정신마저 오염될 수가 있다는 것이다. 여기서 '불순'이라고 판단할 수 있는 기준은 민간 신앙, 종교, 윤리, 이데올로기 그리고 '과학적'이기는 하지만 이 요소들의 영향을 받은 사고들을 포함해 매우 폭넓다.[14]

3) 주술적 사고와 음식

우리는 앞서 먹는 일이 단순히 영양만을 섭취하는 것이 아니라는 점을 여러 번에 걸쳐 언급하였다. '상상계', '상징', '믿음' 혹은 '오염'. 플랭과 코르보의 체내화 개념을 통해 만난 이 개념어들은 신진대사 문제와는 별개로 어떤 원초적인 사고의 존재를 드러내 준다. 체내화의 이론을 중시하는 주요 학자들은 제임스 조지 프레이저James George Frazer가 저서 『황금가지The Golden Bough』에서 언급한 원시인들 혹은 야만인들의 음식 세계관을 인용한다. 프레이저에 따르면, 이 원시 사회의 성원들은 자신들이 사냥한 동물들이나 싸워 이긴 적들의 살을 먹을 때 단순히 물질적인 부분만을 섭취하는 것이 아니라, 이들이 지닌 정신적 차원의 질적인 특성까지도 함께 흡수하는 것으로 생각했다는 것이다.[15] 이러한 사고방식은 무엇보다 인간의 심층적인 내면에 뿌리내린 '주술적' 논리의 영역

---

14 뒤리프 브뤼케르Durif-Bruckert 역시 세 가지 관점에서 체내화의 개념을 정리한다. 이를 간략하게 소개하면, 하나는 섭취한 대상과 식자 간의 유사관계로서의 체내화, 또 하나는 사회화 과정의 중개자로서의 체내화, 그리고 마지막으로 구순단계에 고유한 관계 방식인 동일시의 육체적 원형으로서 체내화 등이다(Durif-Bruckert 2017, 27-31).

15 인간들 사이의 카니발리즘에 대해서는 Mondher(2006) 참조.

에 속한다. 체내화의 원리의 기저에는 '주술적 사고' 혹은 '마술적 사고magical thinking - pensée magique'라 불리는 생각이 놓여 있다. 주술적 사고는 먹는 주체와 먹히는 대상 간에 물질적 전이가 일어난다는 하나의 믿음이다. 말 그대로 상상계 소관이다.

프레이저에 따르면 주술적 사고에는 두 유형의 원리가 작동된다. 하나는 유사의 법칙law of similarity에 따른 동종주술homoeopathic magic이고 다른 하나는 접촉의 법칙law of contact 혹은 감염의 법칙law of contagion에 따른 감염주술contagious magic이다. 이 두 원리의 토대에는 공감의 원리가 있어 공감주술sympathetic magic이라 총칭된다. '유사의 법칙'은 '유사類似가 유사를 낳는다.' 혹은 '결과는 원인을 닮는다.'는 법칙으로, 쉽게 풀이하자면 '이미지는 곧 대상이다.'라고 간결하게 압축할 수 있을 것이다. 가령 어떤 사람의 사진이 있다고 할 때, 그 사진은 곧 사진 속 인물로 간주될 수 있다는 것이다. 따라서 이 법칙에 따르자면, 사진을 훼손할 경우 실제로 사진의 주인에게 부정적인 영향을 미치는 효과가 있게 된다. '접촉의 법칙' 혹은 '감염의 법칙'이란 일단 한번 접촉했던 것은 거리와는 상관없이 계속해서 영향을 미친다는 사고이다. 다시 말해서 두 실체가 접촉할 때, 한 쪽의 질적인 특성이 다른 한 쪽으로 영속적인 전이가 이루어진다는 것이다. 가령 불순한 뭔가를 만졌을 때, '부정을 탔다'는 얘기는 바로 이러한 주술적 사고에 기인한다.[16] 주술적 사고에 대한 학술적 논의

16 '박 선생의 집은 흉가라는 소문이 떠돌았고, 그 집을 출입하면 부정을 탄다는 말이 장터 거리에 짜하게 퍼져 있었다.'≪김원일, 불의 제전≫(출처: 국립국어대사전). 접촉이나 감염이 긍정적인 사례도 많다. 어느 유명인과 악수한 후 손을 씻지 않겠다고 하는 사람

가 프레이저의 것만은 아니다. 프레이저에 앞서 에드워드 버네트 타일러Edward Burnett Tylor에 의해, 그리고 후에 마르셀 모스 등에 의해 다뤄졌다(Taylor 1974[1871], Mauss 1950). 특히 뒤르카임[17]의 경우는 토테미즘, 희생제의, 금기 등의 연구와 더불어 공동 식사를 연구한 로버트슨 스미스Robertson Smith(1889)[18]의 뒤를 이었다. 이러한 주술적 추론이 음식의 영역에서는 어떻게 작용하는지 살펴보려는 현재의 연구도 상당하다. 아마도 가장 잘 알려진 연구이자 관련 연구의 시발점이 된 것은 로진을 중심으로 한 일련의 공동연구일 것이다.[19] 그리고 이를 바탕으로 특히 프랑스 사회학자 클로드 휘슬러를 필두로 여러 연구들이 진행되었다(특히 Fischler 1994; 1996; 2001[1990]). 흥미롭게도 휘슬러에 따르면, 어느 문화이건 음식이라는 영역은 주술적 사고의 연구에 "하나의 왕도王道"(Fischler 1994, 10)로 간주될 만큼 이러한 사고가 두드러지게 작동되는 분야이다.

주술적 사고는 원시적 신앙이 아니다. 많은 실험의 결과가 우리에게 주는 확신은 주술적 사고가 소위 '원시' 인류 및 문화뿐만 아니라 현재의 우리와도 깊게 관련된다는 점이다(Fischler 2006b, 113). 많은 문화권에서 이 믿음은 공동체의 정신적 유산으로 자연스럽게 전수된다. 그래서 우리가 보통 '미신'이라 부르는 이러한 생각들이 과학과 문명이 발달한 현재에도 어느 문화를 막론하고 빈번하게 관찰되는 건 이상한 일이 아니

들의 예가 바로 이 경우라고 할 수 있다.

17 'Durkheim'에 대한 우리말 호칭은 다양한데, 이 책에서는 '뒤르카임'으로 하기로 한다.

18 Smith, Robertson. 1889. The Religion of Semites, Edinburgh.

19 Rozin, Millman, and Nemeroff(1986), Rozin, Nemeroff, Wane, and Sherrod(1989), Rozin and Nemeroff(1990). 주술적 사고의 다양한 적용과 이에 대한 보다 깊은 연구를 위해서는 Rozin(1994), Fischler(1994), Fischler(1996), Fournier(2012) 등을 참조할 것.

다. 가령 한국의 일부 남성들의 경우 특정한 동물의 생식기가 남성의 성 능력을 높인다는 믿음을 지니고 있다. 해구신, 즉 물개의 고환과 음경을 일컫는 이 부위를 섭취하면 수컷 물개의 왕성한 성 능력이 먹는 이에게 그대로 옮겨질 거라는 믿음은 전형적인 주술적 사고의 실례이다. 또 임산부가 특정 동물의 고기를 먹게 되면 그 동물의 특성이 태어날 아이에게까지 전달된다는 생각도 마찬가지이다(가령 "오리고기를 먹으면 팔자걸음을 걷는다."). 다른 문화권에서도 이러한 사고방식은 매우 빈번하게 관찰된다. 휘슬러가 드는 프랑스어의 한 예로 'Vous avez mangé du lion ce matin? 오늘 아침 사자고기라도 드셨어요?'같은 표현의 경우, 사자라는 동물이 지니는 힘과 에너지, 그리고 공격성 등의 특성이 이 발화문의 의미를 구성한다.[20] 휘슬러에 따르면 이는 '말하는 방식'일뿐만 아니라 또한 '생각하는 방식'이기도 하다(Fischler 1994, 10).

따라서 체내화의 원리에는 접촉/감염과 유사라는 두 법칙이 모두 작용하게 된다. 내가 먹는 것이 곧 내가 된다는 것, 혹은 나의 일부가 된다는 것은 환언하자면 내가 먹는 것에 의한 '완전한 감염'을 뜻한다. 또한 흡수된 대상의 이미지, 이름 혹은 어떤 힘이나 효과 등의 특성들이 먹는

---

20 프랑스어로 'avoir bouffé[mangé] du lion. 사자 고기를 먹다.'는 사전적인 의미로 '무서운 힘을 발휘하다, 매우 공격적이다[난폭하다].' 등을 뜻한다. 어느 나라, 어떤 문화이건 이러한 표현은 수도 없이 많다. 가령 우리의 문화에서 행동이 느린 사람을 보고 '굼벵이 고기를 먹었나.'라는 표현이 쓰이는 걸 생각해 보면 될 것이다. 그러나 특정한 동물이나 식물 등의 속성 등이 언제나 이러한 주술적 사고와 결부되어 작용하지는 않는다. 우리말 속담에 '까마귀 고기를 먹었나.'라는 표현은 보통 무엇인가를 잘 잊어먹는 사람을 가리켜 사용되지만 까마귀라는 동물의 질적인 특성과 연결 지을 타당한 근거는 없다. 따라서 이 표현은 단순히 '까맣게 잊었다.'는 표현에서 볼 수 있듯이, 까만색과 연결 지어 만들어진 것으로 보는 것이 타당할 것이다.

이에게 전달된다는 의미에서 유사의 법칙이 작동된다. '감염'과 '유사'라는 법칙이 지배하는 영역들 중의 하나는 아마도 광고 분야일 것이다. 상품 판매를 위한 광고 전략에는 이러한 주술적 사고의 활용이 두드러진다. 예를 들어 현대의 많은 건강식품들이 보여 주는 판매 전략은 소비자가 자신에게 좋은 먹을거리라는 생각을 하도록 하는 데 집중하는 것이다. 식자는 자신이 먹는 음식이 건강[정체성]에 영향을 미친다고 생각할 것이기 때문이다. 가령 화산 지역을 수원지로 하는 전 세계의 생수 광고들은 공통점을 갖는다. 프랑스의 생수인 에비앙Evian, 볼빅Volvic, 또 한국 생수인 삼다수, 백산수 등의 생수 광고의 공통점은 화산 지역이라는 수원지의 특성을 강조하면서 광고 효과를 극대화한다. 수원지 천혜의 자연 환경을 배경으로, 화산암반수만이 제공할 수 있는 깨끗함과 순수함이 돋보이도록 광고 카피를 얹어 소비자들의 마음을 사로잡으려고 한다. 그 물을 마시는 사람은 오랜 세월 정제된 청정 지역 자연의 일부를 함께 섭취한다는 믿음을 갖도록 유혹한다. 트리스탕 푸르니에Tristan Fournier에 따르면 주술적 사고는 과학적 사고와 함께 양립할 수도 있다. 예를 들어 물과 녹색 채소는 식품 병리학 분야에서 상당히 긍정적인 이미지를 지니고 있다. 이 식품들이 몸을 정화시키고 때로 나쁜 지방을 몸 밖으로 배출해 준다고 생각하기 때문이다(Fournier 2012, 1001). 인간의 사회문화가 질적인 변화를 겪으면서 유사 법칙이 두드러지게 된 소비 분야도 눈에 띈다. 특히 서구의 경우 식품의 선택 특히 육류 식품의 소비에 변화의 바람이 불었다. 최근의 한국 사회도 이러한 경향을 보이고 있는데, 가축 혹은 애완[반려]동물들이 영화나 광고 등을 통해 인격화되는 엄청난 사회적 변화를 겪고 있다. 현대의 식자는 동물을 직접적으로 상기시키는 육류의 형태를 선택하는 데 점점 주저한다. 따라서 송아지 머리라든가 온전한 형태의 가금류家禽類는 점점 사라지고 대신 조각낸 형태의 고기들이 진열대를 자리 잡고 소비자들을 기다리고 있다.(Fournier 2012, 1000−1001) 결국 체내화 원리와 결부된 주술적 사고는 식품의 선택이나 결정에 강력한 동인을 이루고 있다. 이러한 의미에서 플랭은 주술적 사고가 현대 식자의 이성적 사유의 한가운데 있으며, 또 다른 합리성의 사고 형식들과 공존하고 있다고 주장한다(Poulain 2004, 10).

4) 체내화와 정체성

음식과 정체성의 문제로 들어가 보도록 하자. 위에서 언급한 것처럼 체내화의 원리는 단순히 개체의 차원에 머무는 것이 아니다. 개체들로 구성되는 공동체의 차원에도 작동되는 정체성의 토대이기도 하다. 여기에는 또한 다음 장에서 다룰 함께 먹기라는 식사의 형태가 연결된다. 함께 먹기는 개체들 간의 미시적 사회 활동뿐만 아니라 음식 문화를 전수받아 공동의 문화 코드로 작동되는 거시적 사회 활동의 차원에도 중요한 행위이다. 그것은 무엇보다 식자가 일상으로 섭취하는 먹을거리의 본질이 영양 물질의 차원을 넘어 의미 매체로 작용한다는 점을 보여준다.

먹는 행위는 체내화의 시작이다. 배고프면 먹어야 한다는 인간의 가장 기본적인 조건이 정체성의 문제와 전혀 무관하지 않은 것이다. 앞서 우리는 존재의 망 속에서 인간의 이 생리적인 조건이 자연의 다른 존재들과 관계를 맺게 하는 근본적인 조건이라는 점을 강조했다. 오드리 리처드Audrey I. Richards에 따르면 배고픔에 대한 욕망은 성에 대한 충동보다 더 강렬하다(Richards 2004[1932], 1).

> "생물학적 과정으로서 영양 섭취는 성性보다 더 근본적인 것이다. 개인 유기체의 삶에 있어서 영양 섭취는 보다 더 기본적이고 반복적인 요구이며, 또한 보다 광범위한 인간 사회의 영역으로 볼 때 이것은 다른 어떤 육체적인 기능보다도 더 사회적 집단의 성격을 결정하고 그 집단들의 행동 형태를 결정하는 요인이 된다." (Richards 2004[1932], 1)

두 충동의 차이는 무엇보다 생존의 문제에 있다. 성에 대한 충동은 참거나 넘어갈 수 있지만, 불과 몇 시간마다 반복적으로 울리는 위장의 경고는 인간의 가장 근본적인 조건이 무엇인지 그때마다 상기시켜 준다. 따라서 가장 기본적이고 반복되는 욕망은 우리 모두를 묶어 주고 사회성을 부과하는 토대가 된다. 이는 체내화의 원리가 인간과 몸의 관계와 결부된 특성을 나타낸다는 휘슬러의 주장과 일맥상통한다. 체내화의 표상은 몸을 통제하고, 이를 통해 정신, 인격 전체, 그러니까 '정체성'을 제어한다는 발상에까지 이르게 되는 것이다(Fischler 1990). 그런데 섭식 행위가 생존을 위한 것이라는 점은 모든 인간을 아우르는 사실이지만, 이것이 무엇을 먹어야 하는지 그 선택까지 동일하다는 것을 의미하지는 않는다. 시드니 민츠(Sidney W. Mintz)는 사람들이 음식을 선택하고 먹는 방식을 달리하면서 음식을 통해 자신을 규정한다고 논급한다.

> "더욱이 사람들이 특정 식품을 선호하는 것은 그들의 자기 정의self-definition의 핵심에까지 연결되어 있다. 바꾸어 말하자면, 확연하게 다른 식품을 먹거나 유사한 음식을 먹더라도 전혀 다른 방식으로 먹으면 자기들과는 완전히 다르다고 생각하며, 때로는 자기들보다 뒤떨어진다고 생각하기 때문이다."(Mintz 1986[1985], 3)

한 개인의 미각은 다른 개인과의 경계 표지이다. 내가 먹는 것이 곧 나를 이루며, 당신이 먹는 것이 곧 당신을 이룬다. 이때 개인의 사회적 지위, 고유한 취향, 혹은 문화적 권력은 미각과 유리될 수 없다. 그런데 좀 방향을 돌려 민츠의 논의를 보면, 선택의 문제는 곧 개인의 취향뿐만 아니라 집단의 구분을 만드는 출발점이다. 특정한 음식을 반복적으로 먹거나 방식을 달리해서 먹는 일은 단지 개인의 정체성의 문제와만 결부된 것이 아니다. 미각이라는 것은 일견 개인적인 취향과 관련된 것으로 보이지만, 그것은 본질적으로 오랜 시간을 두고 이루어진 사회적인 학습의 결과이다. 이러한 의미에서 그것은 또한 그 개인이 어떤 사회적 집단, 혹은 계층에 속해 있는지 지표가 되기도 한다(Fischler 1988). 체내화의 원리는 집단적 정체성, 그리고 타자성의 토대를 구축하는 데에도 작동된다. 음식과 요리는 이때 집단적 소속감을 주는 매우 주요한 요소로 간주된다(Fischler 1990, 68). 그러므로 음식을 먹는 행위는 개인의 정체성의 형성뿐만 아니라, 그 개인이 한 집단의 성원이라는 고유한 개체성을 확보해 주는 일이기도 하다.

여기서 집단의 범주는 가족에서 사회, 혹은 국가나 민족에 이르는 폭넓은 범위를 함의한다. 개인과 집단이 반복적인 체내화를 통해 갖게 되는 식습관은 여타 제도적 인자들보다 더 강하게 뿌리내리게 된다. 따라서 식습관은 상이한 문화를 지닌 사람들을 구별해 주는 여러 인자들 중 매우 결정적인 작용을 한다. 음식을 통한 정체성의 형성은 어떤 의미에서 연속체의 개념으로 파악할 수 있는 사안이다. 음식은 과거의 우리의 모습은 어떠했는지 말해 주고, 현재는 어떤지 알 수 있게 해주며, 그리고 앞으로 어떠할 것인지 예상하게 한다. 마뉘엘 칼보Manuel Calvo에 따르면, 음식은 하나의 민족 집단이 체험한 생물학적인 측면뿐만 아니라 경제, 사회 그리고 문화적인 인자들이 총합적으로 만나는 하나의 장소이다. "민족 집단들의 식생활은 정체성을 유지하고 확인하는 과정의 일부이다."(Calvo 1982, 424) 이 집단들이 먹고 생활하는 방식은 그 구성원들이 생각하고, 느끼며 행동하는 방식에 의존한다. 음식이 공동체의 몸과 정신에 각인된 정도는 매우 뿌리 깊은 것이어서, 자신들의 모국어는 잊어버리는 경우에도 고유한 음식 문화의 흔적은 간직하고 있는 이주민 집단들의 사례가 빈번하게 관찰된다(Calvo 1982; Fischler 2001[1990], 68). 다시 말해서 외적인 삶의 변화가 근본적으로 변화하는 환경 속에서도 한 집단의 식습관은 그 어떤 문화적 표현들보다도 사라지지 않고 유지될 가능성이 높다.

이러한 이유에서 음식은 한 국가나 사회의 개인과 집단의 관계뿐만 아니라 문화나 사회적 성격을 달리하는 집단들 간의 표식으로 기능한다(Hyldtoft 2007, 132). '도너 케밥', '스시', '김치', '코카콜라', '바게트', '타코', '파에야'... 귀에 익숙한 이 먹을거리들은 우리의 머릿속에서 자연스레 연관된 국가들을 떠오르게 한다. 한 국가에 대한 정형화된 관념이 종종 그 국가를 대표하는 음식들과 결부지어 만들어진다고 해서 놀랄 일도 아니다(Fischler 2001[1990], 68; Peckham 1998, 171). "음식은 국가 문화의 강력한 환유어metonym일 수가 있다."(Peckham 1998, 172) 이러한 생각의 기저에는 하나의 먹기 공동체가 동일한 음식을 먹으면서 균질한 집단의식과 정체성을 유지하게 된다는 발상이 함의되어 있다. 식자는 태어나는 그 순간부터 자신의 의지와는 상관없이 특정한 음식 문화 속으로, 어떤 먹기 공동체의 성원으로 귀속된다. 앞서 폴크의 논의에서 시사되었지만, 우리가 먹는 음식을 체내화하는 것처럼, 우리가 먹는 음식이 우리를 특정한 음식 문화 속으로 동화시켜 그 문화와 균질되게 만든다. 그러니까 우리는 먹는 행위를 함으로써 그 행위가 구축한 시스템에 다시 종속되는 결과를 갖게 되는 것이다. 우리가 먹는 음식은 특정한 집단 혹은 사회적 공간을 전제로 한다. 음식은 그저 먹기 좋게 조리하는 것이 아니라 그 집단 속에 구축된 고유한 질서와 규범을 따라 만들어진다. 특정한 음식을 먹는 것은 주어진 집단의 정체성을 나타내는 것이 된다. 따라서 그 음식이 그것을 먹는 개인이나 집단을 상징하거나 혹은 지칭하는 일은 자연스러운 것이다. 예를 들어 김치가 한국이라면, 스시는 일본인이나 일본을 지칭할 때 사용된다. "타자는 무엇보다 자기와는 다르게 먹는 자이다."(Héritier-Augé 1985, 61) 그렇다면 우리가 이국적인 음식을 먹는 일도 일시적으로나마 이러한 시스템 안으로 들어가는 것이라고 볼 수

있을 것이다. 아래는 신문의 한 칼럼에서 발견한 대목이다.[21]

> "스위스 출신 방송인 알렉스는 "한국에서 보신탕을 먹었다가 주변 한국인으로부터 '한국사람 다 됐다'는 칭찬을 받았다"고 말했다."

이 글을 게재한 칼럼니스트는 최근 TV 예능 프로그램에서 활약 중인 외국인 방송인들의 모습에 비친 한국 사회를 보며 "자국의 관점과 동화되기를 요구하는 폐쇄적이고 배타적인 환경"을 비판한다. 물론 우리의 관심사는 위의 인용문이 보여 주는 것처럼 '매우 한국적인 음식'을 먹은 한 '이방인'이 방송 중에 털어놓은 개인사에 있다. 앞서 살펴본 폴크(Falk 1994)의 먹기 공동체나 휘슬러(Fischler 1990)의 음식의 사회학을 상기해 볼 때, 식자는 자신의 음식을 체내화하면서 동시에 자신이 속한, 문화 공동체 속으로 체내화된다. 식자는 먹으면서 먹히는 존재이다. 위의 인용문은 이러한 사실을 간접적으로 드러내 준다. 한 문화 내에서, 혹은 인종이나 민족 집단 속에서 스스로를 규정하고 확증하는 수단으로 음식이 이용되는 건 놀라운 일은 아니다. '한국 사람 다됐네.'라는 말과 '한국 사람이 김치도 못 먹냐?'라는 말은 눈에 보이지는 않지만, 모두 먹기 공동체의 튼튼한 울타리를 충분히 상기시킨다. 혹은 달리 표현하자면, 이는 또한 음식에 대한 개인의 선택의 자유 속에 여전히 건재한 먹기 공동

21 「[토요판] 이승한의 술탄 오브 더 티브이 – "한국사람 다 됐네."라는 말이 주는 찜찜함.」, 『한겨레』, 2017.10.28.

체의 깊은 흔적 같은 것이다. 젠더에 대한 혐오나 비하, 혹은 일반을 지칭하기 위해서 자국의 대표 음식이 사용되기도 한다. 특히 '○○녀[남]'라는 형식의 표현이 그 전형적인 실례인데, '○○녀[남]'의 앞에 붙는 음식들은 보통 국가의 정체성을 표상한다('김치녀', '된장녀', '간장녀' 등). 이들 중에는 파생된 호칭의 출처가 국외로 추정되는 것이 간혹 있고, 특정 이슈에 대한 사회적 담론화 과정에서 매우 다양한 의미들로 세분화되기도 한다.

이의 연장선상에서 특정한 음식은 그것을 먹는 집단을 상징하는 기능을 넘어, 인종이나 민족에 대한 고정관념, 혹은 폄하나 혐오의 수단으로 작동될 수 있다. 음식으로 '우리'와 '그들'을 구분하여 타자성을 범주화하는 것이다. 타자를 음식의 관점에서 정의하자면, 그는 내가 먹지 않는 것[내가 먹는 것]을 먹는[먹지 않는] 자이다. 그는 내가 먹는 방식과는 다른 방식으로 먹는 자이다. 따라서 우리는 총칼이 아닌 음식을 무기로 일종의 문화전쟁을 치루는 상황도 빈번하게 접한다. 여기서는 상대 민족의 음식을 폄하함으로써 자신들이 먹는 음식의 우월성을 높이는 방식이 주로 사용된다. 프랑스인들은 이탈리아인들은 '마카로니macaroni'라고 낮추어 부른다. 즉 '마카로니를 먹는 자'들이다. 음식으로 상대를 경멸적으로 대하는 것은 상호적인 행위로 자리 잡았다. 그래서 프랑스인들이 영국인들은 '로스비프rosbif'라고 부른다면, 영국인들은 프랑스인들을 개구리라는 의미의 '프로그frog'라고 호칭한다. 그래서 가끔씩 벌어지는 문화 간 충돌에서 음식은 첨병처럼 등장하기도 한다. 방송 뉴스의 흥미로운 한

꼭지이다. "우동 먹었다고 '조센징!'..日 천재 장기 기사, 왜 비난받나?"[22] 제목이 시사해 주고 있듯이 주인공은 프로 장기 천재라 불리는 14살 일본 중학생이다. 후지이 소타라는 이름의 이 프로 기사는 긴 대국 도중 주문한 우동 한 그릇 때문에 일부 우익들의 비난을 받고 있다는 내용이다. 이 천재 기사가 주문한 우동은 돼지김치우동이었는데, 여기서 '김치'라는 한국의 대표 음식이 이른바 '넷 우익'의 심기를 건드린 모양이었다. 우익들은 '조센징'이라는 비난과 더불어 김치우동을 주문한 어린 프로 기사에게 혐한의 욕설을 퍼붓는다. 이 해프닝은 '우동'과 '김치'로 구체화된, 두 문화 공동체의 충돌이다. 우동 위에 얹힌 김치 조각은 일부 일본 우익들의 시각에서 보면 아마도 일본 음식 문화에 대한 '오염'으로 받아들여졌을 것이다. '김치 공동체'는 순수한 '우동의 공동체'의 경계를 침해하고 정체성에 대한 위협으로 다가왔다. 우동 위의 김치는 '나쁜' 음식이다. 이것을 먹는 것은 일본의 순수한 자아, 정체성의 오염을 가져온다. '김치'는 원래 있던 자리에서 벗어나, 자신들의 우동과 함께해서는 안 될 불결한 '오물'이다(cf. Douglas 1994[1966]). 김치는 우동의 순수함을 오염시키는 타자의 형상이며 나아가 공포스런 타자이다. 그것을 먹는 천재 장기 기사는 먹기 공동체의 구성원으로서 그 경계를 약화시키고 부정하게 만든 것이 된다. 김치의 상징성과 우동의 상징성이 충돌하는 지점에 장기 기사의 돼지김치 우동의 선택과 구성원 개인의 취향까지 지배하려는

---

22 "우동 먹었다고 "조센징!"..日 천재 장기 기사, 왜 비난받나", 〈SBS 8시 뉴스〉, 2017.6.29.

집단의 폭력이 만나고 있다.

음식과 관련한 문화적 장벽은 근친상간의 금기만큼이나 강력한 경우가 비일비재하다. 실제 일부 문화권에서 이 두 금기는 동일시되기도 한다(Fox 1994, 40). 음식에 대한 두려움과 공포는 육체적인 차원에만 관련된 것이 아니라, 상당히 많은 경우 "상징적 혹은 문화적 죽음에 대한 공포"(Corbett 2009, 88)도 결부된다. 따라서 일부 문화 집단의 경우 집단 밖의 음식을 섭취하는 데 매우 신중한 태도를 유지하기도 한다. 주디스 오클리(Judith Okely)에 따르면 유랑 집시들은 자신들의 정체성을 유지하고 지키기 위해 음식을 섭취하는 일에 상당한 주의를 기울인다. 공동체의 집시 여인이 제공하지 않은 먹을거리라면 개인의 몸과 집단의 몸에 심각한 오염을 가져다 줄 수 있기 때문이다. 그래서 그들은 비非집시들의 빵집에서 구입한 빵의 경우 겉을 완전히 제거한 후 섭식한다. 또 비집시들이 드나드는 식당에서 식사하는 일은 이방인의 중독된 음식으로 인한 직접적인 오염뿐만 아니라, 두 집단의 사회적 경계가 취약해져 발생하는 이차적인 오염에도 노출될 수 있다고 생각한다(Okely 1983, 84).

그러나 '우동 위의 김치'는 순수와 오염의 차원만이 아닌 타국의 식문화를 자국의 '몸'으로 체내화하는 문화의 상호 확장 혹은 혼성의 양상을 이미 담고 있다. 김치와 우동은 단순한 조합은 아니며 한 나라를 대표하는 상징적 음식 간의 접촉을 나타낸다. 음식 문화의 관점에서 보면, 세계는 독립적인 문화적 정체성을 유지하면서 그 정체성에 대한 모호함과 유동성을 끊임없이 재구성해 나가고 있다. 특히 세계화와 개방화, 그리고 국가 간 심각한 빈부 차이로 전 지구적 차원의 빈번한 교류가 이루어지고 있다. 사람이 움직이니 또한 이질적인 '입'들도 같이 들어온다. 이 입들의 혼재는 곧 도시의 식문화의 다양성을 보여 주는 것이자 주어진 사회의 변화 정도를 보여 주는 물질문화이기도 하다. 에스닉 레스토랑ethnic restaurant과 에스닉 푸드ethnic food의 확대와 발전은 음식 문화의 혼종화가, 문화의 지구화가 진행되어 가면서 새로운 양상으로 진입되고 있음을 보여 준다. 여기에는 물론 과거에는 볼 수 없었던 열대 과일이나 채소 등을 포함한 다양한 식자재의 등장도 포함된다.

국가와 민족을 포함한 각 식문화 집단은 오랜 시간에 걸쳐 형성한 고유한 질서, 즉 "조리 시스템le système culinaire"(Fischler 1990, 78)을 지니고 있다. 이러한 이유에서 각 식문화는 변화에 소극적인 일종의 "문화적 관성"을 지닌다. "미각적 저항은 곧 문화적 저항이다."(서종석 2019a, 193) 저마다 각기 익숙한 것들에 길들여져 있는 개인의 입, 공동체의 입은 변화에 익숙하지 않다. 한 집단의 식문화 경계는 그 공동체의 '입'이다. 이 입은 '과도역'의 위상학적 공간으로, 외부 문화의 수용을 통제하는 역동적인 장소이다. 개인의 입이 미지의 타자가 주는 두려움과 미각의 즐거움 사이에서 고민하는 것처럼, 먹기 공동체의 입 역시 외부 식문화의 내부 진입에 따른 충돌과 긴장을 일차적으로 감내해 낸다. 그러나 인류의 각 식문화는 "지속적인 변화와 재정의가 이루어지는"(Stano et Boutaud 2015, 106) 생물이다. 한 먹기 공동체의 정체성은 정태적인 요소와 역동적인 요소가 함께 들어 있다(서종석 2019a, 194). 정태적 요소가 오랜 기간에 걸쳐 구축된 고유한 정체성을 유지하려는 경향이라면, 역동적인 요소는 공동체 외부에서 진입하는 변인들에 사회적 식공간을 제공하는 역할을 한다. 정태적인 요소가 급격한 정체성의 훼손을 방지하기 위한 것이라면 역동적인 요소는 공동체 정체성에 대한 변화를 꾀하고 상시 움직이게 한다는 점에서 두 요소는 상보적이라고 할 수 있다.

그렇게 모든 식문화의 근본적 발전에는 다른 문화의 이식이 필요하다. 플랭과 티베르에 따르면, 음식 문화의 혼종에 따른 세계화는 일정한 과정을 거친다. 먼저 기존의 고유한 문화의 일부가 해체되면서 이종 교배된 새로운 음식 유형이 출현하게 되는데, 마침내 이를 즐기는 문화와 더불어 문화 횡단적인 식공간이 창출되는 과정으로 이르게 된다(Poulain et Tibère 2000, 232). 따라서 주어진 사회의 식문화는 저항과 순화, 극복의 과정을 거치게 된다. 예를 들어 이국적인 음식이 한 식문화에 정착하는 과정을 살펴보면, 많은 경우 고유한 모습을 유지하여 특성을 상실하지 않으면서도 정착지 문화 속에 순화된 형태로 자리 잡게 된다. 여기서 순화된 형태란 공동체 기존의 미각과 사회적 측면 모두와 연관된다. 따라서 기존의 먹기 공동체가 보유한 조리 시스템을 존중하거나 유사한 조리법을 활용해 그 성원들의 입에 익숙한 맛을 만들어, 새로운 음식에 대한 거부감을 최소화하게 된다(Poulain 2012, 883). 다른 문화처럼 음식 문화도 세방화世方化, glocalization의 한 과정인 것이다. 가령 다국적 맥도날드점은 본연의 정체성을 간직하면서도 진출한 국가의 고유한 식문화에 맞는 메뉴와 규범을 폭넓게 수용하여 운영된다. 이는 다양한 아시아 국가의 음식 문화가 서구 문화에 정착하는 현지화 방식과 비슷하다. 물론 이러한 과정에는 "음식 모델이 사라지는 것에 대한 정체성의 상실감과 다른 문화의 이국적 맛을 지지하는 열려 있는 사고 사이의 긴장"(Poulain et

Tibère 2000, 226)이 존재한다. 그러나 이를 통해 공동체 식자들의 정체성은 지속해서 변화하고 재규정된다. 주어진 먹기 공동체는 문화적 관성으로 고유한 식문화를 유지하면서도 외부의 문화를 적절히 수용함으로써 공동체의 식탁을 풍요롭게 한다. 새로운 영토에 진입하는 타자나 그 타자를 받아들이는 자아 모두 그렇게 자신의 일부를 포기하고 동일성과 타자성이 공존할 수 있는 형태로 변모하게 되는 것이다.[23] 인류의 다양한 식문화는 문화의 다른 영역 속에서처럼, 이문화들을 수용하여 체내화하는 과정을 통해 발전되어 왔다. 각 집단의 고유한 음식 문화는 그 구성원들의 교차적인 문화 소비를 통해 정체성을 재협상해 나간다. 거기에는 일방적인 흡수나 포식의 형태라기보다는 공존의 방식으로 새로운 식탁을 마련하는 과정을 거쳤다.

5) 현대의 식자 혹은 식자의 불안

우리 모두는 자신의 입으로 들어가는 것에 대해서 얼마나 알고 있을까. 음식, 체내화 그리고 정체성의 문제를 다룰 때 지나칠 수 없는 것은 브리야 사바랭Jean-Anthelme Brillat-Savarin의 네 번째 아포리즘이다. "당신이 무엇을 먹는지 말해 달라. 그러면 당신이 어떤 사람인지 알려 주겠다." 브리야 사바랭의 이 경구는 중의적이다. 적어도 체내화의 문제와 관련

23 물론 세계화에 따른 인류 식문화의 '표준화' 내지는 '균질화'는 일정 부분 필연적일 수밖에 없을 것이다. 그러나 한 국가의 음식 문화가 갖는 문화적 관성, 혹은 식문화의 배타성은 그리 쉽게 붕괴되지 않는다. 오랜 문화교류를 해온 유럽 내에서조차 나라마다 식사 개념은 서로 상이하며 고유한 실천 방식을 따르고 있다는 점이 이를 잘 보여 준다(Poulain 2002, 21).

된 다양한 해석들이 가능하다는 점에서 그렇다. 이 경구가 일반화할 수 있는 함의는 분명히 존재한다. 누군가의 섭식 행위와 관련한 미각적 차원은 그 사람의 정체성을 자연스럽게 드러내 주기 때문이다. 그런데 먹기라는 행위는 주어진 사회의 맥락 속에 위치시켜야 보다 명확하게 그 의미를 파악할 수 있다. 이 19세기의 경구는 당시의 음식과 사회적 환경을 고려해서 이해해야 한다. 브리야 사바랭의 시대에 개인이 선택할 수 있는 음식은 여러 면에서 지금과는 직접적인 비교가 될 수 없다. 상대적으로 선택의 폭은 좁을 수밖에 없던 사회이고, 개인의 취향에 따른 선택의 자유라는 것도 모두에게 주어진 것은 아니었다. 따라서 식탁은 당연히 당시 사회적 계층과 불평등의 문제를 가장 잘 반영해 주는 물질문화의 공간이었다.[24]

그런데 사회의 변화와 디불이 이 아포리즘이 오늘날의 소비자들에게 주는 의미는 또 다르다. 이 경구의 보다 압축적인 표현 '당신이 먹는 것이 곧 당신을 이룬다.'는 이 시대의 식정체성食正體性[25]의 진화된 금언을

---

24 브리야 사바랭은 19세기 프랑스 혁명과 왕정복고의 시기, 새로운 신분 질서인 부르주아 계급의 도래와 연결된다(Teulon 1988, 41-53). 브리야는 중산 계급이었지만 공동 식사와 공동의 미각 속에서 이상적인 사회를 꿈꿨던 것으로 보인다. 이에 대해서는 제5부에서 잠깐 다룰 것이지만, 특히 서종석(2020)과 서종석·김모세(2020)을 참조하기 바람.

25 우리의 논의 안에서, 먹는 존재로서 '식자의 정체성'을 의미하고자 할 때 '식정체성'이라는 표현을 사용하도록 한다. 코프만에 의하면 정체성이란 "사회적 사실들의 끊임없는 유니크한 기록"으로 정의되는데 그는 이를 '솜사탕'에 비유한다. "솜사탕, 그러니까 삶의 사소하지만 새로운 것들이 끊임없이 들러붙는 끈끈한 물질"(Kaufmann 2004, 64). 정체성이란 그러므로 다양한 사회적 사실들에 의해 삶의 일정 기간 동안 지속적으로 만들어지는 솜사탕 같은 모습을 말한다. 한평생 먹으며 살아가야 하는 식자의 정체성도 바로 일상의 삶 속에서 섭취하는 음식들로 구축된다. 식자의 식정체성은 그의 정체성을 이루는 주요 부분이다. 식정체성은 인간인 우리가 삶의 생존을 위해, 그리고 사회적 생존을 위해 취하는 특정한 행위, 즉 '먹는' 행위로 규정한 우리의 모습이라고 할 수 있다(서종석 2019b 참조)

이룬다. 프리모던 사회에서 모던 사회로 진입하면서 삶의 양식은 근본적으로 변화되었다. '먹기 공동체'의 쇠락, 개인주의의 팽배, 급격한 도시화 등, 질적으로 달라진 삶의 제 환경은 음식 문화를 그 뿌리부터 흔들게 된다. 폴크의 논의에서 보았듯이, 그것은 '우리'에서 '나'로의 변화, 달리 표현하자면 '우리가 먹는 것이 곧 우리를 이룬다.'에서 '내가 먹는 것이 곧 나를 이룬다.'로의 변화를 의미한다. '내가 먹는 것이 곧 나를 이룬다.'라는 것은 무엇보다 개인적인 미각의 차원과 결부된다. 그것은 개인의 취향에 따른 자유로운 음식의 선택과 이를 토대로 한 정체성 형성을 뜻한다. 또한 개인의 의지와 선택이 가져온 결과는 건강의 문제와 매우 밀접하게 연결된다. 따라서 개인은 자신의 의지에 의한 선택의 주체로서 그 결과에 대해서도 책임을 져야 한다. 나는 내가 원하는 것을 선택하거나, 혹은 먹고 싶지 않은 것을 거부할 수가 있다. 나는 음식을 통해 내가 '되고 싶은' 존재의 모습으로 가꿔 나갈 수 있다. 개인주의의 발전과 더불어 인간 사회의 눈부신 변화는 적어도 표면적으로는 개인의 먹을거리 선택의 폭을 엄청나게 확대한 것처럼 착시 효과를 준다.

그러나 풍요 속의 빈곤이라는 말처럼, 진정한 의미에서 개인의 선택 자유는 사실상 점점 더 사라지고 있는 듯이 보인다. 이는 식자로서 우리의 불안의 근원이기도 하다. 인간은 본래 먹는 것에 대해서 언제나 불안감을 안고 사는 존재였다. 인간 식자는 새로운 것을 희구하는 네오필리아Neophilia이자 새로운 것을 두려워하는 네오포비아Neophobia이다. 따라서 인간은 이 두 모순적인 경향 사이에서 지속적으로 번민하는 잡식성 동물이다(Fischler 1979, 196). 이것이 '잡식성 동물의 역설le paradoxe de l'omnivore'이다(Fischler 1979; 1980; 1988; 2001[1990]).[26] 인간이 잡식성 동물이라면 그것은 다양한 물질을 먹을 수 있다는 것뿐만 아니라, 다양한 물질을 섭취해야만 한다는 것도 의미한다. 인간은 제한된 물질, 단일한 먹을거리에서 자신의 몸에 필요한 모든 것을 합성해낼 수 없다. 인간은 대나무 잎, 가지, 죽순만을 먹는 판다나 유칼립투스Eucalyptus 잎만을 먹는 코알라가 아니다. 잡식성 동물인 인간은 이러한 생리적 차원의 제약을 안은 채 공포와 호기심을 지닌 양면적인 동물이다. 자연 상태의 많은 것을 조리를 거쳐 먹을 수 있는 인간이지만, 새로운 음식을 먹는 일에 대해 늘 불안감을 지닐 수밖에 없는 운명이다. 새롭거나 낯선 먹을거리는 인간에게 그 자체로 잠재적인 위험이다. 그러나 이러한 불안감, 두려움은 단순히 음식의 영역에만 관련되는 속성이 아니다. 타자에 대한 공포와 거부는 인간의 원초적인 인지 체계 속에 깊게 뿌리를 내리고 있다(Apfeldorfer 1994, 2). 새로운 타자, 낯선 타자, 익숙하지 않은 타자로서 음식에 대한 불안감은 인간 본래의 속성 중 하나인 것이다. 물론 네오필리아와 네오포비아로서 인간의 삶의 여정이 꼭 불편한 건 아니다. 앞서 살펴보았던 것처럼, 인간이란 종種이 진화의 역사에서 살아남은 건 바로 이 생리적 자유와 제약에서 비롯된 것이다. 먹을 수 있는 물질에 대한 선택의 폭이 넓은 것은 환경에 대한 적응 능력을 향상시켜 주었고, 익숙

26 이 개념은 심리학자 폴 로진Paul Rozin의 연구에서 시작되어 프랑스 사회학자 클로드 휘슬러Claude Fischler에 의해 '잡식성 동물의 역설'로, 이어 마이클 폴란Michael Pollan에 의해 '잡식성 동물의 딜레마The Omnivore's Dilemma'로 불리게 된다(Rozin 1976, 21–25; Pollan 2006, 4).

하지 못한 것에 대한 불안이나 공포는 신중한 행동으로 삶을 영위하게 하였다. 잡식의 특성은 새로운 기회를 만들고 기존의 문화에서 수립된 규범들을 확장하면서 문화적 영토를 확장할 수 있게 하였다.

현대의 식자가 갖는 불안은 잡식 동물의 딜레마라는 모순되고 양립될 수 없는 상황에서 파생되는 것과는 좀 다르다. 현대의 식자가 안고 있는 고민은 일상으로 반복해서 무엇인가 먹고 있지만 정작 그것이 무엇인지 모른다는 데 있다. '내가 먹는 것이 곧 나'라는 체내화의 원리에는 적어도 내가 먹는 것이 무엇인지 잘 알고 있다는 전제가 들어 있다. 현대 식자의 정체성의 혼란은 무엇보다 "자신이 무엇을 먹는지 모른다."(Fischler 1979, 202)는 것과, 그리고 이로 인해 '자신이 무엇이 될지 모른다.'(Fischler 2001[1990], 70)는 데서 오는 것이다. 식품의 산업화가 이루어진 지금 우리가 먹는 것은 대부분 '공장의 손길'을 거쳐 나온다. 음식을 위한 기본 식자재조차 공장식 가공을 거치는 경우가 많으므로 집에서 식사를 한다고 해도 여기에서 근본적으로는 벗어날 수 없다. 형식적으로는 '집밥'일지는 모르겠지만 결국은 '공장밥'인 경우가 대부분이다. 마치 우리의 삶이 병원에서 시작되어 병원에서 마무리하는 것처럼, 이제 태어나면서부터 우리는 어느덧 공장에서 가공된 물질들을 먹으며 삶을 유지한다. '공장식 사육'을 당하는 듯한 우리의 삶 속에서, 대부분의 경우 우리의 입으로 들어가는 먹을거리가 어떤 과정을 거쳐 오게 되었는지 잘 알지 못한다. 이러한 상황은 식문화가 서로 다르더라도 어디서나 마찬가지이다. 폴 로진Paul Rozin에 따르면 미국인에 있어 음식이 갖는 주요한 기능은 두 가지이다. 하나는 영양을 공급하는 물질로서 수행하는 것이고 또 다른 하나는 감각적 차원과 결부된 쾌락의 주요 원천으로서 수행하는 기능이다. 이러한 생리 문화적 차원에서 음식의 사회적 기능은 주변적일 뿐이며, 일단 "음식은 무엇보다 접시 위에 있는 것이다"(Rozin 1990, 98). 로진의 연구는 단지 미국의 상황만을 보여 주는 과거의 것은 아니며, 이는 현재 전 지구적인 인류의 문제가 되었다. 현대의 음식 문화 속에서 우리는 식탁에 오르는 음식들이 어디서 오는지, 어떻게 생산되고 어떤 과정을 거쳤는지 잘 알지도 못하고 알려고 들지도 않는다. TV, 광고, 여타 미디어 등 우리의 감각을 점유한 주변의 세계는 수많은 음식의 이미지로 포화되어 있다. 많은 소비자들은 그 음식의 상징적, 사회적 의미 작용이 무엇인지, 혹은 음식의 이력에 대해서는 큰 관심을 두지 않는다. 설사 알려고 한다 해도, 농식품 산업체들이 생산한 수많은 먹을거리들의 기원을 알기가 어렵다. 몇 번의 가공 과정을 거치는 동안 사실상 그것의 본래 모습이 무엇인지 짐작할 수 없는 '초변형된' 식품군이기 때문이다. 이러한 이유로 휘슬러(Fischler 1990)는 '미확인 식용물질OCNI: Objets Comestibles Non Identifiés'이란 표현을 통해 식자의 정체성과 관련한 혼란과 위험을 상기시킨다(Fischler 2001[1990], 218-219; 2001, 9). 따라서 서구 사회의 경우 식자의 불안은 입에 넣을 먹을거리의 부족이 아니라 질적인 변화에서 온다. 지구촌의 한 쪽이 기아로 허덕인다면, 다른 한 쪽은 넘쳐나는 식품들의 안전에 대한 불안감으로 고민한다. 식품의 산업화와 글로벌화가 가져온 결과는 먹을거리의 안전이 어느 특정 국가에 머무르지 않는다는 점이다. 광우병, 조류 독감, 돼지 독감, 중국산 멜라민 검출 수입 식품, 일본 방사성 물질로 인한 식품 오염 등 인간 식자의 불안과 공포는 최근 수십 년 동안 극대화되었다. 이것이 갖는 주요한 함의는 두 가지이다. 하나는 먹을거리의 산업화와 식품 안전에 대한 문제가 심각한 수준에까지 이르렀다는 점이고, 다른 하나는 우리를 보호하던 먹기 공동체의 규범과 통제 능력이 더는 정상적으로 유지되지 못하고 있다는 사실이다(서종석 2019a, 197). "**배가 고파 죽을지도 모른다**라는 선조들의 두려움이 이제는 **중독되어 죽을지도 모른다**라는 공포로 바뀐 것이다."(Cahuzac et al. 2007, 55. 강조는 원저자의 것임)

이는 입의 위상학적 공간의 변화와 더불어 새로운 입의 주체가 도래했다는 것을 보여 준다. 먹기 공동체의 입에 부여되었던 판단의 권한이 이제 개인의 입으로 자리를 옮겨지게 되었다. 공동체가 수립하고 그 입이 수행했던 문화의 규범과 가치는 약화되고, 반면 개인의 입은 무한한 소비 욕망으로 무장한 채 먹는 행위를 자유롭게 실천할 수 있다. 먹기 공동체의 입이 아니라 개인의 입이 식문화와 식공간의 최전선에 서게 된 것이다. 현대 식자는 일견 자유롭고 주체적인 입을 소유한 것처럼 보인다. 그러나 '안전한 타자', '믿을 수 있는 타자'를 선별해야 하는 일은 개인의 몫이 되었다. 이제 선택의 자유가 보장된 개인은 자신의 입으로 무엇인가 들이는 행위에 대해서 책임을 져야 한다. "음식의 현재적 특성은 무엇보다 결정 과정의 변화에 있다."(Poulain 2001, 102) 그러나 초국적 자본주의가 만들어낸 거대 식품 산업의 욕망은 식자의 주체성을 가차 없이 파괴한다. 식품의 생산, 저장, 보관 그리고 수송까지 이르는 과정들이 비약적으로 발전하여 다국적 기업들이 대규모로 생산한 가공식품들은 더 이상 지리적 제약을 받지 않는다. 기업뿐만 아니라 사회

역시 다양한 매체를 활용하여 개인 식자에게 책임감을 부여함과 동시에 스스로 선택하고 판단하도록 많은 정보를 제공하기 시작했다. 현대의 식자는 거의 매일 미디어나 광고로 식품과 건강에 대한 "정보의 과다복용"(Rozin 1998, 136)을 주입 당한다. 먹고 마시는 일이 '의료화'의 대상이 된 건 현대 사회의 가장 두드러지는 양상이자 동시에 주요한 논쟁거리이기도 하다. 특정한 질병과 음식 간의 연관성, 비만 혹은 영양의 균형 등 질병 의학이 제공한 신지식으로 체내화의 문제는 새롭게 그 영역을 확장해 나갔다. 현대 식자의 가장 중요한 질문은 무엇보다 어떤 식품을 먹어야 충분한 영양을 얻고 건강한 몸을 유지할 수 있는가가 되었다. 글로벌 거대 자본의 식품 산업도 발 빠르게 대처에 나선다. 식품 산업이 찾아낸 기막힌 해결책 중의 하나는 인증된 식품들을 생산하여 소비자들의 불안감을 달래고 불신을 없애기로 한 것이다. 바이오, 혹은 유기농 식품 등을 비롯한 '안전한' 식품들이 여기에 해당한다. 녹색의 바이오 로고나 정부 인증 표식은 그 자체로 청정의 식품, 안전한 타자로 상징성을 이미 획득한 것처럼 보인다. 여기서 음식이 주던 식도락, 음식을 나누며 갖는 함께 먹는 즐거움은 부차적인 문제가 되었다. 현대의 식자는 무엇보다 주체적 식자가 되려는 존재이지만, 식자의 주체성은 딱 거기까지이다(서종석 2019a, 200). 현대의 식탁에서 선택은 개인이 하지만 선택지는 주어진 것이다. 식자는 자율적인 주체가 아니며, 그래서 그의 선택도 진정한 것이 아니다. 먹는 이가 책임을 진다. 입을 가졌기 때문이다.

이제 아래에서는 방향을 조금 바꿔 니체Friedrich Wilhelm Nietzsche와 음식 이야기를 끝으로 체내화에 대한 논의를 마무리하기로 한다. 니체는 '살기 위해 처절히 소화하려고 한' 식자이자 '주체적 식자'가 되고자 부단히 노력한 존재이기도 했다. 니체의 음식관 혹은 음식 생리학을 살펴보노라면, '잘 먹고 잘 사는' 일이란 결국 체내화의 관점에서 '타자와의 완벽한 화해'라고 할 수 있지 않을까 하는 생각이 든다. 베르나르 샤르보노Bernard Charbonneau에 따르면 음식은 "하나의 총체적 행위"로서 몸과 정신을 아우르는 인간 전체와 직결된다. 그래서 나쁜 음식은 곧 나쁜 삶이다. "아무 것이나, 아무렇게나 먹고 사는 게 괜찮다고 하는 사람은 아무 짓이나 하고 아무렇게나 생각하는 사람일 것이다."(Charbonneau 2011, 69) 흥미롭게도 이러한 주장은 엉뚱하거나 가볍지 않다. 니체의 생각을 떠올리게 하기 때문이다. 매체의 관점에서 체내화의 원리는 핵심적인 사안이다. 타자를 내 안에 들여 온전히 나를 만드는 일이기 때문이다. 그렇지 않은 식食행위라면 문자 그대로, 혹은 니체의 비유적인 표현을 취하자면 '소화불량'을 일으킬 뿐이다. 소화불량, 그것은 나와 타자 사이의 불협화음 혹은 불화와 다름없다.

6) 니체의 음식 생리학——음식으로 니체를 규정하기

우리의 관심은 물론 니체의 사상 자체에 있는 것은 아니다. 그러나 그의 자서전『에케 호모Ecce Homo』, 즉『이 사람을 보라』에서 만나는 철학자 자신의 '음식 생리학'은 음식 연구자들에게도 흥미롭기 그지없다. 물론 니체가 음식에 관해 지대한 관심을 가지고 있었다는 사실은 이 자전적 텍스트뿐만 아니라 그의 여러 저서 곳곳에서 관찰된다(Onfray 1989, 132-149). 우리의 삶에서 '먹는' 몸의 생리적인 측면과 정신적인 측면이 깊은 연관성을 지녔다는 생각이 꼭 니체만의 것은 아닐 것이다. 그럼에도 불구하고 무엇인가를 먹고 사는 일상의 문제와 한 철학자의 사상적 토대의 연관성은 우리의 호기심을 자아내기에 충분하다.

클레망 로세Clément Rosset에 따르면, 수세기에 걸쳐 서구의 음식 문화를 지배한 좋은 음식의 기준은 '맛goût'이 아니라 신체의 건강이나 위생과 결부된 식이요법이었다. 이는 단순히 육체의 건강뿐만 아니라 지혜의 토대를 이루는 것이기도 했다는 것이다. 가스트로노미가 지닌 고유한 특성을 제한하려는 이러한 환원적인 태도는 니체에게도 관찰된다. 샤르보노는 니체의 식이요법에서 '기독교적인 도덕주의'가 느껴진다고 주장한다. 니체는 식탁의 즐거움에 대해서는 전혀 언급하지 않으며 먹는 일은 필요이자 윤리이고, 그의 식이요법이 차라리 금욕주의와 의지주의의 연장선상에 놓여 있다고 평가한다(Charbonneau 2011, 83) 그런데 흥미롭게도 니체와 몽테뉴는 유사한 점을 지니고 있다. 니체는 몽테뉴Michel Eyquem de Montaigne처럼 자신의 식이요법에 대해 많은 언급을 하고 있는데, 두 사람 모두 도덕적 건강은 놀라울 정도였지만 심각한 우울증을 지니고 있었다. "이들에게 있어 먹고 자는 기쁨, 삶의 환희와 찬사는 하나의 쟁취의 대상이었다."(Rosset 2004, 482) 그러나 서구의 철학적인 전통에서 먹는 일은 다른 중요한 삶의 문제들에 비해서 그리 주목받지는 못했지만, 적어도 니체와 더불어 철학적 성찰의 대상으로 부각된 듯 보인다. 미셸 옹프레Michel Onfray는 사르트르의 용어를 빌려 "음식은 이 세계의 '유동대리물類同代理物(혹은 유사물analogon)'이다."라고 니체의 영양학을 풀이한다(Onfray 1989, 148).

『이 사람을 보라』는 몇 개의 소제목 단락들로 구성된 비교적 짧은 텍스트인데, 이 중 한 단락인 '나는 왜 이렇게 영리한지'의 내용이 특히 우리의 관심을 끈다. '아픈' 위장을 가진 니체의 '소화 불량'에 대한 생각은 어떤 의미에서 보면 지나칠 정도로 거칠 것이 없이 진술된다. 니체가 안고 있던 여러 질병에 대해서는 다양한 의견이 가능하지만, 일생 동안 지속된 소화기 문제는 '과민성 대장 증후군(IBS)'과 관련이 깊다는 의견은 청취할 만하다(Young 2010, 209). 니체는 사는 동안 많은 음식들과 '불화'를 겪었다. 아래의 인용문은 먹을 것과 마실 것에 대한 식성 까다로운 그의 고백이다. 이 대목만 보면 니체는 일견 자신의 개인적인 경험을 일반화하고 있는 것처럼 보인다. 차에 대해서는 특히 그렇다.

> "누구든 자기 위의 크기를 알고 있어야만 한다. 이런 이유 때문에 오래 질질 끄는 식사는, 내가 중단한 희생반찬이라고 부르는 성찬식 식사는 말려야 한다. 간식도 하지 말고, 커피도 마시지 말라: 커피는 우울하게 만든다. 차는 아침에 마셔야만 건강에 이롭다. 약간만이되 강하게 마셔라. 차는 조금만 약해도 건강에 아주 좋지 않으며, 하루 종일 힘들게 만든다. 차를 마실 때는 누구든 자기의 한도가 있는 법이며, 그것들 사이의 경계는 종종 아주 좁고도 미묘하다. 심한 자극성 기후에서 차는 하루의 시작으로는 권할 만하지 않다. 차 마시기 한 시간 전에 기름을 뺀 진한 카카오 한 잔을 먼저 마시게 해야 한다."(니체 2002, 353).

이게 다는 아니다. 니체의 몸이 받아들이기 힘든 음식들은 그 종류도 매우 많다. 이쯤에서 잠깐 드는 생각은, 적어도 음식에 대한 강박 관념이 그의 일상을 지배했을 것이며, 그것이 어떤 식으로든 그의 정신세계와 철학에 폭넓은 영향을 주지 않았을까 하는 점이다. 아마도 그는 자신이 싫어하는 음식들을 철학적 사상 저작에 담고 있는 유일한 사람인지도 모르겠다. 어떤 음식을 좋아하는지 묻는 것은 그 사람의 식정체성을 묻는 것이다. 그 반대의 질문도 마찬가지이다. 아래 음식들을 통해 우리는 니체라는 '먹는 존재'를 규정할 수 있는 기회를 갖는다.

> "내 위를 나빠지게 하는 혹은 내 위가 전혀 소화시키지 못하는 것들 : 감자, 햄, 겨자, 양파, 후 추, 기름에 튀긴 모든 것, 반죽한 빵, 꽃양배추, 배추, 샐러드용 야채, 식용 유지를 사용한 모든 야채, 포도주, 소시지, 고기에 사용한 버터 소스, 파, 신선한 빵의 속 부분, 이스트로 발효시킨 모든 빵 조각. 석쇠에 구운 모든 것, 설익은 모든 고기, 송아지 고기, 구운 소고기, 양고기 넓적다리 살, 양고기, 달걀 노른자위, 우유와 생크림 역시, 쌀, 거칠게 간 곡물, 삶은 따뜻한 사과, 녹색의 완두콩, 콩, 홍당무, 뿌리, 물고기, 커피, 버터, 흰 빵의 갈색 껍질." (니체, 2004, 197).

한 철학자의 식성을 알게 되니 마치 그의 내밀한 것을 들여다 본 느낌이 든다. 니체는 선호하는 음식이 아닌 혐오하는 음식을 나열하며 그가 원하는 인간의 유형을 표현한다. 니체는 식사를 통해 독일이라는 먹기 공동체의 취향과 욕구에 순응하는 개인의 모습에서 수동적이고 의지적이지 못한 존재를 상징화한다. 체내화의 원리의 틀 안에서 보자면, 국가는 먹기 공동체가 섭취한 음식들의 산물이라고 정의할 수 있을 것이다. 그는 특정한 먹기 공동체의 거대한 입과 고유한 음식 문화를 부르짖지 않는다. "독일이 닿으면 문화가 부패한다."(니체 2002, 358) 독일 민족의 음식 문화를 비판하는 그의 '반민족주의적' 정신 속에서, 독특한 방식으로 "삶에의 의지"로 나아가는 넓은 정신의 단초가 발견된다. 니체의 은유는 바로 이 지점에서 나온다. 니체는 오랫동안 "도덕적으로 표현하면, '비개인적이고', '무사無私적이며', '이타적인' 식사를 해온 것이다."(니체 2002, 351) 그러니까 밥을 먹는 일도, 지식을 쌓는 일도 모두 자신을 위해서 이루어져야 한다. 자기의 발전과 성숙을 위해서 음식이건 지식이건 '제대로 먹어야' 하는 것이다. 그를 오래 괴롭힌 '나쁜 식사'는 타자를 향한 자기 의무나 정작 자신을 배제한 먹기에 지나지 않았다고 판단한다. "나는 사실 내 가장 성숙한 시기에 이를 때까지 언제나 '나쁜' 식사를 해왔다"(니체 2002, 350–351). 여기서 '나쁜 식사'는 물론 그의 정신적 영향을 지대하게 주었으나 그를 '소화 불량'의 환자로 만들어 결국 그의 사상과 의지의 발전을 방해한 "라이프치히의 요리"(니체 2002, 351), 바그너나 쇼펜하우어의 정신문화를 의미할 것이다.

아래의 인용문에는 독일이라는 토양이 만들어낸 음식 문화로 고통을 겪은 한 독일인의 불만이 가감 없이 묻어난다. 브리야 사바랭의 아포리즘 III은 "한 나라의 운명은 그 나라가 식생활을 영위하는 방식에 달려 있다."고 알려 준다. 아마도 니체는 브리야 사바랭의 이런 의견에 동의할 것처럼 느껴진다. 음식과 관련하여, 니체의 독일에 대한 비판은 매우 신랄하다. 이는 달리 표현하자면 독일이라는 먹기 공동체에 대한 비판이다. 그리고 독일 음식이 지닌 문화적 특징은 이어 독일 정신의 문제와 직결된다.

> "목적에 불충분한 영양 섭취는 위도 망쳐버리는 법이다 – 이 문제는 앞서 말한 요리가 놀랍게도 잘 해결해 주었던 것 같다(1866년이 나의 전환점이었다고 사람들은 말한다.) 하지만 독일 요리 전반 – 이것이 책임을 느끼지 않아도 되는 것이 하나라도 있단 말인가! 식사 전의 수프(16세기 베네치아 요리책에서는 독일적이라고 되어 있다), 푹 익은 고기, 기름과 밀가루가 범벅된 야채, 문진으로 변질되어버린 밀가루 음식! 여기에 옛 독일인들의 동물적인 알코올 마셔대기. 물론 옛 독일인만 그런 것은 아니었으며, 이 점을 깊이 생각해 보면 독일 정신의 연원을 이해할 수 있게 된다." (니체 2002, 351)

니체에게 있어 '영양 섭취'의 문제는 "'인류의 구원'이 신학자의 어떤 기묘함에보다도 더 많이 의존하고 있는 문제"(니체 2002, 350)이다. 이러한 시각에서 음식을 섭취하는 일은 어느 새인가 정신문화의 차원으로 넘어가버린다. 음식의 소비는 그에게 육체와 정신 모두에 영향을 미치는 것이다. "독일 정신은 암담해진 내장에서 나온다. [...] 독일 정신은 소화 불량이다. 독일 정신은 아무것도 잘 소화시키지 못한다."(니체 2002, 351) 먹기 공동체의 구속력, 밥상에서 일어나는 공동체의 규범 혹은 규율 등은 일반적으로 나의 의지와는 상관없이 그냥 '주어진 것'이다. 그리고 그것이 나를 그 공동체의 구성원이 되게 하는, 거부할 수 없는 외부의 힘으로 작동된다. 먹기 공동체 '독일'과 그 구성원인 '독일인들'은 그들이 먹어왔던 바의, 그리고 현재 먹고 있는 그대로의 모습이다. 독일 음식이 독일을 결정한다. 독일은, 그리고 그 정신은 그들이 먹는 음식의 산물이다. 니체가 일찍이 겪었던 '데카당스'가 독일이라는 먹기 공동체의 요리와 술에서 기인하는 것이라면, 그가 이를 극복할 수 있었던 것은 이 공동체의 음식을 멀리한 덕분이었다. 자기의 현재를 바꾸는 힘은 자기를 규정하는 그 현재의 조건에서 빠져나올 수 있게 하는 능동적인 삶의 주체로서 자유의지이다. 그리고 그것은 니체에게 진정 자신에게 도움이 되는 것에 대한 건강한 소화력이 될 것이다.

'나쁜 식사'와 '좋은 식사'는 먹는 이를 전혀 다른 곳으로 이끈다. 니체에게는 "네 힘의 극대화를 위해"(니체 2002, 350) 아무거나 먹어서는 안 되는 것이다. 그가 즐겨 먹는 것, 그의 위장에 편한 음식이 모든 사람에게 좋다는 근거는 없다. 무엇을 먹고 무엇을 먹지 말라는 그의 주장은 말 그대로 받아들일 수는 없다. 니체의 '편식'과 음식의 유별은 무엇보다 자신의 몸이 안 받는 음식을 먹는다거나, "동물적인" 폭식처럼, 너무 많이 마시거나 먹어서 소화 불량을 일으키지 말라는 데 있을 것이다. 왜냐하면 그렇지 않으면 이러한 먹기 행위가 소화 불량을 일으켜 결국 자신의 몸과 정신을 병들게 하기 때문이다. 내 몸이 필요한, 그리고 원하는 영양분들이 풍부한 음식을 섭취하는 일은 생존뿐만 아니라 삶의 질과 건강을 도모하는 것이다. 정신이 필요로 하는 '음식'도 마찬가지이다. 니체가 그만의 음식 생리학을 통해 우리에게 해주고 싶은 이야기도 이러한 점을 포함한다. "병이 비로소 나를 이성으로 인도했던 것이다"(니체

2002, 356). 몸과 마음, 육체와 정신 모두에게, '위장'에 들일 수 없는 타자는 소화 불량을 일으킬 뿐이다. 니체에게 '잘 먹는 일'은 육체적인 면에서나 정신적인 면에서나 '구원'이다. 그리고 우리는 여기서 어느 정도의 '주술적 사고'도 만나게 된다.

니체의 철학에서는 소화 기관인 위장이 건강한 몸과 마음의 근원으로 등장한다. 니체의 허약한 위장은 건강한 사람보다 더 민감하게 몸 안으로 들어오는 타자의 존재를 지각할 수 있었을 것이다. 질병 가득한 그의 육체와 그로 인한 고통의 무게는 사실적인 경험으로서, 몸/마음 은유의 출발 지점이다. 먹는 고통은 먹는 행위가 일상적으로 반복되어야만 하므로 지속적일 수밖에 없다. 철학적 사상과 약한 위장이 주는 육체의 고통은 여기서 긴밀한 연관성을 지닐 수밖에 없을 것이다. 정신과 육체가 어떤 방식으로든 상호적인 영향을 주고받을 수밖에 없는 것이다. 니체에게 있어 먹는 일은 몸과 정신의 계층적 구분에 그 토대를 두고 있지 않은 듯 보인다. 다시 말해 육체에 대한 정신의 우위라는 오랜 지적 전통이 니체의 음식 생리학에서는 전혀 다른 해석의 여지가 남는다는 것이다. 니체의 위장관을 보면 육체가 정신적인 것, 마음의 것을 앞서는 듯이 읽힌다. 신체적, 물리적 경험을 통해 정신적인 경험을 대상화하는 그의 은유와 더불어, 어느 순간 그에게 정신의 출발이 물질주의적인 것은 아닌지, 육체적 섭식이 정신적 성취의 토대를 이루는 것은 아닌가하는 지적 호기심이 발동한다. 독일의 체화된 물질문화, 밥상 문화가 어느덧 독일의 지적인 면에도 깊이 작용하는 인자가 된다. 먹기 공동체의 아픈 '위장'은 육체적인 소화 불량에서 정신적인 소화 불량의 원인으로 자연스레 연계되어 가는 모습을 볼 수 있다. 몸과 그의 철학은 분리될 수 없는 하나의 단위처럼 느껴진다.

그런데 이는 너무 성급한 해석일 수도 있다. 우리를 육체적으로 건강하게 해주는 것도, 정신적으로 건강하게 해주는 것도 모두 추상적인 '위장'에서 기인한다고 생각할 수도 있기 때문이다. 물론 인간의 정신의 차원과 그 정신의 작용으로 생산되는 행위와 결과들 – 다양한 미학적인 표현들을 포함하여 – 을 먹기와 음식, 그리고 이를 소화하는 생리적 과정과 유사하게 보거나 혹은 그 확대로 볼 수도 있을 것이다. 이는 인간이 추상적이거나 정신적인 대상을 물리적이거나 신체적인 경험을 통해 이해하는 은유적인 방식이다. 그리고 체내화의 원리는 여기서도 본질적으로 작동되는 사안이다. 그러나 어느 순간 니체의 비유는 생리적인 것과 정신적인 것의 구분을 힘들게 한다. 니체의 이러한 음식 생리학에서 몸과 마음의 구분이 절내적이 아닌 것으로 해석해 볼 수도 있다는 것이다. 다시 말해, 니체의 육체와 정신에 있어 위장이라는 곳은 단순한 신체 기관을 넘어 몸과 마음에 다가설 수 있게 하는 기준점, 혹은 출발 지점인 것처럼 느끼게 한다. 정신적인 '나쁜 식사'를 위해 은유의 토대인 육체적인 나쁜 식사를 언급한 것만은 아닌 듯이 느껴지는 건, 해석의 차원에서 니체의 '위장' 철학의 복잡함을 알려 주는 것으로 생각된다.

니체는 사는 동안 많은 여행을 하였다. 몽테뉴가 자신의 지병의 치료를 위해 온천 여행을 하였듯이, "내가 몽테뉴의 변덕을 내 정신에 갖고 있다는 것"(니체 2004, 358)이라 고백하는 니체 역시 병을 치료하고 건강한 삶을 회복하기 위해 유럽의 여러 지역을 돌아다녔다. 여행은 무엇보다 음식이라는 타자와의 만남이다. 이방인의 음식은 곧 타자 앞에 현존해 있는 나의 모습을 비추는 거울이다. 니체가 이 여행들을 통해 이루어진 섭식 활동은 그의 몸뿐만 아니라 정신에도 큰 영향을 미쳤을 것이다. 나쁜 식사가 동반된 여행은 약한 위장을 지닌 그에게 독일 음식만큼이나 고통을 주었을 것이고, 이질적이지 않은 좋은 식사는 그의 몸과 마음에 새로운 경험을 선사했을 것이다. 그의 독일 비판과 유럽의 다른 도시와 문화에 대한 칭송은 이와 분명히 관련이 있다. "영양 섭취의 문제는 장소와 풍토 문제와 가장 유사하다, 어디서든지 사람이 살 수 있는 것은 아니다."(니체 2004, 353)

> "나쁜 습관이 되어버린 여전히 미소한 내장의 태만은 천재 한 명을 평균적인 자로, '독일적인' 자로 만들어버리기에 충분하다. 강하고 심지어는 영웅적으로 타고난 내장의 기를 꺾어버리는 데는 독일 풍토만으로도 충분하다." (니체 2002, 354).

여행을 통해 니체는 낯선 지리와 환경에서 나온 다양한 요리와 음식들 중에서 그가 말하는 독일식의 '나쁜 식사'가 아니라 '좋은 식사'를 만나는 계제를 마련하였을 것이다. 그의 생리에 맞는 타국의 풍토와 기후와 더불어, 그리고 '좋은 식사'를 통해 니체의 몸과 정신은 안정되고 저작활동에도 큰 도움을 얻었다는 건 부인할 수 없는 사실이다.

『에케 호모』의 처음으로 돌아가 보자. "[...] 내가 누구인지를 밝혀 두는 것이 반드시 필요한 것 같다."(니체 2002, 323) 이 저작의 서두는 이렇게 시작된다. 음식의 눈으로 들여다보면, 이는 그 자체로 '나는 어떤 음식을 먹고 사는 사람인가'라는 말로 환언할 수 있는 것처럼 이해된다. 이 환언문은 또한 저작의 부제인 '어떻게 사람은 자기의 모습이 되는가?'와 의미적으로 유리되지 않는다. 음식을 먹는 일은 파괴하고 창조하는 행위이다. 파괴와 창조는 먹는 대상뿐만 아니라 먹는 주체에게도 동시에 적용되는 사안이다. 먹으면서 먹는 이도 변화하기 때문이다. 이는 먹을 때마다 일어나는 신비스러운 일이다. 음식이 규정하는 우리 저마다의 정체성은 그러므로 먹기 행위가 멈출 때까지 끊임없이 움직인다. 니체의 먹기는 '어떻게 나는 나 자신의 모습이 되는가?'이다. 몸과 마음의 음식을 먹고 자신을 극복하며 새로운 모습으로 변화하는 일은 진정한 삶의 주체로서 자신을 찾는 일이기도 하다. 거기에는 늘 타자로서 '음식'을 자신에게 온전히 동화시키고 그것을 통해 비로소 '나'를 찾는 일이 동반된다. 먹는 일은 곧 나를 유지하고 변화시키며 거듭나게 하는 생존의 길인 것이다. '당신이 먹는 것이 곧 당신이다.' 여기서 우리는 일상으로 반복적으로 섭취하는 음식이 우리의 정체성, 자아 혹은 주체성을 규정하는 데 결정적인 역할을 한다는 이론적 발상을 만난다. 장 앙텔름 브리야사바랭Jean Anthelme Brillat-Savarin 1848[1826], 그리고 독일의 철학자 루트비히 안드레아스 폰 포이어바흐Ludwig Andreas von Feuerbach 1863를 거쳐, 흥미롭게도 니체의 개인 경험에서 나온 일종의 '생리의 철학'에서 우리는 이 개념적 역사의 연속성을 관찰하게 된다.

니체에게 있어 자유로운 정신과 자신을 변화시키는 힘의 근원은 튼튼한 위장, 그리고 건강한 소화 능력과 전혀 무관하지 않다. 위장은 우리에게 본질적이고 원초적인 기쁨과 공포를 상기시켜 주는 기관들 중의 하나이다. 먹기의 일상성과 반복성은 위장의 문제와 결부되어 간단없이 그의 몸과 정신을 자극했을 것이다. 니체는 이러한 일상적이고 반복적인 행위와 관련된 병의 고통스런 체험을, 자신의 삶뿐만 아니라 인간의 삶의 의미를 깨달을 수 있는 계기로 삼았다. 그의 주요 저작활동이 고통스런 순간들 속에서 이루어진 것을 생각하면 쉽게 이해할 수 있다. 병을 달고 살았던 니체의 삶은 그리 순탄하지는 않았지만, 이를 온전히 자기의 것으로 수용함과 동시에 극복하기 위한 지속적인 저항을 하면서 자신만의 철학을 구축하게 된다. 평생을 걸쳐서 위장의 문제가 그를 괴롭혔지만 그렇다고 이로 인한 간헐적인 복통이 그의 사망 원인은 아니었다. 육체의 고통이 심한 만큼 그의 철학은 더욱 성숙해갔던 것으로 보인다. '잘 먹는' 일과 창조적으로 생각하는 행위는 니체에게 분리된 일이 아니다. 그것은 자신을 현재와는 다른 무엇으로 변화시키는 과정이며 이를 통해 타자에게는 열려 있으면서, 동시에 늘 자신의 모습을 새롭게 발견해가는 여정을 의미한다. '잘 먹고 잘 사는' 일은 체내화의 관점에서 보면 타자와의 완벽한 화해라고 볼 수 있을 것이다. 우리를 변화시키며 지속시키고 생존하게 하는 것은 결국 타자이다. 음식은 가장 본질적이고 전형적인 타자이다. 그리고 그것은 궁극적으로는 바로 '나'다. 매체로서 음식이 우리에게 알려 주는 것은 본질적으로 '너는 나다.'라는 실체이다. '너'가 '나'가 되지 않을 때, 혹은 '너'를 '나'로 받아들이지 못할 때, 그것은 '소화 불량'이다. 그리고 이는 니체의 생각과 그리 멀지 않은 듯하다.

지금까지 우리는 현대의 식자가 갖는 근원적인 불안 앞에서 '삶'(혹은

'생명')이란 개념을 보다 큰 수준에서 고려하고 이해해야 할 필요가 있음을 논했다. 그래야만 음식을 통해서 진정한 우리의 삶을 이해할 수 있기 때문이다. "음식은 생명이고, 생명[삶]은 음식을 통해 연구되고 이해될 수 있다."(Counihan and Esterik 1997, 1)는 말은 마땅히 이러한 개념의 틀에서 이해해야만 한다. 음식을 하나의 매체로 간주하고 그 의미 작용을 살피는 일은 이러한 의미에서 매우 중요하다. 앞서 매체로서의 음식의 개념을 논하면서 우리는 먹는다는 것이 단순히 생존을 위한 기본적인 행위가 아니라, 음식을 매개로 (먹는) 나를/우리를/그들을 존재론적인 관계의 망 속에 놓고 파악하는 일이기도 하다는 점을 강조했다. 다시 말해서 인간의 삶을 보다 폭넓은 생명 공동체와 연결시키고 그 안에서 부분으로서의 인간의 생명활동을 생각해 보는 것이다. 식자의 불안과 그에 따른 정체성의 혼란은 이러한 생명 공동체와 유리된 현대 식자의 삶에서 나온다. 음식이라는 물질은 코르보가 "기쁨의 맛le goût jubilatoire"(Corbeau 2008)이라 부르는 비물질적인 식탁의 구성 인자와 결합될 때 인간의 삶에서 그 본연의 역할을 수행한다. 이 '기쁨의 맛'은 내가 먹는 음식은 어디서 왔으며 그것을 먹는 기쁨은 어떤 것인지, 함께 나누는 식탁은 어떻게 열린 마음으로 향할 수 있는지 등, 식자가 자신의 식食 행위에 대해 주체적인 인식을 하고 자신이 먹는 음식에 대해 능동적인 체내화가 가능할 때 얻을 수 있는 것이다. 그렇게 될 때 식자는 불안한 마음에서 벗어나 진정한 의미에서 음식의 참맛과 먹는 즐거움을 되찾을 수 있을 것이다. 다음 장 '함께 먹기'를 통해 지금까지의 논의를 좀 더 담금질해 보도록 하자.

무엇을 먹는가보다는 누구와 같이 먹는가가 더 중요하다.

"[...] il ne faut pas tant regarder
ce qu'on mange qu'avec qui on mange [...]."
– Montaigne Essais III.13, 1103

III
함께 먹기

지금은 많이 줄어들기는 했지만, 예전에는 서로에게 건네는 매우 흔한 인사말 중의 하나가 '식사하셨습니까?', '밥은 먹었냐?', 혹은 '진지 드셨습니까?' 등 '밥'과 관련된 것들이었다. 특히 끼니때에 그랬다. 이 발화체들은 로만 야콥슨Roman Jakobson의 여섯 가지 언어의 기능 중 아마도 많은 경우 '친교적 기능phatic function'으로 분류될 일상의 표현들일 것이다. 대화 상대의 빈 위장에 공감의 연대를 보여 주는 듯, 이러한 인사 방식은 오랜 시간 동안 자연스러운 의례적 소통의 도구로 자리를 잡아 왔다. 상대가 밥을 먹었느냐고 묻는 것이 어떻게 인사말이 되는지는 다른 문화에서도 흔한 일이 아닐 것이다. 이 인사법의 유래와 관련해서는 의견이 나뉘는데, 혹자는 가난으로 고통받았던 과거의 반복된 삶이 언어 공동체 속에서 제도화된 것일 수도 있다고 주장하기도 한다. 이와 유사하게 함께 먹기를 논하는 우리의 관심을 끄는 또 다른 표현이 있다. '언제 밥 한번 먹자.' 일상에서 자주 오가는 이 발화의 한 양상도 먹는 문제와 결부된 전형적인 사교적 인사법이다. 이 또한 다른 사회 문화 어디에서도 쉽게 관찰하기 힘든 표현 방식이다. 이 표현은 말 그대로 밥을 같이 먹자는 의미나 약속이 될 수도 있겠지만, 그냥 대화를 마무리하고자 인사치레로 사용되는 경우가 허다하다. 물론 맥락에 따라서 좀 더 가깝게 지내고 싶은 마음의 실마리로 식사 자리를 이용하려는 것일 수도 있다. 이렇게 우리는 일상에서 매우 빈번하게 밥을 같이 먹자고 표현하는 그런 사회 혹은 언어 공동체의 구성원들이다.

그런데 인사치레로 넘기기에는 이 표현이 우리 사회 속에서 갖는 문화적 가치는 상당하다. '밥 한번 먹자.'는 표현이 담고 있는 가장 본질적인 점은 '함께 먹기'이다. 식탁을 함께 나누는 일은 인간의 문화 속에서 매우 중요한 일임이 틀림없다. 휘슬러는 인간이 함께 먹는 경향을 갖고 있다며 함께 먹기는 "인간 사회성의 가장 두드러지는 면 중의 하나"(Fischler 2011, 529)라고 간주한다. 먹기를 통한 연대와 화합은 아마도 가장 오래된, 그리고 원시적인 원형이라고 해도 과장된 말은 아니다. 지그문트 프로이트Sigmund Freud는 『토템과 터부Totem and Taboo』에서 토템 식사를 논하며 "누군가와 먹고 마시는 것은 사회 공동체와 상호 의무의 수임에 대한 상징이자 확인이었다."(Freud 1919, 223)고 확인해 준다. 먹는 일은, 특히 함께 먹는 행위는 결코 단순한 소비로 마무리되지 않으며 상징적인 함의가 빈번하게 수반된다. 여기서 우리는 우리의 인사법과 그것이 담고 있을지도 모를 부분적 함의를 곱씹어 보게 된다.

인간의 함께 먹기 양상은 매우 다채롭다. 우리의 일상을 보면, 가족 구성원을 중심으로 주말이나 잔치, 혹은 명절에 모여 풍요로운 상차림을 준비하거나 특정한 음식을 나누는 일, 사회적 활동이자 조건으로서 함께 먹어야 하는 다양한 사회성 회합, 연인이나 친구들과 나누는 즐거운 저녁 식사 등 수많은 형식의 함께 먹기가 우리의 일상을 구조화한다. 배고픔이 생리적으로 늘 우리에게 먹는 행위의 진지함을 알려 준다면, 아울러 누군가와 함께 식탁을 나누는 일상 또한 삶의 즐거움과 무거움을 다른 방식으로 전해 준다. 인간의 삶이 점점 더 복잡하고 복합적으로 변화하는 만큼 식자로 사는 삶도 단순한 식탁 규범들로는 재단할 수 없게 되었다. 게다가 현대의 풍요로운 물질 사회 속에서, 살기 위해 먹는 것과는 다른 양상의 변화된 삶도 더욱 두드러진다. 함께 먹는 행위는 이러한 사회문화적 맥락에서 또 다른 의미를 갖는다. 음식 연구에 있어서 함께 먹기라는 행위는 매우 중요하지만, 그 상징적 측면은 공통점만큼이나 문화나 종교에 따라 상당히 다양하고 차별화된 모습을 보여 왔다. 또 희생과 부활의 의미를 담고 있는 신성神聖에서 인간 사회에서 관찰되는 가장 이기적인 행태에 이르기까지 이 행위가 담당하는 개념적 범위는 매우 방대하다. 아래에서는 함께 먹기의 정의를 시작으로, 이 사회적 행위가 갖는 의미들이 무엇인지, 매체성과 정체성, 그리고 가족과 공동의 식사 등 관련 주제들을 중심으로 살펴보도록 한다.

1

함께 먹기, 매체성과 정체성

1) '함께 먹기'의 정의와 유형

① 정의

함께 음식을 나누는 행위가 인류의 역사에서 매우 오래된 일이기는 하지만, 이를 지칭하는 단일한 어휘가 출현한 것은 그 긴 역사와 비교해 볼 때 그리 멀지 않은 시기로 거슬러 올라간다. 서구의 경우, 음식을 나누는 이 독특한 인간의 "사회적 행위"(Fischler 2011, 529)를 영어로 'commensality'라 하는데, 『옥스퍼드 영어사전Oxford English Dictionary』[1]에 따르면, 이 어휘는 프랑스어 'commensalité'에서 왔다. 이 프랑스어 단어 역시 중세 라틴어 'commensalis'를 그 어원으로 하는 'commensal'에서 파생된 명사 형태이다. 라틴어 'commensalis'는 '식탁의 동반자'라는 의미를 갖는데, 접두사 'cum[함께]'이 'mensa[식탁]'에 합성된 단어이다.[2] 『프랑스 아카데미 사전Dictionnaire de l'Académie Française』 1835년도 판에 따르면, 프랑스어 'commensal'은 '다른 이와 함께 같은 식탁에서 음식을 먹는 자'로 정의된다. 현대의 『로베르Robert』나 『라루스Larousse』 등의 사전들의 정의도 이와 크게 다르지 않다. 우리의 경우 '공식共食'이란 학술용어가

1 http://www.oed.com 참조.
2 "TLFi: Trésor de la langue Française informatisé" – http://www.atilf.fr/tlfi 참조.

'commensality'에 대한 우리말 등가어로 쓰이기도 한다.[3]

학술적인 정의도 이러한 사전적인 정의들과 크게 다르지 않다. 행위를 중심으로 간략하게 "다른 사람들과 함께 먹는 행위"(Sobal and Nelson 2003, 181), 혹은 회합을 중심으로 복잡하게 "생물학적인 개체 욕구의 만족과 결부된 물질적 임무와 상징적 의무를 집단적으로 수행하는 데 그 목적이 있는 모임"(Grignon 2001, 24) 등으로 규정된다. 여타 음식 연구자들이 제시하는 다양한 정의들도 사실상 여기서 크게 벗어나지 않는다. 먹는 행위와 하나 이상의 식자, 그리고 음식의 나눔이 이 행위를 정의하는 데 필요한 기본 요소들이다. 이러한 정의 속에서 특히 개체 홀로 먹는 행위는 본질적으로 '함께 먹기'를 표상할 수 없다. 함께 먹기는 언제나 복수의 개념을 토대로 하는 이상 이 행위의 사회적 특성과 공동체 개념도 여기서 만들어지기 때문이다. 아래에서 살펴보겠지만, 여기에다 식탁의 또 다른 주요한 요소, 복수의 입은 곧 '내화'의 필수 조건이기도 하다. 그런데 함께 먹는 행위를 정의하는 일이 실제로는 좀 더 복잡하다. '함께 먹기'를 '다른 이와 더불어, 마실 것이나 먹을 것을 나누는 공동의 식행위'이라고 정의할 때, 여기서 식자들 간의 음식 나눔은 어떤 의미이며, 이 음식 나눔이 식자 모두가 같은 음식을 먹는다는 것인지, 아니면 단순히 함께 모여 먹는다는 행위 자체에 정의의 본질이 있는 것인지

---

3 본문에서 'commensality'의 우리말 역어는 '함께 먹기'를 주로 사용하되 조어상 혹은 문맥상 필요한 경우 '공식(共食)'도 함께 쓰기로 한다. '공식'이라는 용어를 사용했을 때 좋은 점은 무엇보다 영어나 프랑스어처럼 단일 어휘로 사용할 수 있기 때문일 것이다. 그러나 '함께 먹기'는 '함께'와 '먹기'가 만들어 내는 행위의 역동성을 더 드러내는 이점이 있다. 이 글에서는 '공식'이라는 용어를 사용할 때 괄호 안에 한자어를 함께 사용하기로 한다.

일련의 연관된 궁금증이 이어지게 된다. 이러한 궁금증을 간직한 채 좀 더 논의를 계속해 나가도록 하자.

②유형

우리의 삶에서 누군가와 함께 먹는 일은 비일비재하다. 그중 거의 매일 함께 식사를 하는 존재들 – 예를 들어 가족이나 친구 등 – 이 있는가 하면, 예상치 못한 식자와 만나 새로운 관계를 만들기도 한다. 또한 식자로서 우리는 아무것이나 먹지 않는 것처럼, 아무하고 함께 먹지 않는다. 아래에서 살펴보겠지만, 여기에는 함께 먹기라는 공동의 행위가 지닌 내밀함이 들어있다. 함께 먹기의 규범은 사회문화적인 다양한 인자들의 영향을 받는 것이어서 그 유형을 학술적으로 일반화하는 작업은 상당히 어렵다. 다만 공동 식사는 인류의 "보편적인 문화 경험의 중요한 측면"(Anigbo 1996, 102)으로 규정될 만큼 오래전부터 존재해왔다. 예를 들자면, 아마도 관혼상제冠婚喪祭와 관련된 모임은 인류의 일반화된 공동 식사의 기회일 것이다. 그런데 함께 먹기는 단순히 사람들이 모여 음식을 나누고 먹는 행위가 아니라, 그 사회나 문화의 고유한 사회적 양태를 드러내 준다. 함께 먹기라는 행위가 인간의 보편적 문화의 일부이기 때문에 문화 간 공유점이 존재하는 것은 사실이지만, 식생활의 다양성과 문화 상대주의에 따른 섬세하고 광범위한 관찰이 요구되는 이유이기도 하다. 잠시 살펴볼 그리뇽(Grigon 2001)의 연구는 특정 국가의 식문화에 한정되어 있다는 한계를 갖지만, 함께 먹기의 유형 분류에 대한 이해를 구하는 데 유용하다. 그리뇽은 프랑스의 식문화를 중심으로 함께 먹기를 여섯 개 유형으로 구분하는데, 먹는 상황의 차이에 따라 이를 가정적 공식家庭的 共食, domestic commensality과 제도적 공식institutional commensality, 일상적 공식everyday commensality과 예외적 공식exceptional, 그리고 차별적 공식segregative commensality과 초월적 공식transgressive commensality 등 세 개의 대조쌍으로 나눈다. 가정적 공식共食은 가족의 성원들이 일정을 조정하여 함께 식사를 하는 때를 나타내며 공동체 구성원 간의 응집력의 정도를 반영한다. 제도적 공식은 일반적으로 규칙적인 식사를 해야 하는 직업군에서 일어나는 것으로, 누가 어디에서 누구와 함께 식사를 하는지 결정하는 위계질서를 함의하는 유형이다. 예를 들어 학교 점심시간에 교사들과 학생들이 서로 다른 곳에서 식사를 하는 경우이다. 예외적 공식은 크리스마스, 생일잔치 같은 연례행사나 결혼 잔치 같은 생애 주기, 혹은 승진이나 은퇴 등의 직장 생활 등과 관련되어 일어나는 특정한 시기의 공동 식사를 가리킨다. 반면 일상적 공식은 일상의 삶 속에서 일어나는 함께 먹기의 양식이다. 이 범주는 예외적 공식과 짝을 이루고 있지만, 가정적 공식이나 제도적 공식 같은 다른 범주에 속할 수도 있어 이 대조쌍이 절대적인 것은 아니다. 차별적 공식은 집단과 집단 내의 계층을 차별화하는 데 그 목적이 있다. 이러한 식사 양식은 인도의 카스트 제도에서처럼, '우리'와 '그들'을 구분하는, 고도로 위계화된 사회 속에서 주로 관찰된다. 이와는 정반대로 초월적인 공식은 계층적으로 혹은 위계적으로 구분된 집단 간의 불연속성을 일시적으로 혹은 상징적으로 해소하는 음식의 나눔으로 이해될 수 있다. 예를 들어, 공장의 사장이 근로자들과 함께 점심 식사를 하는 장면을 떠올리면 될 것이다. 혹은 가끔 기사화되는 것처럼, 대통령이 청와대 직원 식당이나 일반 병사들의 식탁에 앉아 함께 식사하는 경우가 그렇다. 그러므로 차별적 공식과 초월적 공식은 사회적 응집력을 강화하는 목적의 식사나 혹은 사회적 장벽을 넘어설 수 있는 식사를 구분한다. 물론 이러한 분류는 그리뇽 자신도 지적하고 있지만, 하나의 시도에 불과하고 인접 학문의 참여로 더 완벽한 모습을 갖추게 될 것이다(Grignon 2001, 25).[4]

2) 함께 먹기의 매체성

식탁 위 찻잔을 사이에 두고 마주 앉은 두 사람을 상상해 보자. 이 단순한 장면 속 마실 거리는 그 존재만으로도 본래의 가치를 넘어 두 개체를 하나로 묶는 데 기여한다. 많은 매체들은 저마다의 특성과 형식을 갖고 있다. 음식은 다른 매체들과 다른 방식으로 규정할 수 있는 물질이다. 그것의 가장 큰 특징은 바로 생물학적 필요성과 결부되어 있다는 것이고 바로 그 점이 사회적 요건의 본질이 된다. 음식은 유리된 존재가 아니다. 음식을 식탁에 놓인 접시로 한정할 경우 우리의 음식관도 거기에 머무르게 된다. 앞서 다루었던 것처럼, 파푸아뉴기니 화족의 음식관은 음식을 하나의 정태적인 물질이라 간주하는 단순한 발상에서 벗어나, 세계와 나 사이의 깊고 연속적인 관계 자체라는 사실을 깨닫게 해준

4 이렇게 세분화된 분류와는 달리 단순화된 구분 방식도 제시되기도 하는데, 가령 제프리 소발(Jeffery Sobal)은 함께 먹기의 유형을 두 가지로 구분한다. 하나는 공식체(共食體 commensal unit)로 핵가족화가 되어 있는 국가들에서 가장 기본적인 형태는 가족이다. 공식계(共食界 commensal circle)는 관계의 망으로 개인이 함께 식사하거나 식사할 수 있는 사람들의 범위를 규정한다(Sobal et al., 2002, Sobal and Nelson 2003).

다. 이는 한 걸음 더 나아가 '누'라는 상상의 물질을 통해 인간 사회의 공동체성과 필연적으로 결부되게 된다. 즉 음식을 먹는 행위는 함께 나누는 행위와 분리되지 않는다. 우리는 이 책 앞부분에서 매체로서 음식의 지위에 대해 언급하였다. 음식의 문제를 매체적 관점에서 바라본다는 것은 물질로서 음식뿐만 아니라 먹고 먹히는 존재들 간의 관계, 그리고 먹는 존재들 간의 관계를 포함하는 것이다. 일상의 먹기는 자연의 존재들 간의 상호 작용을 토대로 하며, 음식의 매체적인 특성은 일차적으로 여기서 나온다. 음식은 자연의 문화적 변형이다. 자연은 음식이라는 매체를 통해 변형된 모습으로 인간에게 경험된다. 달리 말하자면 인간이 자연과 관계를 맺는 데 있어 음식은 이 변형된 형태로 인간과 자연을 매개한다. 인간은 음식이란 매체를 통해서 자연을 경험하고 자신의 본질적인 정체성과 생명의 토대를 확인하게 되는 것이다. 또한 음식은 이와 유사하게 인간과 인간을 연결하고, 이를 통해 인간 식자가 사회적 존재임을 스스로 확인하는 계기를 마련해 준다.

> "요리는 자연을 인간이 소비할 수 있는 형태로 변환시켜 주는 주요한 실천 중 하나이다. 요리 혹은 조리를 한다는 것은 무엇보다 인간의 "양식이 **자연**에서 **문화**로의 전이를 승인하는 것"(Fischler 1988, 286-287, 강조는 원저자의 것임)이기 때문이다. 요리를 통해 비로소 인간은 자연 상태의 것을 음식의 형태로 소비할 수 있게 된다. 달리 말하면 자연은 음식의 형태로 우선 식자에게, 이어 식자들 간의 매체로 기능하게 된다. "음식이 생물학적 존재를 먹인다면 요리된 음식은 '사회적 몸le corp social'을

먹인다."(Poulain 1997 : 20)" (서종석 2019a, 190)

음식은 인간의 생존을 위한 행위와 더불어 이 행위의 과정과 결과로 소비되는 물질의 존재를 표상한다. 이 물질은 어느 순간 극히 개인적이고 이기적인 행위를 공동의 것으로 변환시키며 그 행위자들을 하나의 의례로 묶어 준다. 음식이 매체라면, 그것은 유리된 모두의 욕망을 하나로 묶어 단번에, 그리고 자연스럽게 모두의 요건으로 변화시켜 주기 때문이다. 그래서 음식은 존재와 존재를 연계해 주는 생물학적인 측면과 인간과 인간을 모으는 사회적 측면이 함께 어우러진 실체라고 할 수 있다. 달리 표현하자면 음식은 그것의 생산된 생태적 환경과 요리라는 변형의 과정, 그리고 이를 함께 섭취하는 사람들 간의 사회적 관계 속에 놓여 있다. 따라서 음식은 '관계의 물질'이라고 할 수 있을 것이다. 식탁에 둘러앉은 사람들에게 음식은 하나의 매체이자 비언어적인 소통의 수단이다. 모든 것들은 관계를 통해 상호 의존한다. 함께 먹기 행위도 마찬가지이다. 방식만 다를 뿐, 존재의 먹이 사슬은 사회적 차원에서도 작동되는 주요한 관계적 개념이다. 즉 함께 음식을 나누는 행위는 단순히 먹는 행위를 넘어서 "관계의 매체로서"(Douglas 1982, 119) 기능하게 된다. 이것이 음식이 매체로서 갖게 되는 사회성이다. 음식이 하나의 매체라는 것은 "'사이 존재'로서 '타자'에 대한 '소통communication'의 물질"(서종석·엄소연 2017, 251)임을 보여 주는 것이다. 여기서 '사이 존재'는 "우리와 우리가 섭식하는 대상 간의 관계, 우리와 함께 식탁을 나누는 대상 간의 문제"(서종석 2019a, 186)가 무엇인지 그 성격을 규정한다. 함께 먹기를 타자와의 만남으로 규정한다면, 음식이란 이 두 타자 사이에 놓여있는 또 다른 타자라고 할 수 있다. 그리고 두 타자 사이의 경계를 일시적으로 느슨하게 해주고 그들의 몸 안으로 사라져 소멸한다. 따라서 음식은 어떤 의미에서, '소실매개자vanishing mediator', 혹은 '사라지는 매개자'[5]의 역할을 수행한다고 이해해 볼 수 있을 것이다. 대립적인 두 요소를 매개해 주고 정작 자신은 사라져 버리는 존재. 어쩌면 음식은 식자의 먹는 행위로 그대로 소멸되거나 사라지는 물질적 존재라 생각해 볼 수 있을 것이다. 그러나 이것이 음식이라는 매개자의 본질을 극단적으로 축소해버리는 것이라면 동의할 수 없다. 우선은 생물학적 차원에서, 그리고는 사회적인 차원에서 음식은 개체와 개체 사이에 들어와 대립을 완화하고 관계를 형성한다. 함께 먹는 행위는 개체화된 입들의 존재 방식에 연속성을 부여하여 하나로 만들어 준다는 의미에서 결합은유unity metaphor의 이미지를 구축한다. 음식이 주어진 본언의 역할을 할 때 "매체로서 음식은 '나'에 대한 확장으로서 '우리'를 만들고 그 결과 그 경계 밖의 '타자'를 드러나게 한다."(서종석·엄소연 2017, 252) 함께 먹는 식자의 정체성은 여기서 주조된다. 이제 살펴보겠지만, 음식은 분리되거나 대립하는 개체들을 매개하는 역할을 훌륭히 수행하면서 이들의 정체성을 형성하는 데 기여하게 된다.

5 슬라보예 지젝(Slavoj Žižek)이 원용한 프레드릭 제임슨(Fredric Jameson)의 표현과 개념을 차용해본 것이다.

3) 함께 먹기와 정체성

① 식자의 정체성, 혹은 공동의 미각

앞서 우리는 음식은 내 몸 밖에 있는 하나의 타자, 궁극적으로 화해하고 품어야 할 타자라는 논지를 개진했다. "먹는다는 것은 언제나 타자와 함께, 그리고 타자에 의해서 이루어지는 것이다."(Pelluchon 2015, 23) 음식은 타자로서 나의 생존을 위해 절대적으로 필요한 존재이다. 타자를 통해 나를, 나의 정체성을 (재)규정하는 일, 나의 자아를 확장하는 일은 모두 타자를 '포식' 대상으로 삼아 온전히 내 안으로 들일 때 가능하다. 이때 음식은 소멸되면서 그 존재 이유를 상실하는 것이 아니다. 먹는 주체의 몸속으로 완전히 체내화되어 하나가 될 때 음식은 비로소 그 가치와 존재 이유를 획득하게 된다. 그러므로 섭식의 시간이란 먹는 주체의 세계와 기존의 정체성이 변화되는 시간을 의미한다. 음식의 속성이 먹는 이의 정체성 토대를 이룬다는 의미에서, 식자의 정체성과 음식의 정체성의 구분은 사실상 의미가 없다. 먹는 행위는 나를 '여는' 행위이다. 식자에게 있어 이 행위는 음식이라는 타자를 맞이하는 탈주체화의 과정이자, 이를 통해 생존을 꾀하고 정체성을 유지하거나 갱신하는 계기를 마련해 준다. 음식을 먹는 일은 '타자들과의 조우'이며 이 만남이 곧 식자인 우리 모두가 만들어지는 과정이다. 그리고 우리는 이를 죽을 때까지 수행한다.

정체성의 또 다른 면은 무엇보다 공동의 미각 위에서 연대하는 것이다. 먹는 일이 개인의 생리적, 미각적 욕구의 만족을 극대화하는 것이라면, 함께 먹는 일은 사회적 관계의 형성과 재창출을 위한 효과적 수단으로 볼 수 있을 것이다. 그런데 공동 식사는 미각의 수준에서 수단일 뿐만 아니라 목적 자체가 될 수 있음을 보여 준다. '함께 먹어야 맛이 있지!' 누구나 일상에서 빈번하게 듣고 말했을 이 말이 사실 근거가 없는 것은 아니다. 나의 식탁에 필요한 것은 음식만이 아니다. 사회적 삶을 위해 식자는 또 다른 타자가 필요하다. 다이앤 애커먼Diane Ackerman에 따르면, 독립적인 다른 감각들과는 달리 "미각은 상당히 사회적이다. 혼자 식사하는 것을 꺼리는 인간에게 음식은 대단히 사회적인 구성 요소이다. 반투 족은 음식을 주고받으면 두 사람 사이에 계약이 맺어지고 이들은 그때부터 '오트밀죽의 씨족clanship of porridge'이 된다고 생각한다. 우리는 대개 가족과 함께 식사하기 때문에, 함께 '빵을 나누는 일'은 곧 상징적인 차원에서 가족과 외부인을 연결해 주는 것이 된다."(Akerman 1990, 127) 쿵 부시맨들의 예는 한층 더 흥미롭다. 이들에게 먹는 행위 자체가 공동의 행위이다. 이 부족 공동체는 아마도 가장 강력한 집단 자아를 유지하는 먹기 공동체 중의 하나일 것이다. 로오나 마샬Lorna Marshall에 따르면 "음식을 나누지 않고 혼자 먹는다는 생각은 쿵족에게 충격적인 것이다. 그런 말을 들으면 그들은 아주 어색하게 웃으면서 소리를 지를 것이다. 그들이 말하기를 사자라면 몰라도 사람은 그럴 수 없다는 것이다."(Mintz 1985, 4–5에서 재인용) 미각의 차원은 그 본질에서 사회적인 것과 긴밀히 연결되어 있음을 보여 준다. 같은 식탁에서 서로 다른 음식을 먹는 일이 빈번한 현대의 식자들에게조차 함께 먹기가 만들어 내는 증폭된 미각은 여전히 유효한 기대치이다. 함께 먹기는 분리된 개인의 미각을 공동의 미각 속으로 수렴하고 음식을 먹는 행위에 사회성을 부여한다.

여기서 하나의 질문이 가능하다. 음식이 식자인 나와 맺는 관계가 물질의 측면뿐만 아니라 정신의 수준에서도 작동되는 것인가? 체내화되는 음식이 나의 정체성 형성에 영향을 준다고 할 때, 그것이 작용하는 차원의 성격이 무엇인지는 중요한 문제이다. 커틴은 객관화된 관계와 참여적 관계라는 두 구분을 통해 음식을 먹는 행위가 식자의 정체성에 미치는 영향을 이해한다. 객관화된 관계 속에서 포착되는 음식은 단순히 외부에서 오는 타자를 말한다. 이 경우 음식은 단지 육체body에만 영양을 공급하는 것으로 정신mind에는 영향을 미치지 못한다. 여기서 육체와 정신은 자연스레 서로 관련이 없는 분리된 실체들로 간주된다. 그러나 참여적 관계의 시각에서 보면 식자가 음식을 먹는 일은 곧 자신을 형성하는 일이며 이것은 육체뿐만 아니라 정신과도 깊이 관련되는 것이기도 하다. 육체와 정신은 분리된 실체가 아닌 것이다. 즉 우리는 우리가 먹는 것과 관련하여 육체와 정신의 차원에서 규정되는 실체로 정의된다(Curtin 1992, 11). 이러한 정체성의 문제는 공동 식사의 수준에서도 적용하여 이해할 수 있을 것이다. 식자의 정체성은 일상의 식생활 속에서 끊임없이 갱신하며 변화하는데, 이러한 정체성의 형성과 유지, 그리고 변화는 개체와 공동체라는 두 수준에서 일어나는 일이기 때문이다. 식탁 위에서 이루어지는 다른 식자와의 만남은 식자로서 평생 음미해야 하는 삶의 여정이다. 공동의 식사는 공동의 정신을 주조하는 데 크게 일조한다. 이러한 논의는 무엇보다 오래전 윌리엄 로버트슨 스미스William Robertson Smith가 셈족Semites의 종교를 연구하면서 언급한 함께 먹기의 양상을 상기시킨다. 로버트슨 스미스는 희생제의 속에서 이루어지는 신과 그 숭배자들이 함께 먹는 행위의 의미를 다룬다. "함께 먹고 마시는 이들은 바로 이 행위를 통해 우정 어린 유대와 상호 간 의무로 결합된다." 혹은 "함께 먹고 마시는 행위는 음식을 나누는 이들이 모두 같은 신앙의 형제들이며 우정과 형제애의 모든 의무들은 이들의 공동의 행위 속에서 암묵적으로 인정된다는 사실을 엄숙하고 명시적으로 표현하는 것이다."(Robertson Smith 1894[1889], 265) 함께 먹는 행위는 종교의 신과 그 신자들 간, 나아가 신자들 사이의 연대감과 일치를 이루게 하는 사회적 행위인 것이다. 로버트슨 스미스의 이러한 이론적 입장은 이후 분야와 범위를 달리할 뿐 다양한 학문 영역에서 이루어지는 관련 연구들의 본질을 꿰뚫는다. 우리가 함께 먹는다면 그것은 유의미한 사회적 실천이자 상징적 활동이기 때문이다. '내가 먹는 것이 곧 나를 이룬다.'는 잠언은 공동체의 차원으로 확장하여 '우리가 먹는 것이 곧 우리 자신이다.'라는 경구를 파생시킨다. 그런데 '우리'라는 울타리는 단순히 우리가 먹는 것만으로 이루어지지 않는다. 우리의 정체성은 또한 누구와 함께 먹는가에 따라 규정된다. '내가 먹는 것이 곧 나를 이룬다.'는 경구의 의미는 '함께 먹는 사람이 곧 나를 이룬다.'는 함의와 유리될 수 없다. 왜냐하면 함께 먹는 나의 파트너 역시 나의 정체성을 만드는 데 폭넓고 깊게 개입하기 때문이다.

이러한 정체성의 발상에는 함께 '같은 것'을 먹는다는 공동체의 오래된 신화가 놓여있다. '함께 먹기'라는 의미의 어휘 'commensality'는 앞서 본 것처럼, 같은 식탁을 나눈다'mensa'는 어원을 지닌다. 휘슬러(Fischler

2006a, 34)에 따르면, 사람들은 보통 이러한 어원에 걸맞게, '함께 먹기'라는 행위, 즉 음식을 나누는 일이 서로를 가깝게 해주거나 하나가 되게 하는 수단으로 생각한다고 한다. 곧 음식을 나눈다는 건 식자들이 같은 물질을 먹으며 하나가 될 수 있다는 것이다. 그런데 휘슬러에게 '같은 것 la même chose을 먹는다.'는 건 어폐가 있는, 객관적이지 않은 사실이다. 문자 그대로 '같은 것'을 먹는 일은 내가 먹는 몫을 다른 누군가가 동시에 먹을 수가 없기 때문이다. 내 몸 안에 들어가 소화의 과정을 거쳐 나의 일부가 되는 물질, 그것을 먹는 일은 누구와 나눌 수가 없는 개체의 활동이다. 그러나 이러한 그의 해석과는 달리 '같은 것을 먹는다.'는 표현은 중의적이다. 서로의 접시에 있는 제 몫의 동일한 먹을거리를 같은 식탁에서 취한다는 의미로도 받아들일 수 있기 때문이다. 가령 한솥밥, 즉 다르지 않은 하나의 솥에서 지은 밥을 모든 식자가 나누어 같이 먹는 경우를 생각해 볼 수 있을 것이다. 또 식당에서 내 파트너가 주문한 것과 '같은 것'을 시켜 먹을 수도 있다. '같은 것을 먹는다.'는 건 앞서 체내화의 원리를 다루면서 살펴본 것처럼 '내가 먹는 것이 곧 나를 이룬다.'는 경구와 자연스레 연관된다. '나'와 '너', 곧 '우리'가 같은 것을 먹는다는 것은 같은 물질적 토대를 공유한다는 함의를 갖기 때문이다. 체내화와 정체성의 문제는 어떤 의미에서 암묵적으로 '같은' 음식을 먹는 공동 식사를 전제로 한다. 과거의 사회에서는 이와 같은 생각이 자연스러운 것이었다. 뒤르카임에 따르면 함께 음식을 나누는 식자들은 같은 피와 살을 갖고 태어나지는 않았더라도 "인위적인 혈연관계"가 형성된다는 주장을 펼쳤다.

> “대부분의 사회에서 공동으로 하는 식사가 거기에 참여하는 사람들 사이에 인위적인 혈연관계를 만들어 주는 것으로 여겨지고 있다. 사실상 친척들은 태어나면서 같은 피와 살로 이루어진 존재이다. 그러나 음식물은 유기체의 실체를 끊임없이 다시 만들어 준다. 그러므로 함께 음식을 먹는 행위는 공통적인 기원을 가진 것과 같은 효과를 만들어 낼 수 있다.” (Durkheim 1990[1912], 481−482)

그래서 “같은 음식을 먹는 행위는 함께 먹는 몸들을 하나가 되게 하는 반면, 다른 음식을 먹는 행위는 서로의 거리를 벌려 놓는다.”(Bloch 1999, 138)는 주장도 이러한 틀에서 이해된다. 그러나 세상은 변해서 현대의 식자는 함께 먹지만 꼭 같은 음식을 먹지는 않는다. 물론 과거에도 위계적 질서가 있는 권의적인 식탁에서는 식탁 성원 간의 사회적 질서에 따른 음식의 구분이 당연한 것이었다. 식탁은 주어진 사회의 구조를 자연스럽게 반영하는 또 다른 형태의 사회였고 지금까지 늘 그래왔다. 가령 많은 경우 왕과 신하 사이의 식탁의 양상은 사회적 위계를 자연스레 반영하였다. 같은 장소에 마련된 공동의 식탁에서 음식은 대개 의복처럼 질적인 면에서 신분의 구분을 담기 마련이었다. 같은 음식을 먹는 경우는 동일한 신분 사이에서는 당연한 것이고, 그것이 그 음식을 먹는 식자들의 신분을 구분하고 동시에 고유한 정체성을 형성하는 것이다. 그래서 내가 먹는 음식이 곧 나의 ‘계급’일 수 있으며[6], 나와 함께 먹는 사람

6 ‘서민 음식’이라는 표현이 존재하듯, 주어진 먹기 공동체는 언어적으로 이를 표상하기도

역시 나의 사회적 위계를 규정하는 데 빈번하게 소용되기도 한다.

보통 함께 먹기는 같은 장소, 같은 시간에 음식을 나누어 먹는 행위로 정의할 수 있다. 따라서 여기에는 시공간적인 의미가 담겨있다. 같은 시간, 같은 장소에서 특정한 목적으로 동일한 육체적 행위를 하는 것은 행위의 주체들에게 사회성을 부여하게 된다. 식사가 하나의 의례가 되는 지점이다. 한 먹기 공동체가 공동의 정체성을 갖는다면, 그것은 무엇보다 먹기라는 생리적 활동을 함께 실천한다는 의미에서 그렇다. 식자들 모두 생존을 위해 먹어야 하는 존재로서, 주어진 식사시간에 모여 같은 신체활동을 수행하게 된다. 저마다의 입으로 각자의 그릇에 담긴 먹을거리를 가져가지만 모두 같은 행위를 함으로써 그 의미가 발생한다. 자기의 몫을 각기 취하지만, 함께 수행하는 이 의례 활동을 통해 정신적인 연대로 나아갈 수 있게 되는 것이다. 그렇게 공동의 식사를 통해 '우리'의 성격과 범위를 규정하게 된다. 그렇다면 같은 음식점에서 식사하는 사람들도 어떤 의미에서 '함께 먹기'를 실천하는 사람들일 것이다. 외형적으로, 이들은 동일한 장소에 모여 함께 먹는 식자들이라는 점에서 하나의 먹기 공동체를 형성하기 때문이다. 또한 같은 식당을 이용하여 그곳에서 조리한 음식들을 먹는다는 의미에서 동일한 정체성, 집단적 자아를 공유한다고 볼 수 있기 때문이다. 그러나 이러한 식사는 진정한 의미에서 '함께 먹기'를 실천한다고 말할 수는 없으며 '식구'를 만들지 못한다. 각자의 식탁은 하나의 성채이자 경계이다. 저마다의 식탁으로 유리

한다.

된 식자들은 파편화되어 있는 존재들이며, 이들의 '관계'는 엄연히 불연속적이다. 이 불연속적인 관계는 또한 입의 또 다른 주요 기능인 담론의 상호적 교환이 생산될 수 없다는 것을 의미한다. 아래에서 다시 살펴보겠지만, 식탁은 그 이상적인 의미에서 입의 두 기능이 어우러져 음식 기호와 언어 기호가 조화롭게 기거하는 곳이다. 함께 먹지만 스마트 폰을 보며 먹는 행위도 마찬가지이다. 식자들은 같은 음식을 나누며 같은 시공간을 공유하지만 각자 식사를 하는 것이다. 함께 있지만 서로의 '입'이 분리되어 있기 때문이다. 그들은 '같이' 있지만 '따로' 먹는 사람들이다. 함께 밥을 먹는다는 의미는 저마다 개별적으로 행위를 수행하는 것으로 그치는 것이 아니라, 그 행위를 통해서 소통의 통로로 진입하는 것을 가리킨다. 그것은 동일한 언어를 사용하여 서로 소통하는 것과 다르지 않다. 그렇게 함으로써 하나의 공동체가 만들어지게 되고 식탁의 참여자들은 동일한 정체성의 형성에 참여하세 된다. 함께 벅기는 동일한 육체적 행위를 통해 정신적인 연대로 나아가는 데 필요한 물질적 토대이다. 저마다 각자의 행위로 아무런 가치가 없는 것일지도 모르는 행태는 '함께하기'를 통해 그 부정적이고 소극적인 가치를 극복하고 정신적이고 의미있는 수준으로 도약하게 된다. 이는 일상의 순환적, 반복적인 행위로서 생리적인 먹기와 그 행위에 대한 사회화, 그리고 식탁이라는 특정한 장소를 공동 식사라는 사회적 사건이 일어나는 의례의 장소로 변화시키는 일이다. 따라서 함께 먹는 행위는 단순히 누군가와 같이 '먹기'만을 함의하는 것이 아니라, 보다 근본적으로는 그 누군가와 물리적으로 – 혹은 때로 정신적으로 – '함께하기'를 의미한다. 여기서 '함께하기'는 그 자체로 정체성을 규정하는 결정적인 인자로 작용한다.

식자의 정체성은 본디 타자를 받아들이는 방식, 타자를 선택하는 방식, 타자와 관계를 맺는 방식 등과 관련된 것이어서 근본적으로 타자 지향적이다. 이 정체성은 타자 의존적이라는 의미에서, 생존을 위해 태어나는 순간부터 – 어머니 몸의 일부로 살아갈 때를 포함하여 – 관계의 망 속에서 구축된다. 앞서 스피노자와 미셸 세르의 논의에서 살펴본 것처럼, 먹는 일은 관계 속으로 들어가는 것이며, 부분으로서 나의 삶이 자연과 사회라는 전체와 어떻게 관계를 맺고 어떤 방식으로 정체성을 일상으로 구축해 나가는지 보여 준다. 나의 가족과 사회적 삶을 중심으로 지어진 함께 먹기의 관계의 망이 곧 내 정체성의 큰 부분이라고 할 수 있다. 사실 이 정체성은 다양한 요소에 의해 규정되는 실체이다. 어떤 음식을 선호하는가, 어떤 식습관을 지니고 있는가, 어떤 식공간을 선호하는가, 누구와 주로 먹는가, 혼잣밥을 먹는 일이 빈번한가 등등, 나의 식생활을 구성하고 있는 많은 인자들이 식자로서 나의 정체성을 형성한다. 가족은 식정체성의 근원으로 한 개인이 잠재적으로 갖게 될 다양한 사회적 정체성의 기점이 된다. 가족이란 환경을 벗어난 함께 먹기는 보통 다양한 의도를 기반으로 한 목적 지향적 먹기 공동체이다. 아래에서 살펴보겠지만, '가족'을 '식구'로 호명할 수 있는 데서 보듯이, 가족은 '밥을 같이 먹는 사이'라는 사회적 자질의 원형으로 규정될 수 있다. 그리고 식자인 나의 정체성은 가족을 넘어 폭넓은 사회적 차원으로 확대돼 나갈 수 있다. 이는 보통 '나는 누구와 밥을 먹는 사이이다.'라는 표현으로 규정되기도 하는데, 이러한 적극적 정의는 '나는 누구와 밥을 먹는 사이가 아니다.'라는 소극적 정의로 보충된다.

식자의 정체성은 두 가지 철학적 범주의 질문과 연계되어 있다. '인간이란 무엇인가?' 그리고 '나는 누구인가?' 두 질문은 인간 자신에 대한 근본적인 물음으로 서로 분리되지 않는다. 음식의 관점에서, 첫 번째 질문이 먹고 살아가야 하는, 종으로서의 인간에 대한 문제와 관련된다면, 두 번째 질문은 특정한 식문화 속에서 규정되는, 먹는 이의 정체성 문제와 결부된다. 이 두 질문은 앞서 논한 매체성의 문제와 자연스레 연결되어 있다. 정체성과 관련한 또 다른 질문이 여기에 부가될 수 있다. '나는 누구와 함께 먹는가?' 혹은 '나와 함께 먹는 이들은 누구인가?' 나의 정체성은 내가 '무엇을 먹느냐' 뿐만이 아니라, 또한 '누구와 함께 먹느냐'에 의해서도 규정된다. '나는 무엇을 먹는 사람'이자 '나는 누구와 함께 밥을 먹는 사람'이다. 이러한 관점은 넓은 의미에서 나의 정체성이 타자에 의해 영향을 받는다는 사실을 담고 있다. 인간의 삶은 한 평생 무엇을 먹고 살아가는가에 의해 결정될 뿐만 아니라, 함께 먹는 이들의 삶이 개입하고 교차하면서 지속해서 영향을 받는다. 그런데 우리의 정체성이 누구와 함께 밥을 먹는 행위로도 규정된다는 사실은 누구도 함부로 아무하고 밥을 먹지 않는다는 사실을 함의한다. 이러한 사회 정서적 제약의 주된 이유 중 하나는 그것이 우리의 내밀하고 원초적인 측면과 연결되어 있다는 점이다. 우리가 아무하고 밥을 먹지 않는다는 것과 우리가 아무하고나 잠자리를 하지 않는다는 것은 서로 연관되어 있다. 먹는 행위와 성행위는 동물적 본능에 기반을 둔 욕구이다. 머빈 니콜슨Mervyn Nicholson에 따르면, 먹기가 개체와 관련된 것이라면 섹스는 종과 관련된다. 따라서 먹는 행위가 "자기 증식의 수단"이라면, 성행위는 "종의 번식 수단"(Nicholson 1987, 37)을 위한 것이다. 이 두 행위의 공통점은 무엇보다 자기 안에 타자를 들이는 일이다. 즉 이 행위들은 자신에게 근본적인 변화를 가할 수 있으므로 매우 내밀하면서 위험한 일이다. 이는 모든 인간의 문화에서 먹기와 섹스가 "규율과 금기들로 둘러싸여 있는"(Counihan 1999c, 63) 이유이기도 하다. 두 행위는 말 그대로 본능적인 욕구라는 점에서 긴밀한 관계를 맺게 되는데, 특히 은유적으로 그렇다.

> "음식과 섹스는 은유적으로 서로 겹쳐진다. 먹는다는 것이 성교를 나타낸다면, 음식은 성욕을 나타낸다. [...] 많은 문화에서 먹는 행위, 성교, 출산은 서로 관련이 있다. [...] 먹는 행위와 성교에서는 모두 외부물질이 신체의 경계면을 지나 몸속으로 합체된다. 둘 다 모두 생명과 성장에 절대적이다. 음식과 성에 대한 본능은 비슷하다. 그리고 그것들은 대개 일치되는 상징적 관계를 지니고 있다. 함께 먹는다는 것은 친밀감, 즉 성적 친밀감과 친족 관계를 의미한다(Freud 1918, 175; Siskind 1973, 9). 먹고 성교하는 것은 사회적 연결고리를 만들고, 또한 사회적 결합을 상징한다. 정확히 말하자면, 먹고 성교하는 것은 친밀감을 수반하기 때문에, 이 두 행위는 자연스럽지 않은 상태에서 혹은 신뢰할 수 없는 사람들과 함께 실행된다면, 위험할 수도 혹은 위협적일 수도 있다. 그리하여 모든 문화는 음식과 섹스를 조절하고, 적당한 침대와 식탁 상대를 규정하는 규칙과 금기사항이 있다. 많은 문화에서 음식을 함께 먹을 수 있는 사람은 섹스를 할 수 있는 사람이다. 역시 그와 반대로 함께 섹스를

할 수 있는 사람은 같이 음식을 먹을 수 있는 사람이다(Tambiah 1969)." (Counihan 1999c, 9)

이렇게 먹는 일이 성적인 면과 밀접한 관련을 갖는 것처럼, 누군가와 함께 먹는 일은 그 자체로 성적인 긴장을 갖는 행위가 될 수 있다. 어떤 문화적 맥락에서 음식을 선물로 제공하는 행위는 섹스를 제공하는 의미가 될 수 있고, 섹스는 음식 이미지를 통해 묘사되어지곤 한다. 이러한 두 행위의 인접성을 볼 때, 누군가와 음식을 함께 먹는 일은 당연히 성적인 친밀함까지 함의할 수 있는 것이다(자세한 점은 Counihan 1999b, 1999c 참조). 우리는 보통 아무와 함부로 밥을 먹지 않기 때문에 식탁을 나눈다는 것은 그만큼 잠재적으로 내밀한 관계를 의미할 수 있다. 그래서 함께 먹는 일은 성행위를 하는 것처럼 원초적이며 본능적인 행위를 사회화하는 일이다. 두 연인의 성교가 하나의 자연스런 행위를 넘어 궁극적으로 사회적 성격을 갖게 되는 것처럼, 함께 먹기 역시 본능적이고 생리적인 차원을 넘어 사회화하게 되고 의미를 갖게 된다.

② 관계의 사회성: 버핏 이야기

이렇듯 식자의 삶은 주어진 먹기 공동체 속에서 한 평생 무엇을 먹고 살아가는지, 그리고 누구와 함께 먹고 살아가는지로 정의된다. 나와 식탁을 나누는 사람들이 바로 나의 정체성을 드러내 준다. '누구와 밥 먹는 사이'로 표현되는 관계의 사회성은 우리의 삶 속에서 영향력이 지대하다. 이러한 현상은 음식의 영역뿐만 아니라 관계를 중요시하는 사회의 다양한 맥락에서 나타나는 일이기도 하다. 유명인사와 찍은 사진 한 장처럼, 식탁 동반자가 지닌 사회적 지위나 능력이 함께 먹는 나의 정체성에 영향을 미칠 수 있다. 예컨대 '투자의 귀재'라 불리는 워렌 에드워드 버핏Warren Edward Buffett 미국 버크셔 해서웨이Berkshire Hathaway Inc. 회장이 해마다 내거는 '점심 한 끼 경매'는 흥미로운 실례이다. 일반 사람들은 이해하기 힘들지 모르겠으나, 많은 사람이 해마다 수십억 원을 지불하고 그와 점심 한 끼를 먹기 위해 줄을 선다. 버핏과의 점심 경매는 노숙자 지원사업을 하는 글라이드 재단의 주관으로 이루어지는데 이 경매를 통해서 얻은 수익은 모두 전액 기부된다. 2000년 첫 경매 때 우리 돈 2천 500만 원에서 출발한 낙찰가가 2018년엔 330만 100달러(한화 35억 5,000만 원), 2019년에는 456만 7,888달러(한화 약 54억 152만 원)에 이르렀다. 이 식탁은 대화의 내용에 일정 부분 제한은 있지만 투자에 대한 조언을 포함하여 다양한 주제를 올리며, 그냥 말 그대로 밥을 먹는 자리이다. 이 경매의 낙찰자는 최대 7명의 지인을 식사 자리에 동반할 수 있다. 많은 사람들은 버핏과의 점심 식사 후 낙찰자가 얻는 게 무엇인지 궁금하게 생각한다. 그들의 눈엔 그저 '버핏과 함께 밥을 먹은 사람'이라는 속된 평가만이 보일 수도 있을 것이다. 그런데 그 영향이 어떠하건 짧은 점심을 통해 얻은 개인적인 교훈을 정리하여 책까지 출판한 이가 있다는 건 흥미로운 사실이다.[7]

---

7 가이 스파이어. 2015. 이건 옮김. 『워런 버핏과의 점심식사. 가치투자자로 거듭나다.』. 서울: 이레미디어. 저자는 워렌 버핏과의 점심 한 끼를 통해서 펀드 매니저로서 자신의 삶이 사적으로나 공적으로 어떻게 근본적인 변화를 겪었는지 독자들에게 전한다.

'점심 한 끼 경매', 어떤 이들에겐 이해할 수 없는 일이고, 또 어떤 이들에겐 부러움을 사는 이 공동 식사는 우리의 정체성 논의 안에서 흥미로운 사건이다. 버핏과 식사하고자 하는 이들이 평범한 레스토랑의 소박한 식사에 그토록 큰 비용을 지불하는 것은 아닐 것이다. 함께 먹는 모든 식탁은 각기 하나의 먹기 공동체가 만들어지는 행위의 장이다. 우리가 누군가와 함께 먹을 때, 하나의 공동체가 만들어지고 우리는 그 구성원이 된다. 버핏과의 점심 식사 역시 제한된 시간 속에서 구성되는 하나의 먹기 공동체이다. 초대자는 바로 버핏의 시간을 사고, 그 시간이 만들어 준 공동체 속으로 자연스럽게 편입된다. 그러나 그것은 식사하는 동안에만 형성되는 공동체, 식사가 끝나면 사라지는 일시적인 공동체이다. 그 식사 자체는 경매라는 구매수단이 보여 주듯 단 일회로 한정되었기 때문에, 이 먹기 공동체의 성격은 일견 일반적인 공동 식사의 양식과는 구별된다. 즉 이 공동 식탁은 경매라는 형식을 통해 경쟁적으로 선취되는, 매우 배타적이고 폐쇄적인 식공간인 것이다. 이렇게 버핏의 먹기 공동체는 선택된 이들만이 들어갈 수 있다는 점에서, 열린 공간, 열린 식탁과는 거리가 멀다. 버핏과의 식사는 곧 그 자체로 구분 짓기이자, 동시에 그것을 통해 형성된 차별화된 정체성을 표상한다. 그런데 이 공간에서 식자 간의 관계가 특이한 방식으로 규정되고 공간이 폐쇄적인만큼 더 특별한 효과를 만들어 낸다. 정체성의 구축은 보통 식탁의 참여자와, 식탁에 참여하지 못하는 외부인 양쪽에서 이루어진다. 그래서 여기에는 안과 밖의 두 시선이 작용한다. 함께 먹는 이들이 자신들의 식탁에 의미를 부여하는 것처럼, 식탁 밖의 타자 역시 자신이 부재한 식공간의 정체성을 규정한다. '나는 누구와 밥을 먹는 사람이다.'라는 자기규정은 많은 경우 내가 속한 사회적 집단과 수준을 나타낸다. 그래서 '당신이 누구와 함께 식사를 하는지 말해 준다면, 당신이 누구인지 말해 주겠다.'는 경구가 가능해진다. '나는 워렌 버핏과 식사를 한 사람이다.'라는 자기의 규정은 '그는 워렌 버핏과 식사를 한 사람이다.'는 타자의 규정을 통해 완성되는 정체성이며, 나아가 하나의 사회적 정체성을 만들어 낸다.

그런데 이 정체성은 그 형성 과정이 일시적이긴 해도 '나는 워렌 버핏과 식사를 한 사람이다.'라는 표지는 일정 기간 지속될 것으로 기대된다. 왜냐하면 이 식사 자리는 매년 마련되는 연례행사이기 때문이다. 2019년 기준으로 20회를 맞은 이 특별한 공동 식사는 이제 하나의 의례로 자리 잡았다. 이 식사 의례는 해마다 열려 극소수의 새로운 성원을 받아들이며 갱신된다. 곧 이 공동체는 매년 일회적이면서, 또한 동시에 매년 반복되는 사회적 사건으로 연속적인 성격을 갖게 된다. 여기서 버핏 자신과 낙찰자인 그의 식사 파트너는 마케팅 효과 면에서 모두 수혜자이다. 점심 경매와 낙찰, 그리고 이어지는 공동의 식사, 이러한 일련의 과정 동안, 버핏은 사회의 모든 시선이 집중된 가운데 자신의 가치를 더욱 돋보이게 하고 식탁의 동반자도 그 영예를 함께 누리게 한다. 그런데 앞서 언급한 것처럼 가족을 제외한 먹기 공동체들은 특정한 목적을 지향한다. 버핏의 사례는 식자인 우리가 사회적 삶 속에서 구축하는 다양한 먹기 공동체 중 한 유형일 뿐이다. 함께 먹기는 그 자체로 내부적으로는 연대와 결속을 보여 주지만 외부적으로는 배타적이고 닫힌 공간을 표상한다. 버핏과의 공동 식사도 예외는 아니다. 이 사회적 사건 속에서도 '체내화의 원리'는 당연히 작동된다. 앞서 인용한 뒤르카임의 말을 다시 반복하자면, 함께 먹는 이들은 가족이나 친족 관계에 있지 않더라도 같은 음식을 나누면서 '인위적인 혈연관계'를 만들어질 수 있다. 함께 식사를 하면서 얻으려는 것과 함께 먹기를 통해 발생하는 효과는 엄밀히 다른 것이다. 아마도 사업가라면 투자 전문가로서 최고 수준에 이른 버핏에게 경험을 얻고 조언을 듣고 싶을 것이다. 여기에 이 만남을 통해 사업가로서 자신에 대한 가치 제고를 노리고, 또한 관계의 확장도 도모하게 될 것이다. 정당한 의미에서 이 식사 만남은 – 버핏에게나 – 사업가들의 시각에선 하나의 훌륭한 비즈니스 모델로 생각될 개연성이 매우 크다. 명성이 자자한 '오마하의 현인'과의 식사는 그 자체로 상징성을 갖는다. 그리고 사업가는 버핏과 같이 밥 한 끼를 먹으면서 그 식사가 지니는 상징성을 함께 체내화하세 된다. 버핏과 함께 먹는 행위는 단순한 점심 식사를 넘어 그 자체로 다른 사람이나 집단과 구분을 짓고 새로운 상징적 표지를 마련하는 일이다. 그것은 버핏이 구축한 먹기 공동체, 혹은 문화적 질서 속으로 편입되고 소속을 부여받는 것이다. 이러한 집단 정체성의 형성을 기반으로, 아마도 그와 식사하는 사람들은 버핏 고유의 것을 자신의 것으로 만들려는 동화 작용의 욕망과 기대를 갖게 될 것이다. 식사 한 끼는 단순한 한 끼가 아닌 것이다.

2

'함께 먹기'의 사회학

가족, 사회, 공동 식사

1) 불, 화덕 그리고 요리하는 인간

인류가 함께 음식을 나눈 역사는 매우 오래되었을 것으로 짐작된다. 다양한 양식의 함께 먹기에 관한 고고학적 증거는 많다. 인류 초기, 함께 모여 먹는 일은 공동체의 연대를 강화했을 것이다. "호모 파베르homo faber가 호모 소시알리스homo socialis를 조건짓는다."(Faïck 2009: 80) 함께 먹는 행위는 아마도 자연스럽게 불 주위에서 시작되었을 것이고, 다양한 사회적 욕망과 목적, 혹은 필요에 따라 활용되고 변용되어 왔을 것이다. 루소는 『언어의 기원Essai sur l'origine des langues(1781)』 9장 「남방 언어의 형성Formation des langues méridionales」에서, 화덕 주변에서 처음 생겨났을 '인류 최초의 감정'을 상상해 낸다. 루소에 따르면, 인간은 날고기를 소화하는 데 적합하지 않은 위와 장을 지닌 동물이며, 이러한 생리적인 한계는 마침내 불을 발견하고 고기를 익혀 먹음으로써 극복하게 된다.

> "사람들은 공동의 화덕 주위에 모여 잔치를 벌이고 춤을 춘다. 사람들은 자주 만나 부드러워진 관계 덕분에 서로 점차 친해지고, 그 투박한 화덕 위에서는 **인류 최초의 감정**을 마음 깊은 곳으로 전해 주는 신성한

불이 타오른다.” (Rousseau 1990: 120, 강조는 필자의 것임)[8]

우리도 루소의 상상력을 빌어, ‘날것’이 ‘익힌 것’으로 변화되는 화덕 주위로 모여 함께 먹던 인류의 모습을 그려 본다. 오래전 제임스 보즈웰James Boswell이 호모 사피엔스에 대해 내린 정의도 마찬가지이다. 보즈웰은 인간을 “요리하는 동물cooking animal”로 정의하며 일반 동물과 차별화한다. 뭇 동물들도 기억, 판단 등 일반적인 인지 능력들을 지니고 있지만 “동물은 요리사가 아니다.”(Boswell 1833, 330) ‘요리’는 불을 다룰 수 있는 지혜와 더불어 인간 고유의 능력에서 나오기 때문이다.[9]

오늘날 생물학, 고고학, 진화론, 혹은 인류학 영역의 많은 연구들 역시 인간의 공동 화덕과 함께 먹는 행위에서 사회적 기원의 토대를 논급해 낸다. 생물 고고학자 마틴 존스Martin Jones에 따르면, 불과 화덕, 그리고 조리調理는 인류의 몸과 두뇌 용량에 근본적인 생리적 변화를 가져왔다. 그러나 무엇보다 중요한 것은 인간만이 갖는 사회 문화적인 자질의 진화이다. 음식을 나누는 행위를 비롯해 먹을거리를 준비하고 소비하는 과정에서 나오는 모든 문화적인 혁신들 중 많은 것이 이 화덕에서 생겨난 것이다. 동물들처럼 먹을거리를 앞에 두고 서로의 눈을 노려보며, 입을 벌린 채 ‘이빨을 드러내는’ 적대적 행태는 불과 함께 사라지고, 그 빈자리는 얼굴을 맞대고 말과 음식, 미소와 웃음을 나누는 인간의 행위

8 서종석(2020)도 참조.
9 혹은 “인간과 다른 어떠한 영장류도 음식을 조리하기 위해 불을 사용하지 못하며, 인간이 아닌 영장류 사회에는 요리사도 없다.”(MacClancy and Macbeth 2004, 5)

가 차지하게 되었다는 것이다(Jones 2002, 1장, 4장 참조). 여기서 개체와 집단은 함께 먹는 행위를 통해서 "하나인 공동의 전체와 내밀하게 연결된다." 그리고 이러한 먹기의 의례화는 "우리의 분리된 자아들을 서로 연결해"(Jones 2002, 38-39) 주었다. 사실 먹을거리를 나누는 일이나 고양된 미각을 추구하고 음식과 관련된 사회적 행동거지를 보이는 것 등은 침팬지들에게도 관찰된다. 그러나 침팬지와 공동의 조상을 두고 있는 인간은 물려받은 동일한 유산을 차별화시키며 발전시켰다. 인간 외의 유인원 역시 까다로운 문제들을 해결할 정도의 발전된 두뇌를 가진 것은 사실이지만, 오직 인간만이 음식을 만드는 데 필요한 복잡한 사고 능력을 갖고 있다. 고인류학자 파스칼 피크Pascal Picq에 따르면, 인간과 여타 유인원들이 갖는 공통점들에도 불구하고 "인간으로 가까우면 가까울수록 식탁 가까이 다가선다."(Picq 2004, 33) 인간의 야생의 삶은 화덕이 놓인 안식처로 자리를 옮기게 되고 함께 먹기라는 행위 자체도 진화한다. 그래서 함께 먹는 일은 온전히 인간적인 질서에 들어가는 일이다. 그것은 "인간의 '아래infra'와 '위supra'에 무엇이 자리 잡고 있는지"(Masson 2004, 120) 알려 주며, 자연과 문화, 성聖과 속俗, 동물성과 인간성 등의 대립들로 드러나는 뚜렷한 윤곽이다. 그리고 무엇보다 인간은 "이렇게 만든 음식을 자신의 아이에게 먹인다."(MacClancy and Macbeth 2004, 5) 다음 단락 후에 살펴보겠지만, 가족과 어머니라는 존재는 여기서 중요하게 살펴보아야 할 요소이다.

2) 짐멜의 「식사의 사회학」

세상은 혼자서 살아갈 수 없지만, 홀로 해야 하고 혼자서 맞이해야 하는 일들이 있다. 누군가 대신 해줄 수 없다는 의미에서 먹는 일은 죽는 일처럼 철저히 개인적이고 독립적인 사건이다. 앞서 논의한 바와 같이 입이라는 곳은 그 역할과 기능의 면에서 '말하는' 입과 '먹는' 입이 서로 충돌하는 장소이다. 입 안에서 밖으로 나가는 것은 '담론'의 형태로 많은 사람들과 공유될 수 있지만, 입 밖에서 안으로 들어오는 것은 그 누구도 아닌 오직 입의 소유자를 위한 것이다. 짐멜 역시 「식사의 사회학」을 통해 우리에게 이 평범하면서도 엄연한 사실을 자신의 방식으로 상기시켜 준다. "한 개인이 이야기하는 것은 수많은 사람이 들을 수 있다. 하지만 한 개인이 먹는 것은 어떠한 경우에도 다른 사람이 먹을 수 없다."(짐멜 2005[1910], 142) 어머니 뱃속에서 나와, 한명의 식자로서 세상에 태어난 순간부터는 스스로 먹어야 한다. 먹지 않으려 떼쓰는 아이를 달래는 어머니의 모습에서, 새삼스레 먹는 행위가 그 누구도 대신해 줄 수 없다는 걸 깨닫게 된다. 우리의 논의 안에서 「식사의 사회학」의 내용 중 가장 중요한 지적은 무엇보다 다음과 같은 구절이라고 생각한다.

> "모든 인간에게 가장 공통적인 것은 먹고 마셔야 한다는 사실이다. 그리고 이것이야말로 독특하게도 가장 이기적인 것이며, 매우 직접적으로 개인에게 한정된 것이다. 그리고 원초적이고 생리학적인 사실이기도 하다." (짐멜 2005[1910], 142)

문화사회적 차원의 '함께 먹기'는 무엇보다 생리적 행위인 '먹기'에서 출발한다. 먹는 일은 그 자체로 "원초적이고 저차원적인 사실"이기에 그것은 "모든 사람들에게 공통적인" 일이며, 그 덕분에 식자들은 함께 모여 공동의 식사를 할 수 있다. 그렇게 함으로써 "매개된 사회화를 통해서 먹는 것의 단순한 자연주의가 극복된다." (짐멜 2005[1910], 151)

이런 행위 자체가 인간의 보편적 특성이기 때문에 공통된 행위로 발전해 간다. 식사의 사회학적 구조가 여기서 나타나게 되는데, 이 구조는 먹는 행위가 보여 주는 배타적이고 이기적인 탐욕이 여럿이 자주 함께 모여 식사하는 습관과 결부됨으로써 생겨난다. (짐멜 2005[1910], 142)

짐멜의 주장에는 사회학 전통에서 내려오는 공동 식사에 대한 일부 관점이 종합되고 있다. "같은 것을 먹고 마심으로써 공동의 피와 살을 만든다는 원시적인 표상을 만들어 낸다."(짐멜 2005[1910], 143) 또 "어떤 특별한 관심사나 이해관계를 공유하지 않는 사람들이라도 공동 식사에 함께 모일 수 있다."(짐멜 2005[1910], 142) 하나는 앞서 언급한 함께 먹는 행위에 깃들어 있는 주술적 사고이고, 다른 하나는 함께 먹음으로써 형성되는 고양된 사회성과 관련된다. 짐멜의 '식사의 사회학' 속에서 식사는 곧 함께 먹기이며, 함께 먹음으로써 그때서야 먹는 행위가 유의미한 의미를 획득하게 된다. 인간의 먹는 행위가 동물의 그것처럼 "대수롭지 않고 진부한"(짐멜 2005[1910], 151) 생리적 활동이지만, 브리야 사바랭의 생각으로 이해하자면, 식자로서의 삶의 반성 혹은 숙고로 이를 때 비로소 인지할 수 있는 사실이다.[10] 그리고 바로 그러한 각성을 통해서, 개인적이고 이기적인 행위를 토대로 고양된 가치가 창출된다. 누군가와 함께 먹는 행위는 "사회화 과정의 가장 강력한 수단들 중의 하나"(Bloch 1999, 133)이다. 혹은 식사는 "사회의 중심적 제도"(Poulain 2013, 157)이다. 사회화와 규범을 만들어내기 때문이다. 그래서 "단순한 사회이건 복잡한 사회이건, 모든 사회에서 인간관계를 시작하고 유지하는 주된 방법은 먹는 것이다."(Farb and Armelagos 1980, 4) 이미 오래전부터 우리는 인간의 관계와 연대, 혹은 상업과 정치가 식탁을 중심으로 이루어졌음을 잘 안다. 브리야 사바랭의 말을 옮겨 보자.

> "인간이 아직 자연 상태에 가까웠을 때에는 중요한 경제 활동이 모두 식탁에서 다루어졌다는 것을 우리는 안다. 야만인들이 전쟁을 결정하거나 평화를 유지한 것도 잔치 중에 이루어졌다. 그리고 더 멀리 나갈 것도 없이 시골 사람들의 사업은 모두 선술집에서 이루어진다는 것을 우리는 안다." (Brillat-Savarin 1848[1826], 31)

그런데 함께 먹기의 중요성은 단순히 이기적이고 개인적인 행위를 공동의 행위로 변환하는 데 있는 것은 아니다. 그것은 궁극적으로 보다 나은 사회적 삶과 관계를 만들고 유지하기 위한 것이다. 음식을 나누는 행위, 함께 먹는 행위는 사회적 개체들을 공동체로 묶고 구조화하는 데 일

---

10 이에 대해서는 아래에서 좀 더 자세히 논할 것이다.

조한다. 그래서 이러한 사회적 측면이 생물학적인 면보다 더 강조되는 먹기 공동체가 우리 가운데 존재하더라도 이는 놀랄 일이 아니다. 예를 들어 뉴기니의 트로브리안드 제도Trobriand Islands의 주민에게는 먹는 행위가 생리적인 것보다 오히려 사회적인 것으로 이해된다. 트로브리안드 제도는 고립된 지리적 환경으로 먹기와 인간의 행동 양식 간의 많은 연관성을 명시적으로 관찰할 수 있는 이점을 갖는다. 이 제도의 주민들에게 먹기는 생명유지를 위한 생물학적 필요성으로 간주되지 않으며, 특정 식품이 다른 식품보다 영양가가 더 높다는 사실 또한 중요한 일이 아니다. 이곳의 식자들에게 먹는 일이란 단지 식욕이 관장하는 사안이 아니라, 사회적인 필요성의 영역에 속하는 일이라 느끼기 때문이다(Farb and Armelagos 1980, 7-8). 우리는 여기서 인간의 배고픔 역시 그 생리적인 근본과 본능을 벗어나 일정 부분 사회화될 수 있다는 생각에 이르게 된다. 즉 하나의 먹기 공동체는 문명의 질서 속에서 만들어진 문화적 단위인데, 인간의 생리적 허기조차 사회적으로 학습되고 규범화될 수 있다고 생각할 수 있다. 이러한 함의에는 홀로 혹은 함께 우리가 음식을 취할 때 물질로서의 음식뿐만 아니라, 그 음식이 생산된 환경의 문화와 규범을 함께 체내화하는 것이라는 실질적이자 상징적인 차원이 놓여있다. 인간은 꼭 배고프다고 먹지 않는다. 혹은 배고프지 않아도 먹어야 한다는 사실을 종종 사회적 삶 속에서 깨닫게 된다.

3) 어머니 ― 우리의 최초의 '음식', 혹은 '나눔'의 시원

함께 먹는 일은 적어도 두 가지 요소를 담고 있다. 하나는 '공생共生'

즉 '함께 살기'이며 또 하나는 '나눔'이다. 우리가 이 세상에 와서 태아의 모습으로 지낼 때부터 이 두 가지 경험을 얻는 근원은 바로 어머니라는 존재이다. 우리 저마다 갖는 정체성의 토대에는 가족이 있다. 매체로서 음식을 '관계'라고 할 때, 그것은 '입'을 지닌 주체들 간의 행위의 만남과 나눔, 혹은 교환이 전제된다. 그리고 이 역동적인 관계의 시작은 무엇보다 가족이다. 그리고 공식共食 유형의 기본 모델은 가족 내의 함께 먹기이다. 가족은 관계로서 음식의 토대이다(Douglas 1982, 86). 부모는 아이에게 자신들의 고유한 형질을 물려준다. 그러나 이는 생물학적인 차원에만 머무는 것은 아니다. 부모는 아이에게 의식적으로건 무의식적으로건 자신의 모든 것을 물려줄 수 있다. 아이가 부모에게 받는 건 유전적인 인자뿐만 아니라 문화적이거나 심리적인 요소 등을 망라한다(Julie Bordet et al., 2011). 그런데 아이에게 사회·문화적 유전자를 물려주는 데 있어 어머니의 역할은 매우 지대하다. 어머니는 자식에게 먹을거리를 주며 양육만을 하는 존재는 아니다. 무엇보다 어머니 자신은 아이의 최초의 음식이다. "여성은 태아와 유아에게 음식이다."(Counihan 1999b, 1519; 1999c, 63) 사람이 홀로 살 수가 없다는 건 잉태되는 순간부터 유효하다. 어머니가 음식으로 취한 물질은 바로 생명체로서 우리를 구성하는 성분들을 이룬다. 이 첫 번째 물질과 그 영양소는 먹는 존재로 건강하게 삶을 영위할 수 있게 해주는 가장 결정적인 인자이다. 우리 저마다의 어머니가 자신의 최초의 음식일 때, 어머니는 우리 각자를 세상과 연결시켜 주는 매체 역할을 수행한다. 음식으로서 어머니는 자연이라는 또 다른 어머니, 곧 모두의 어머니와 우리를 연결해 주는 것이다. 이때 어머니가 먹는 것이 곧 우리 자신, 우리의 정체성을 이룬다. 체내화 원리의 관점에서, 태아에서 유아로 성장하는 과정에서 어머니가 취하는 음식이 바로 우리 자신이다.

그런데 이러한 물질주의적인 관점이 함의하고 있는 것은 먹을 것을 제공하는 자와 그것을 받는 자와의 관계가 주는 의미이다. 아이에게 "먹고자 하는 욕망의 대상은 단지 음식만이 아니라 또한, 보다 본질적으로, 자신을 먹이는 사람과의 관계이다."(Durif-Bruckert 2007, 110) 어머니가 우리에게 그렇듯이, 사회심리학적 관점에서 어린 시절 음식을 제공하는 존재의 마음이나 정서는 식자로서 우리에게 깊은 영향을 미치며 내재화된다. 우리는 화족의 사례에서, 음식은 그 안에 들어 있는 누 덕분에 본연의 기능을 수행하게 된다는 것을 보았다. 사물로서 음식과 행위로서 먹기는 자아에 대한 문화적 관념과 내밀하게 연계되어 있으며, 나아가 자아와 타자 간의 관계와 그 이해에 대해 깊은 성찰을 이끌어 낸다. 메이그스(Meigs 1987a, 352)에 따르면, 화족들이 생각하는 음식은 그 음식을 생산한 사람의 자아와 정서를 담고 있다. 어떤 사람이 만든 음식을 먹는다는 것은 곧 생리적으로, 그리고 동시에 정서적으로 그 사람을 경험하게 되는 것이다. 따라서 아무리 맛있는 음식이라도 그것을 누가 만들었는지에 따라 – 나에게 호의적인 사람인지 아니면 적대적인 사람인지에 따라서 – 나에게는 훌륭한 음식이 될 수도, 치명적인 물질이 될 수도 있는 것이다.[11] 따라서 음식이란 그 본래적 특성만으로 먹는 이에게

11 음식을 만드는 사람이 행복하면 그 음식을 먹는 사람도 행복하다는 믿음의 일부는 주술

자양분을 공급하는 것이 아니다. 문제없이 먹던 같은 음식이라도 어떤 때는 먹는 이를 허약하게 만들거나 병들게 할 수도 있다. "음식은 한 곳에서 다른 곳으로 누를 전달하기 위한 상호 작용 시스템의 통로 일뿐이다."(Meigs 1987a, 345) 이러한 시각에서 음식과 누는 개념적으로 서로 대신 사용해도 될 것처럼 보인다. 이는 본질적으로 '공동체'에 대한 경험과 직결되는 것이다.

가정家庭은 이러한 관점에서 '밥상'의 학교, 인간으로 살아가기 위해 먹는 걸 배우는 교실이 된다. 물론 인간은 동물과 매한가지로 특별한 경험이 없어도 배고프면 먹게 되어 있지만, 대부분 학습을 통해 먹는 것을 배운다(Rigaud et ali. 2005, 312). 즉 아기는 상당히 짧은 시간에 의식적으로건 무의식적으로건 개인적인 경험과 가족 내의 학습활동을 통해 성인처럼 먹는 것을 익히게 된다. 그렇게 인간은 가족 내 섭식 활동을 통해 인지적 측면과 감각적이고 정서적인 측면을 발전시키게 된다. 뒤르카임과 베르그송의 제자인 모리스 알박스(Maurice Halbwachs)에게 공동 식사는 무엇보다 '제도'이다. 공동 식사는 사회적 규범의 전달 속에서 핵심적인 역할을 한다는 의미에서이다. 그리고 그 중심에는 가족이 있다. "가족생활의 본질은 아내와 아이들과 함께 먹는 공동 식사일 것이다."(Halbwachs 1913, Livre III, 29) 또한 그렇게 먹을 때마다 그는 보다 광범위한 집단생활, 사회적 삶에 참여하게 된다. 가족은 그렇게공동 식사가 실현되는 기본적이고 대표적인 사회적 단위이다. 가족의 식사는 생물학적 생존과

적인 성격을 띤다. 이 믿음은 문화권을 달리해도 거의 관찰된다.

사회적 생존을 꾀하는 근본적인 행위이다. 가족의 식사를 통해 균형 잡힌 영양을 공급받고, 나아가 가족 간의 유대와 더불어 사회적 관계의 선행 학습이 이루어지게 되는 것이다. 가족의 식탁은 사회적 식탁의 시작이고, 여기서 얻은 소통과 나눔의 경험이 사회에서도 효용이 있기를 기대하는 곳이기도 하다. 클로드 리비에르Claude Rivière에게 집밥을 먹는 가족의 식탁은 일상으로 반복되는 의례의 자리이다. 가족의 식사 시간은 무엇보다 구성원들의 상호 작용이 이루어지는 중요한 시간이자 사회적 삶을 구성하는 요소인데 특히 "양식 나눔의 의례화"로 규정된다. 여기서 식사의 토대를 이루는 '함께 먹기'는 결속과 교환의 문화적 법칙으로 이해된다. 가족의 식사는 역할과 연대, 그리고 사회적 구분 등에 대한 학습에 기여하게 된다. 또한 집단적 차원에서는 식사가 사회적으로 규정된 코드와 규칙들을 수단으로 문화적 가치들의 전달과 지속을 보장한다(Rivière 1995, 216–217). 아이는 식탁에서 부모와 혹은 형제들과 더불어 음식과 그것이 주는 맛과 기쁨뿐만 아니라 어머니의 가슴에서 맛보지 못한 또 다른 규범을 만나게 된다. 식탁의 교육을 통해 아이의 몸과 정신은 더욱 넓고 변화무쌍한 사회의 몸과 제도를 만날 준비를 하게 된다. 아이에게 부모, 형제 혹은 자매들은 가장 가깝고 익숙한 타자들이다. 같은 식구인 이들과 함께 먹는 방법을 배우며 미지의 다른 사회적 타자들의 대면을 준비한다. 달리 표현하자면, 아이는 가장 가까운 타자인 부모, 형제 혹은 자매들과 함께 먹는 방법을 식구로서 가족을 통해 배우게 된다.

반 에스터릭의 '공식 동아리commensal circles'라는 개념도 이러한 이론적 입장과 유사하다. '공식 동아리'는 먹기 공동체로서 함께 먹는 사람들의 폭 넓은 관계의 망을 의미한다. 이 공동체는 처음 어머니–태아 간의 관계에서 시작하여, 가족 저편의 보다 더 넓은 사회 집단으로까지 확대된다. 이와 유사하게 터너 역시 어머니와 아이 사이의 정서적인 유대감이 수유를 매개로 형성되며, 나아가 사회의 기초를 이루는 친밀한 정서적 유대감도 의례적 식사를 중심으로 이루어지는 음식의 나눔을 통해 만들어진다고 말한다(Turner 1994, xiv). 우리는 태어나면서부터 우리 밖의 무엇인가를 먹으면서 성장하고 살아간다. 인간으로 생존한다는 것은 타자의 양육과 도움이 있을 때야 비로소 가능하다. 처음에는 어머니(부모)에게서, 그 다음은 다른 사회적 타자들에 의해 생존하는 것이다.

> "갓난아기가 세계와의 사회적 관계를 가장 빠르게 확립해 나가는 것은 배고픔의 표현과 충족을 통해서 이루어진다. 배고픔은 그 아이가 태어나서 구성원이 된 그 사회와 아이가 거기에 의존하고 있는 관계를 가장 전형적으로 표현해 주는 것이다. 영아시절과 유년기에는 식사와 양육이 긴밀하게 연결되어 있다. 물론 그러한 관계는 뒤에 가서는 변경될 수도 있다. 어떤 음식을 좋아하게 되는 것은 어린 시절에는 양육을 하는 자들이 공급해 주는 영역 안에서 이루어지게 마련이며, 따라서 그들의 사회와 문화의 규칙들 안에서 일어나는 일이다. 그러한 까닭에 영양 섭취와 미각은 엄청난 정서적인 무게를 가지고 있다. 우리가 좋아하는 것, 우리가 먹는 것, 우리가 먹는 방식, 그리고 우리가 먹는 것에 대해서 느끼는 감정은 현상학적인 상호연관성을 지니고 있다. 또한 그

런 사항들은 우리가 다른 사람들과의 관계 속에서 우리 자신들을 어떻게 인식하고 있느냐의 문제를 웅변적으로 말해 주는 것이다." (Mintz 1986[1985], 4)

이러한 의미에서 음식을 나누는 행위, 즉 공식共食 행위의 시원을 모자 관계에서 보고자 하는 주장은 눈여겨볼 만하다. 페니 반 에스터릭Penny Van Esterik은 어머니와 아이 사이에 일어나는 음식의 나눔을 함께 먹기 행위의 가장 근본적인 것으로 간주한다. 모자 관계에서 이루어지는 특별한 형태의 음식 나눔은 자궁에서 시작하여 우리의 진화발생론적인 과거에 이르는 과정을 담고 있다(Van Esterik 2015). 이러한 논의는 함께 먹기의 특별한 유형으로서 보다 본원적이고 원초적이라고 할 수 있을 것이다. 밀러 등에 따르면, 유아 시절 어머니와 자식 사이에 이루어지는 '급식transfer of food'을 통해 '비언어적 소통 채널'이 마련된다(Miller et ali., 1998). 앞서 인용했던 마거릿 애트우드의 말을 다시 상기하자면, 우리는 말을 배우기 전 먹는 것부터 시작한다. 이 육아의 행위 속에서 우리는 생애 최초로 가장 내밀한 섭식 경험을 하게 되는데, 밀러는 이 행위가 사회적 음식 전달의 한 형태로서, 세 가지 서로 다른 전달 방식들이 어우러진다고 주장한다. 우선 어머니의 '것'인 음식이 아이에게 제공되는 '음식 나눔'이다. 이는 한 사람의 음식이 다른 사람에게 제공되는 상황이다. 두 번째는 화족의 경우에서 본 것처럼, 어머니가 제공하는 음식이 어머니의 일부인 경우로서 어머니의 정수, 혹은 무엇인가가 물리적으로, 그리고 은유적으로 유아에게 전달되는 물질의 공유, 즉 '식공재

food consubstantiation'이다. 이러한 전이는 어떤 이가 물리적으로 이미 접촉한 음식을 다른 이가 소비하는 상황을 생각해 볼 수 있다. 이는 앞서 살펴보았던 '감염' 등의 주술적 사고가 깊이 작동된다고 볼 수 있을 것이다. 세 번째는 어머니가 아이에게 음식을 전달하는 데 적극적으로 직접 참여하는 '사회적 급식'이다. 즉 한 사람의 입에 먹을 것이나 마실 것을 넣어 주는 상황을 상정할 수 있다(Miller et ali., 1998, 424). 이와 관련하여, 모유 수유授乳는 어머니가 직접 아이에게 음식을 전해 주는 행위이다. 수유로 이루어지는 나눔의 행위는 육체적으로나 정신적으로 모자간의 강한 결속을 만들어 낸다. 이러한 의미에서, 어머니라는 존재가 우리의 정신적 심연 속에서 그 자체로 음식의 현존으로 환기되고 소환되는 실체라는 점은 놀랄 일이 아니다(Chernin 1985, 99). 그리고 중요한 점은, 이러한 음식 나눔 행위가 보다 넓은 사회에서 만나는 사회적 타자들과의 내밀한 관계를 구축하는 경험적 토대로서 작용한다는 것이다. 다시 말해서 모유 수유授乳는 인간의 함께 먹기의 개념적 중심에 있으며 인간의 음식 나눔에 대한 하나의 기본 모델로 기능할 수 있다.

그런데 밀러 등이 제시하는 사회적 급식보다 더 근본적이고 포괄적인 음식 전달 형식을 '구강 대 구강 나눔mouth-to-mouth sharing', 즉 입에서 입으로 이루어지는 음식 전이에서 찾을 수가 있다. 마틴 존스Martin Jones에 따르면 이 구강 대 구강의 음식 전달 방식은 여전히 포유동물과 조류들에서 지배적인 모델로 자리 잡고 있다. 그런데 'kiss–feeding'이라 불리는 이 급식 형태를 인간에게서도 관찰할 수 있을까? 아래 인용문을 보자.

> "아기가 처음으로 맛보는 것은 엄마의 젖이다. 엄마는 젖과 함께 사랑, 안정감, 따뜻함, 건강함을 주고, 아기는 최초로 강렬한 쾌감을 느낀다. 나중에 엄마는 손으로 음식을 떼어 주고, 씹어서 반쯤 소화시킨 음식을 아기의 입 안에 밀어 넣어 주기도 한다. 그런 강렬한 관계는 쉽게 지워지지 않는다." (Ackerman 1995, 129).

물론 위의 인용문에서처럼, 아이의 소화를 돕기 위한 어머니의 노력이 동물들 간의 구강 대 구강의 나눔 방식은 아닐지언정 사회적 급식과는 다른 모양새이다. 지금은 거의 사라진 듯 보이지만 과거 한국의 어머니들도 크거나 단단한 음식물을 자신의 입 안에서 잘게 부수어 아이의 입에 넣어 주곤 했다. 그런데 구강 대 구강 나눔 방식은 동물의 세계에서만 관찰되는 것은 아니다. 칼라하리 사막의 쿵족과 파푸아뉴기니의 고지대에 사는 부족들에서 모자간 입을 통한 음식 전달이 관찰된다. 이러한 전이 방식은 인간들의 육아 방식에선 많이 사라졌지만, 사랑하는 연인 간에 이루어지는 깊은 키스는 이러한 나눔의 행동에서 파생된 것으로 볼 수 있다(Jones 2007, 36).

단락의 마무리로, 여성으로서 어머니의 모습을 음식 문화의 관점에서 되새겨 보고자 한다. 음식을 만드는 일은 많은 경우 자신을 위해 만드는 경우보다는 함께 먹는 다른 이들을 위한 경우가 많다. 직업적이건 가족을 위한 것이건 마찬가지이다. 아래에서 살펴보겠지만, 많은 이들이 '집밥'에서 어머니를 떠올리는 이유도 여기에 있다. 따라서 여기엔 늘 봉사와 희생이 다양한 모습으로 녹아있다. 여성은 음식의 역사 속에서 주방과 가장 밀접한 연관을 맺는 존재이다. 그러나 여성은 그 중요성에 비해 상대적으로 미미한 존재로 취급되었다. 문화적으로 여성성은 무엇보다 음식과 출산과 깊은 관련을 갖는다. "모든 문화에서 여자들의 최우선적인 책임은 음식 준비와 아기를 낳아 키우는 것이다."(Counihan 1999c, 63) 어머니는 여성으로서, 음식과 더불어 젠더 문제와도 밀접한 관계를 갖는다.[12] 니콜슨에 따르면 서구의 문화에서 음식을 통제하는 건 줄곧 남성의 수중에 놓여 있었다. 냉혹한 생존의 세계['dog eat dog']를 지배하는 건 무엇보다 힘의 관계이고, 여기서 강한 자는 약한 자를 힘으로 누르고 음식을 바치게 한다. 니콜슨은 여성이 남성과의 힘의 관계에서 보여 주는 예를 논거의 하나로 제시한다. 인지적인 관점에서 하나의 어휘는 빈번하게 주어진 사회의 현실을 반영하며 언어 공동체의 성원이 공유하는 기호로서 제도화될 수 있다. 니콜슨에 따르면 영어 'lord'의 어원은 무엇보다 사회적 위계 관계를 잘 보여 주는데, 음식과 밀접한 연관성을 지니

---

12 남성성과 여성성은 많은 문화에서 음식과 결부되는 일이 빈번하며, 특별한 규칙을 통해 그 소비에도 개입한다. 화족의 경우도 마찬가지인데, 보다 흥미로운 사실이 관찰된다. 우선 남성과 여성을 구분하는 것처럼, 음식도 성별과 개념적으로 깊은 관련이 있는 것은 확실하다. 화족에 있어 '코로코(koroko)'는 부드럽고 맛있으며 빠르게 자라고 생식력이 강한 특성이 있다고 믿는 음식이라면, '하카리아(hakeri'a)'는 단단하고 건조하며 천천히 자라고 생식력이 없는 특성의 음식이라고 이해된다. 이러한 구분은 사람을 포함한 동물과 식물의 전체로 일반화시킬 수 있는 것으로, 생명에 대한 화족의 기본적인 발상을 담고 있다고 할 수 있다. 보다 흥미로운 것은 이러한 구분이 절대적이 아니라는 것이다. 남성과 여성이 서로에게 맞는 음식을 먹는 것이 당연하지만, 하카리아 음식을 먹는 여성은 생리의 흐름에 영향을 주어 점차 남성화가 될 수 있다. 반면 남성이 코로코 음식을 먹게 되면 남성성을 증가시키고 유지하는 데 매우 좋지 않은 것으로 믿는다. 그러니까 누는 생명의 본질로서 남녀가 음식을 교환할 때 누를 증가시키거나 감소시킬 수 있는데, 이것이 젠더 간의 균형을 만들어내고 사회를 보다 유연하게 한다. 동서양 대부분 문화와 정신세계에서 작동하는 성별에 대한 엄격한 세계관이나 이원론적이고 경직된 발상과는 매우 차이가 나는 것이다. 물론 많은 문화에서 음식과 관련된 규범들은 성별의 계층화와 깊은 연관이 있음은 부인할 수 없을 것이다. 자세한 점은 Meigs(1977) 참조 바람.

고 있다. 즉 고대 영어 'hlaford'가 의미하는 바는 'bread–holder', 즉 누가 무엇을 먹는지 결정하는 자이다. 먹을거리를 통제하는 자가 곧 우두머리이다. "전통적으로 먹을거리를 '공급'하는 건 여성의 몫이었다. 여성이 먹을거리를 생산하면 남성은 그것을 통제한다. 달리 말해서, 약자는 강자를 위해 봉사하는 것이다."(Nicholson 1992, 50) 그러니까 먹는 자와 먹히는 자의 힘의 관계를 다시 풀어 얘기하자면, 먹히는 자는 곧 음식을 제공하는 자, 혹은 자신이 먹을거리가 되는 자이다(Nicholson 2001, 280). 그러나 역설적으로, 먹는 행위는 아무리 강한 존재라도 살아남기 위해서는 자신의 외부에 있는 힘을 필요로 한다는 것을 의미한다(Nicholson 1987, 54). 어머니는 인류의 그 어떤 문화에서도 '음식'과 결부되어 있을 것으로 생각된다. 그것은 우리의 '최초의 음식'으로서 시원적인 차원과 '젠더'로서 부여된 역할이 서로 엮여 있기 때문이다.

4) 집밥

가족의 식탁이 함께 먹으며 사회의 규범을 예비 학습하고 실천하는 장이라면, 그 중심에는 집밥이 있다. 우리가 '집밥'이라고 부르는 것은 한국 사회에서 적지 않은 시간 동안 형성된 지배적인 식사 유형 중 하나이다. '집밥'은 가장 기본적이며 고도로 사회화된 식사 유형 중 하나이다. '집밥'은 우리말 사전의 정의로 '가정에서 끼니 때 직접 만들어 먹는 음식'(『국립국어원 표준국어대사전』) 혹은 '집에서 지은 밥. 또는 집에서 끼니로 먹는 밥'(『고려대 한국어대사전』)이다. 그러니까 집밥은 '가정'이나 '집'에서 손수 해먹는 밥을 말한다. 이러한 의미에서 우리가 '집밥'이라고 부르는 것은 인간의 식문화라면 어디나 존재하는 식사 유형일 것이다. '집밥'은 무엇보다 '집'이라는 장소 혹은 공간을 중심 의미로 담고 있다.[13] 이러한 사전적인 정의는 집밥의 고유한 의미를 특정한 공간에 종속된 물질로 환원하여 단순화해버린다. 집은 매우 특별한 문화적 공간이고, 집밥은 이 공간에서 만들어진 음식이다. 집이라는 장소가 갖는 의미가 물질로서 밥과 어우러져 조어되면서 그 의미는 상당히 복합적인 될 수밖에 없다. 따라서 간략한 사전적 정의와는 다르게 집밥은 인류학적으로나 사회학적으로, 혹은 문화학적으로 정의하기가 녹록하지 않은 대상이다. 집의 구성원과 밥을 짓는 존재는 조어상 드러나지 않지만 개념적으로나 정서적으로 집밥을 정의하는 주요한 요소들이다. 또한 집밥은 사회의 모습을 담고 있는 인자로서, 그 사회를 규정하는 것들과 늘 연동하여 변화하고 있다. 어제의 집밥이 오늘의 집밥은 아니다. 세대 간의 서로 다른 기억이 만든 차이는 집밥에 대한 정의를 다르게 할 수도 있다. 아버지의 집밥이 자식의 집밥을 의미하지 않는다.

'집밥'은 그 사전적 정의가 어떠하건 단숨에 현대 식자의 삶을 드러내주는 '신조어'이다. '집밥'이란 용어가 사전에 등재된 건 불과 몇 년 전의 일이다. '집밥' 부재라는 변화된 일상을 몸과 마음으로 겪은 개인들은 새로운 언어 기호들을 만들어 공유하고 반복하여 발화했다. 그래서 '집밥'이건 '혼밥'이건 새로운 어휘들은 우리 삶이 어떠한지 말해 주는 현실 지

13 영어로 옮긴다 해도 'Jipbap'으로 표기하지 않는 이상, '집(home)'이 포함된 조어 'home cooked [homemade] meal'나 또는 'homme food' 등의 정도로 의미 내용상 – 물론 고유한 문화 속성은 염두에 두지 않는다면 – 크게 다르지 않을 것이다.

표가 된다. 2016년에 이르러 사전에 등재되었다는 것은 한동안 '제도' – 소쉬르Saussure의 의미에서 – 로 인정받지 못하던 한 언어 기호가 마침내 언어 공동체로 수용되었다는 의미이다. 변화된 삶을 규정하는 새로운 어휘가 만들어진 데에는 무엇보다 이 기호의 사용을 재촉한, 이 사회의 깊고 근본적인 일상의 변전이 있었다. 따라서 '집밥'이라는 용어 자체는 역설적으로 가족의 공동 식사가 위협받던 시점에 출현했을 것이다. 압축된 산업화의 과정에 많은 것이 만들어졌지만 '집밥'이 표상하는 많은 것들도 함께 사라졌다. 밥을 파는 식당들이 있었지만 '밥'은 으레 집에서 먹는다고 생각하던 시절, 모두가 그냥 집밥을 먹던 시절이 있었다. 그러다가 집 밖에서 먹는 일이, 혹은 홀로 먹는 날이 자의건 타의건 다반사가 된 현실이, 그리고 또 다른 삶의 변화들이 우리가 노상 먹던 그것을 '집밥'이라 부르며 소환하게 된 것이다. 집밥은 어떤 의미에서 그 밖의 모든 식사와 대비되는 밥이다. 이원적으로 말하자면, 이 세상에는 집밥과 집밥 아닌 것만이 존재한다. 집밥의 환기는 현재가 과거를 소환하는 방식들 중의 하나이다. 그리고 우리가 현재 '집밥'이라고 부르는 것에는 적어도 '진짜' 밥이라는 믿음과 신화가 담겨있다.

과거와 현재의 시간이 혼재된 집밥은 사람들에게 어떤 모습으로 자리잡고 있을까? '집밥'이 지닌 주요한 함의 중 하나는 음식 만든 이의 자기희생과 이타성이다. 화족의 누의 개념에 기대어 생각해 보면, 이는 어떤 의미에서 자기 자신을 다른 이에게 내어 주는 사랑이다. 식자는 음식이라는 물질뿐만 아니라 그것을 만든 사람, 그것을 식탁에 올린 이의 '마음을 먹는' 것이다. 집밥은 많은 이에게 누구보다도 어머니, 곧 사랑과 애정, 평화와 안정감을 주는 존재를 떠올리게 한다. 어머니와 집밥을 떼어 놓을 수 없다면, 그것은 모자 관계에서 형성된 정서가 평생 지속되는, 삶의 원초적인 사건을 구성하기 때문일 것이다. 그리고 어머니가 주는 모든 감정과 정서가 그의 무의식 속에서 음식과 더불어 자신이 사는 삶 속에 깊게 자리를 잡았기 때문이다. 따라서 집밥이 이러한 모자 관계가 표상하는 개념들을 담고 있다면 그것은 매우 자연스러운 일이다. 화려하지는 않아도, 맛있지는 않을 수는 있어도, 집밥은 무엇보다 어머니가 아이에게 줄 수 있는 가장 중요한 무엇을 실질적으로나 상징적으로 제공한다. 우리는 '물질'로서 어머니를 섭취하고 이어 어머니가 해주는 음식을 먹고 살아간다. 아마도 이것은 우리가 '집밥'이라 부르는 것의 본질이고, 어머니라는 존재가 많은 문화에서 그 문화 고유의 '집밥' 개념과 밀접하게 결부되어 있다는 사실을 설명해 준다. 어머니는 그 자체로 추상적 장소이자 구체적 물질을 표상한다. 즉 장소로서의 집과 물질로서의 집밥은 어머니와 긴밀하게 연결되어 있다는 의미에서이다. 위에서 언급한 것처럼, 어머니는 우리의 최초의 음식이라고 할 때 모유는 어머니 자신의 몸의 물질이다. 그것은 이 세상의 어떤 물질보다도 유아에게 정서적으로뿐만 아니라 현실적으로도 가장 안전하고 사랑이 담긴 음식으로 수용된다. 그리고 집밥은 정당한 의미에서 그 연속적인 물질이다.

집밥은 주어진 가족 공동체의 미각과 결부된다. 한 가정에서 만드는 음식과 이를 나누는 행위는 식구들의 공통된 미각을 만들고 미각적 연대를 형성하게 된다. 이는 오랜 시간 동안 반복적인 섭식 행위로 만들어지는 정체성이다. 이 고유한 정체성은 미각적 수준에서뿐만 아니라 사회적 차원에서 일정 부분 가정의 '밖'과 '안'을 구분하고 '우리'와 '그들'을 유별하는 하나의 토대 구실을 한다. 이 세상의 음식은 같은 이름으로 불릴지라도 그것을 만든 이의 '지문指紋'과 같은 것이 묻어난다. 그것이 미각의 세계이다. 모든 음식은 만든 이의 고유성을 담으며 그 모습을 닮는다. 그러므로 집밥은 어떤 의미에서 이 세상 어머니의 수만큼이나 다양하다. 집밥은 가족이 서로 다르듯이 그 맛이 같을 수 없다. 그래서 '집밥'은 듣는 이 누구에게나 정서적으로 안정감과 편안함을 줄지는 모르지만, 그 자체로 개인적이고 폐쇄적인 의미를 동시에 갖는다. 저마다의 집밥은 바로 자신만의 특유하고 내밀한 정체성을 의미하며 개인적 삶의 터를 담고 있기 때문이다. 우리는 모두 '집밥'을 얘기하고 있지만, 그것은 자신의 삶을 음식으로 규정한 고유한 정체성을 이르는 말이다. 불완전한 정의이지만 집밥을 규정하자면, '집밥은 집이라는 장소와 어머니라는 음식을 준비하는 이, 그리고 화려한 식탁은 아니지만, 만드는 이의 마음과 정성이 깃들어 있다는 믿음 등이 어우러진, 저마다의 지나간 시간과 기억 속에서 재구성된 개인과 집단의 문화적 공유물'이다. 곧 집밥은 '집밥'이라고 호명했을 때 비로소 환기되는 지나간 추억과 상실된 기억의 물질이다. 집밥은 무척 개인적이면서 집단적인 속성을 지니고 있는, 주어진 식문화의 물질적, 정서적 산물이다. 현재의 우리의 삶 속에서 '집밥'은 점점 하나의 신화가 되어 간다. 집밥에 대한 향수나 그리움은 역설적으로 이러한 밥상 공동체의 성채가 점점 무너져 가고 있음을 보여 준다. 개인과 공동체의 차원에서, 집밥에 대한 향수는 유사한 삶을 살아온 동시대 식자들의 공유된 경험에서 나올 것이다. 많은 식당들이,

온갖 공장식 식품들이 마음이 허한 현대의 식자들을 이러저러한 기호들을 앞세워 나날이 유혹한다. '가정식 백반'이란 말도 이미 낡은 명칭이 되어 버렸고 '햇반'은 식자의 삶을 규정하는 식품이 되었다.[14]

5) 식구 —— 가족 혹은 먹기 공동체의 확장

가족은 주어진 문화 속에 자리 잡은 하나의 작은 사회적 식공간이다. 이 공간에서 우리는 누군가에 의해 양육된 것처럼 또 누군가를 양육한다. 가족은 무엇보다 식탁을 함께 나누는 식자들이다. 가족의 식사는 관계와 나눔의 상징적 형상으로, 모든 유형의 함께 먹기에 대한 규범으로 존재한다(Boutaud 2004a, 14). 아마도 가족이 함께 먹기의 기본 단위라면 그것은 이 행위가 전형적으로 가정에서 이루어지며, 또한 과거와 현재를 포함하여 모든 사회에서 그렇기 때문일 것이다(Zubaida 1991, 1). 가족이라는 혈연관계 속에서, 먹는 일은, 정확히 말해서 함께 먹는 일은 공동의 삶을 구축하는 일이며, 이를 통한 물질적 혹은 물리적 결합은 정신적 차원의 상호 종속성과 일치를 만들어 낸다. 우리의 식문화를 중심으로 보자면, 우리에게는 '식구食口'라 불리는 식자들이 있다. 밥을 먹는 일은 생존을 위한 행위인데, 믿을 수 있는 사람들과 안심하고 같이 먹는 일은 식구인 가족에서 시작된다. 먹기라는 필연적인 행위를 통해 구성원들의 안부와 연대, 그리고 애정을 확인하고 공유하며 가족과 가정의

14 우리 시대 '집밥에 대한 재발견'은 식자를 둘러싼 다양한 삶의 변화가 그 원인일 것인데, 주요한 두 가지의 변화를 들자면 1인 가구의 급속한 증가와 안전한 먹을거리에 대한 관심의 증가를 꼽을 수 있을 것이다.

토대를 강화한다. 식구로서 나누는 함께 먹기의 경험은 가족 구성원들에게 무엇보다도 끈끈한 연대감을 오랜 기간 지속시켜 준다. 이는 집밖의 사회적 식탁에서 이루어지는 함께 먹기의 기본 경험으로 기능한다. 따라서 앞서 언급했지만 집밥은 무엇보다 다양한 유형의 사회적 식사의 출발점이다. 집밥은 가족 구성원들의 내밀한 관계를 형성하는 데 일조하고 이어 사회라는 커다란 식탁과 연결되는 것이다. 이것이 집밥을 먹는 식구의 중요성이다. '식구'는 정의상 밥을 함께 규칙적으로 일정 기간 나눈 경험 집단이다. '식구'의 사전적인 기본 뜻은 '한 집에서 함께 살면서 끼니를 같이하는 사람.'(『국립국어원 표준국어대사전』)이다. 즉 식구는 무엇보다 '집밥'을 같이 먹는 사람들이다. 이러한 사전적 정의에 따르면, 집밥과 식구는 그 본질에서 상호 소환한다. 식구는 함께 먹는 입들이 만나 구성된 사회적 단위이자 개체와 집단의 특성이 어우러진 문화적 집합이다. 식구라는 말은 문맥에 따라 몇 가지 의미를 지닐 수 있다. 아래는 작가 박완서의 『나의 아름다운 이웃』에서 발췌한 정감어린 식구 이야기이다.

> "참 오늘 점심의 식구食口는 몇이나 되더라?"
>
> 엄마는 땀을 뻘뻘 흘리며 안반을 놓고 홍두깨로 칼국수를 밀다 말고 아이들 방마다를 기웃대며 식구의 수효를 센다.
>
> 이럴 때 엄마는 가족이란 말보다는 식구라는 말에 더 깊은 공감을 갖는다. 엄마의 눈엔 가족 하나하나가 먹는 입[食口]의 의미 이상으로도 이하로도 안 보일 때이기 때문이다. [...]

끼니 때가 지났는데도 늘어붙어 있는 아이들의 친구들이란 대개 언젠가 한번쯤은 엄마의 음식 솜씨에 입맛을 들인 친구들이다.

오늘도 염치불구, 늘어붙었다가 그 잊을 수 없는 음식 솜씨를 맛볼 수 있기를 은근히 소망하는 사뭇 식욕적이고도 천진한 얼굴들이다.

엄마는 이런 손님들까지를 기꺼이 식구로 포함시킨다. 그래서 넉넉한 칼국수를 밀고 넉넉한 콩을 간다.

엄마는 가족으로서의 아이들도 사랑하지만 식구로서의 아이들 역시 사랑한다.

식구끼리 식탁에 둘러앉아 맛있는 걸 먹을 때처럼 식구 각자가 단순하면서도 완벽하게 행복해 보일 적도 없기 때문이다.

그러나 엄마는 가끔 이런 심각한 생각을 할 때도 있다. 한 집안의 주부 노릇도 이렇게 고되거늘 만일 나라 살림하는 자리에 있는 양반들이 국민이란 걸 고루 나누어 먹여야 하고 지껄이고 싶을 땐 지껄여야 하는 사람의 입, 인구人口로 인식한다면 그 자리가 얼마나 고된 자리가 될 것인가 하는.

여기서 주목할 점은 식구 개념의 확장 가능성이다. 기업이나 회사의 성원을 '가족'이나 '식구'로 표현하듯이 두 단어는 모두 비유적 사용이 가능하고[15] 맥락에 따라서 대체 사용이 가능하지만 그 성격은 엄밀히 다르

15 '식구'의 기본 뜻에서 "한 조직에 속하여 함께 일하는 사람을 비유적으로 이르는 말."(『국립국어원 표준국어대사전』)이란 의미가 파생되는 것처럼, '가족' 역시 그러하다. 즉 "같은 조직체에 속하여 있거나 뜻을 같이하는 사람을 비유적으로 이르는 말"(『고려대한국어

다. '식구食口'가 먹는 '입'에 중심을 둔 표현이라면, '가족家族'은 사는 '집'에 중심을 둔 어휘이다. 가족과 식구는 개념적 확대의 방향이 다르다. '식구가 다 되었다.' 또는 '한 식구가 되었다.'라는 표현이 품고 있는 것은 무엇보다 식자들 간의 함께 먹기라는 경험의 공유이다. 작가의 위 발췌문은 식구라는 우리말이 갖는 주요한 의미를 이해할 수 있게 해준다. 작가의 어머니에겐 '가족으로서의 아이들'과 '식구로서의 아이들'은 구분되지만 '사랑' 안에서 분리되지 않는다. 식구는 먹기라는 생존을 위해 필요한 기본 행위를 '함께' 나누는 집단으로서 이해된다. 여기서 가족은 본디 식구이지만 작가의 어머니는 이따금 '객식구客食口'로 들르는 어린 식자들도 가족처럼 식구로 받아들인다. 식구는 주어진 가족 단위, 곧 원식구原食口를 넘어 보다 폭넓은 집단을 향해 나아갈 수 있는 잠재적 확장성을 갖는다. 오래진 브리야 사바랭은 인류 역사의 초기 혈연관계를 중심으로 형성된 가족이 어떻게 함께 먹는 공동 식사를 통해 폭넓은 사회 공동체라는 식구로 확장되어 나가는지 상상한다.

> "오늘날과 같은 의미의 식사는 인류의 두 번째 시대, 즉 인류가 더 이상 과일만으로 식생활을 영위하지 않게 된 때에 시작되었다. [...] 고기의 보급과 요리는 필연적으로 가족을 한곳에 모이게 했다. 처음에는 가장 가까운 혈연관계에 한정되었던 이러한 모임은 점점 이웃과 우정에까지 넓어졌다. [...] 이렇게 하여 모든 민족들 각각의 성스러운 의식과 함

대사전』).

께 환대의 풍습이 생겨났다." (Brillat-Savarin 1848[1826], 156-157).

이러한 상상력이 근거가 없는 것은 아니다. '한 식구가 되었다.'는 우리말 표현은 자연스럽게 이국적인 몇몇 사회에서 관찰되는 친족 관계kinship의 개념을 떠올리게 한다. 이러한 사회에서는 '생물학적 사실'과 '사회적 사실' 간의 구분이 흐려지는 정도는 매우 문화적일 수 있다. 논의의 이해를 위해, 두 유형의 사회를 간략히 살펴보도록 하자. 먼저, 어업으로 생계를 유지하는 말레이시아 랑카위섬Pulau Langkawi 무슬림 주민들의 경우 친족 관계 형성과 관련한 흥미로운 세계관을 보여 준다. 자넷 카스텐Janet Carsten에 따르면, 이들에게 친족 관계란 상태가 아니라 하나의 과정이다. "친족 관계는 하나의 생성 과정process of becoming으로 볼 수 있다."(Carsten 1991, 435) 결론적으로 말하자면, 이들의 세계관 속에서 친족 관계는 출생으로만 주어지는 것이 아니라, 함께 거주하고 함께 먹음으로써 획득하는 하나의 과정이다. 이 과정은 임신과 출산으로 시작된다. 그리고는 집 안에서 먹고 자라며 살아가는 동안 계속된다.[16] 이것이 랑카위 주민들에게 친족 관계가 되는 과정이다. 완전한 형태의 친족 모습을 형성하는 것은 집에서 함께 살며 소비하는 것이다. 친족이 된다는 것은 '완전한 사람'이 된다는 것이다. 이는 정체성이 고정되지 않은 신생아부터 성인이 될 때까지 정체성의 유동성이 상당한 정도로 계속된다는 것을 뜻한다. 랑카위에서 출생 자체는 단지 집에서 먹고 함께 삶을 영위

16 물론 결혼과 새로운 자녀의 탄생도 이 과정에 포함된다.

하며 사람이 되는 과정의 시작일 뿐이다. 이 친족 관계에 기여하는 핵심 물질substance은 피(혈액)인데, 이 피를 만드는 것은 음식이다. 피는 친족 관계가 그런 것처럼 당연히 가변적이며 유동적인 성격을 갖는다. 아이는 어머니의 자궁에서 피를 통해 영양분을 공급받는다.[17] 그래서 사람들은 어머니의 피가 아이가 된다고 한다. 친족 관계의 근원은 모계에서 오는 것이지 부계에서 오는 것이 아니라는 것이다. 그리고 이때 피는 "변형된 음식"(229)이다. 음식은 물리적 의미에서 사람을 만들고 또한 사람들을 결부시켜 주는 피라는 물질을 창조해 낸다.

랑카위 주민들의 친족 관계의 중심에는 집과, 여성 그리고 형제자매가 있으며, 이들은 상징적으로 서로 연결되어 있다. 그래서 랑카위 주민들에게 사람과 사람이 먹는 것, 혹은 사람과 사람이 사는 곳 사이의 경계는 뚜렷하지 않다. 이들에게 집과 음식은 단순한 무생물이 아니다. 집과 음식은 그곳에 살고 있거나 그것을 먹는 이들과 많은 자질을 공유한다. 카스텐에 따르면, 랑카위 주민들에게 집이란 '여성'의 구조물이자, 형제자매의 개념을 담고 있는 장소이다. 여성과 형제자매 관계는 그 본질에서 동등한 정도로 집의 핵심과 연결되어 있다. 카스텐은 이러한 집을 "확장된 화로expanded hearth"(Carsten 1991, 234)라고 묘사하는데, 가장 중요한 재생산 활동, 특히 조리, 식사, 출산이 수행되는 곳이다. 그런데 이들의 집에 대한 개념은 우리가 생각하는 것보다 더 확장적인 것으로 이

17 랑카위 사람들에 따르면 아이는 아버지의 씨인 '베니benih'와 어머니의 피인 '다라darah'에서 창조된다고 한다. 아버지의 씨, 곧 정액은 척추에서 나와 어머니에게 들어가 피와 섞이게 된다. 자세한 점은 Carsten(1995) 참조 바람.

해해야 한다. 이 무슬림 공동체 성원들에게 형제자매 관계는 태어나기 전 이미 자궁에서 그 모습을 드러내며 평생 동안 영향을 미친다. 자궁은 형제자매의 첫 번째 집으로 간주될 수 있고, 태반의 형제자매는 아이의 첫 번째 공식共食 관계, 즉 태어나기 전에 이루어지는 함께 먹는 관계로 이해된다. 즉 친족 관계를 구성하는 함께 먹기는 출생 전에 벌써 시작되어 출생 후로 이어지게 되는 것이다. 어머니와 그 자식들은 물질을 공유하므로 가장 밀접한 관계를 맺는 존재들이다. 그래서 이들 사이의 정서적 유대가 특히 강하다고 여겨진다. 그런데 랑카위 주민들에게 이 관계는 더 원초적이고 본질적인 것이어서, 출생 후 거주하는 집에서 생성되는 관계보다 오히려 자궁에서 만들어진 형제자매 관계가 더 강력하다.

이러한 의미에서, 아이 양육의 시작은 자궁에서 시작된다고 한다. 이 첫 번째 집에서 아이는 어머니의 피를 통해 영양을 공급받는다. 피는 여기서 친족 관계의 이해를 위한 핵심 물질이다. 이들에게는 '피가 젖이 된다.'는 믿음이 있다. 곧 출생 후 어머니의 수유를 통해 아기가 먹은 젖은 어머니의 피로 만들어진 것으로 믿는다. 그래서 모유는 아이의 신체적, 정서적 발달뿐만 아니라, 어머니와의 연결에 있어 매우 중요한 것으로 간주된다. 이러한 의미에서 랑카위 주민들은 모유를 먹지 않는 아이들이 병에 걸릴 위험이 있으며, 또한 어머니가 누구인지 '인식'하지 못할 수 있다고 생각한다. 여기서 눈여겨볼 점은 랑카위 주민들의 세계관 속 물질 개념의 중심에는 '피'가 놓여 있다는 사실이다. 피는 단순히 출생에 필요한 물질이 아니라, 먹는 음식을 통해 지속적으로 만들어지고 변형된다. 쌀(음식), 우유, 피 사이에는 분할할 수 없는 연속체가 있다. 이들 중 일부 또는 전부를 공유한다는 것은 곧 공통된 물질의 보유를 의미하며, 그래서 관련이 있다는 것을 의미하게 된다. 전통적으로, 어머니의 젖을 뗀 아이에겐 의례에 의거해 이후 밥과 바나나를 먹였다. 쌀밥도 피가 되기 때문이다.

출생 후 친족 관계로 단단히 엮어 주는 '음식'의 근원은 두 유형이다. 우선은 어머니의 젖, 즉 모유이다. 모유는 어머니의 몸에서 나오는 물질이자 소비의 대상이 되는 음식이다. 모유는 일차적으로 모유를 먹는 존재들을 육체적으로 정서적으로 연결해 주는 일차적인 물질이다. 그 다음은 집의 화로에서 조리 된 음식이다. 이 음식은 정도는 덜하지만 모유와 같은 특성을 가지고 있다. 그런데 랑카위 주민들에게 '식사'를 한다는 건 무엇보다 '쌀밥'을 먹는 일을 의미한다. 다시 말해 '진정한 식사'는 쌀로 지은 밥을 먹는 것이다. 이는 같은 주거공간에서 사는 이들에게 가장 주요한 활동 중 하나이다. 같은 화덕에서 조리한 쌀밥을 일상으로 함께 먹는 일은 같은 수유를 받은 형제자매들과 관련하여, 그 정도는 약하지만 친족 모두가 같은 물질 기반에 서있다는 의미이다(Carsten 1995, 234-236). 같은 화로에서 요리한 식사를 나날이 나눔으로써 한 집에서 함께 사는 사람들은 공통점을 갖게 된다. 이러한 이유로 다른 집에서 식사를 하는 것은 부정적인 의미를 지니며, 특히 아이들의 경우 그렇게 하지 말 것을 강력히 권장한다. 온전한 친족 구성원으로 완성되지 않은 아이들이 다른 집에서 식사한다는 것은 내밀한 물질이 외부로 이산되는 것을 의미하기 때문이다.

결국 랑카위 주민들의 세계관은 무엇보다 친족 관계라는 것이 출산이나 출생의 관점에서만 정의 될 수 없다는 점을 매우 분명하게 보여 준다. 또한 이러한 사회에서는 출산이라는 생물학적인 사실과 함께 살며 함께 먹는 사회적인 사실 간의 관계를 구분하는 것이 어렵다는 점을 보여 준다. 이 두 가지 사실은 랑카위 공동체에서는 서로 연속적이며 단일한 의미를 만들어 내기 때문이다. 랑카위 주민들의 사회적 정체성은 고정되지 않았을 뿐만 아니라, 물질에 기초한 육체적 정체성도 지속적으로 획득되고 변경될 수 있음을 보여 준다. 그래서 카스텐의 연구는 친족 관계와 관련한 주된 입장과는 대치된다. 랑카위 사회에서 친족 관계는 출산, 수유 및 물질 공유로 표현되며, 생물학적, 유전적, 즉각적이며 영구적인 관계로서의 친족 관계와 유동적인 사회적 정체성 사이의 명확한 구분에 근거하지 않는다. 이들에게 친족 관계는 결국 주어지는 것이 아니라 오랜 시간을 통해 형성되는 것이며 이는 보다 광범위한 유동적인 정체성의 일부이다(Carsten 1995, 224). 이 공동체에서 개체는 함께 음식을 주고받고 소비하는 지속적인 과정을 통해 평생 동안 점차적으로 친족 정체성을 구현하게 된다. 그 관계는 태어나면서 어느 정도 결정되는 건 맞지만 함께 삶을 살아가면서, 그리고 음식을 나누면서 완결된다. 따라서 친족 관계라는 것은 출생이라는 지나간 시간 속에서 이미 정해진 점적인 사건이 아니라, 열린 미래의 어느 시점에 완성되는 사안이다.

이 책 곳곳의 논의에서 자주 언급하고 있는 화족의 경우도 매우 흥미롭다. 화족의 경우, 친족 관계는 태어난 후 음식 나눔으로도 형성된다. 출생이나 결혼 등을 통하지 않더라도 한 사람이 만든 먹을거리를 같이 섭취한다면 가족의 성원이 될 수 있다는 말이다. 그래서 외부에서 온 이

민자들의 경우 화족 공동체에서 생산된 음식이나 공동체 구성원이 만든 음식을 먹음으로써 친족이 될 수 있다(Meigs 1987b, 121). 여기서 '생명의 정수'라는 '누'의 역할이 핵심이다. 친족 관계는 누구의 혈통이냐는 사실뿐만 아니라 누구의 '누', 즉 누구의 '생명의 정수'를 나누는지에 달려있다. 앞서 본 것처럼 '생명의 정수'는 피뿐만 아니라 몸에서 나오는 모든 액체들 속에 들어 있다. 따라서 "생리적 일체감이나 교감"은 "특히 여성의 젖, 음식, 그리고 물 등을 후천적으로 함께 나누는 행위를 통해 만들어지게 된다."(Meigs 1987b, 121) 그러므로 우리가 어떤 음식을 먹을 때 음식을 만든 이의 누를 함께 공유하게 되므로 그와 친족 관계를 맺을 수가 있는 것이다. 함께 먹는 일은 그렇게 같은 혈연관계가 아니더라도 서로 한솥밥을 먹으며 생리적 일치를 이룰 수가 있게 한다. 메이그스는 이를 "양육 친족 관계nurture kinship"이라고 부른다. 가족 공동체의 식탁으로 들어오는 것은 고유한 식문화가 발달한 어느 곳이라도 어려운 통과 과정을 거치기 마련이다. 인간 세상의 많은 사회에서 아무하고 밥을 함부로 먹지 않는 것처럼, 아무나 자신의 집 밥상으로 초대하지는 않는다. 설사 초대해서 음식을 나누고 함께 먹는 친밀한 관계일지라도, 그것이 곧 가족의 성원으로 인정받거나 가족이 되는 것을 의미하지는 않는다. 서구를 비롯한 많은 곳에서는 가족과 그 구성원을 불변의 요소로 간주되는 경향이 매우 강하다. 특히 서구적 관점에서 보자면 혈연관계라는 것이 오직 출생이라는 생물학적 사건만을 통해서 만들어진다는 믿음이 강하다. 그러나 메이그스에 따르면, 화족 공동체의 경우, "사람은 단지 출생뿐만 아니라 음식을 통해서도, 섹스를 하는 것뿐만 아니라 함께 먹는 행위를 통해서도, [...] 친족이 될 수 있다."(Meigs 1987, 120). 함께하는 일은 누군가와 사랑하는 것뿐만 아니라, 함께 먹는 것으로도 가능하다. 그리고 인간에게 그것은 매우 유의미한 일이고, 때로 많은 일을 만들어 내거나 변화시키기도 한다.

지금까지 살펴본 랑카위와 화족 공동체는 친족 관계를 형성하는 데 있어 음식을 함께 나누는 행위가 결정적인 인자로 작용한다는 사실을 우리에게 알려 준다. 두 공동체에 있어 진정한 친족이란 함께 먹는 삶, '식구로서 공동의 삶'이다. 물론 두 공동체의 세계관은 서로 구분할 필요가 있긴 하다. 한쪽에서는 친족 관계란 것이 임신과 출산을 시작으로 성인이 될 때까지 함께 생활하며 먹는 과정 전체를 통해 완성되는 것이다. 반면 다른 한쪽의 친족 관계는 혈연관계도 중요하지만, 후천적으로 함께 먹는 행위가 관계 형성의 주된 근원이 될 수 있음을 보여 준다. 랑카위의 경우는 혈연관계로 성립된 친족이 어떻게 '식구'를 거쳐 '진정한 친족'이 될 수 있는지 보여 준다. 같이 혈연의 인연뿐만 아니라 같은 곳에 거주하며, 한솥으로 지은 밥을 먹으며 생활해 나가는 친족 관계이다. 그러나 랑카위의 친족은 함께 먹는 식구로서 확장성이 제한된, 매우 배타적인 먹기 공동체의 식탁을 형성한다. 랑카위 사회에서, 친족 관계는 혈연뿐만 아니라 생계와 주거를 지속적으로 공유해야 성립하는 것이다. 반면 화족의 식문화에서는 같은 물질을 섭취하는 함께 먹기라는 후천적 행위를 통해 생물학적 토대의 선천적 조건을 넘어선다. 이러한 식문화에서는 식구인 가족이나 친족이 더 넓은 먹기 공동체로 확대해 나갈 수 있는 잠재성과 가능성을 보여 준다고 할 수 있다. 이러한 사회의 특징은 사람들 간의 상호연결성을 강조하고 그 매개 역할을 음식과 같은 상징적 요소들이 수행한다는 것이다. 개체는 본래 분리되어 있는 것이 아니라 그 본질에서 상호 의지하고 협동하며, 보다 큰 관계의 망 속에서 포착할 수 있는 대상들로 간주된다. 그러므로 이러한 사회 속에서 함께 먹는 일은 더욱 더 단순한 행위가 아니다.

우리의 경우는 적어도 '식구'라는 용어와 그 개념의 확장성을 고려해 볼 때, 서구보다는 오히려 이 이국적 문화들과 닮아 있는 듯이 보인다. 물론 현재 한국 사회가 보이는 식문화는 서구를 닮아가고 있으며, 음식을 제공하는 일이 자신의 일부를 제공하는 것으로 생각하는 화족들과는 달리 여전히 계보학적 관계를 더 중시하는 것도 사실이다. 그러나 언어의 용례에서 드러나는 인지적 차원은 우리의 호기심을 자극한다. 보통은 혼인, 혈연, 입양 등으로 꾸려진 가정의 성원, 즉 가족이 곧 식구가 된다. 그래서 '식구가 많다.'라는 말은 곧 가족의 성원이 많다는 말과 같은 의미로 사용되기도 한다. '식구'는 음식이 들어가는 입구, '먹는 입'을 의미한다. '먹는 입'은 부모의 입장에서는 양육해야 할 '먹일 입'(ex. '딸린 식구가 많다.')이나 함께 먹는 가족의 성원(ex. '이 집에는 다섯 식구가 살아간다.')을 의미한다. 한솥밥을 나누는 식구가 곧 가족의 수를 의미할 수 있는 근거이다. 아이가 태어나면 늘어난 가족의 수를 '식구가 늘었다.' 혹은 '(먹는) 입이 늘었다.'고 표현하기도 한다. 우리에게 식구는 이렇게 늘, 일상으로 밥을 같이 먹는 가족의 성원이(었)다. 그런데 『국립국어원 표준국어대사전』에서 제시하듯 '가족'은 식구의 유의어고 그 역도 마찬가지

이겠지만, 두 어휘의 함축적인 의미는 근본적으로 다르다.[18] 달리 말하자면, 가족과 식구는 주어진 맥락 속에서 서로 유의어로 사용되는 것이지 그 의미가 절대로 같다는 것은 아니다. 과거 한국 사회에서 '식구'와 '가족'의 구분은 그다지 의미가 없었다. 가족이 식구이고 식구가 가족이었기 때문이다. 이 시절 가족은 밥을 같이 먹는 사람들의 공동체, 한솥밥을 먹는 혈연 집단이었다. 가족의 범위가 넓어서 대가족 형태의 친족 단위가 자연스럽게 관찰되곤 했다. 랑카위 사람들처럼 우리도 얼마 전까지는 출생出生과 공생共生, 그리고 공식共食 등의 과정을 통해 친족 관계의 결속과 연대를 이루었다고 말할 수 있다. 대가족이 해체되고 핵가족이 되어서도 부모를 중심으로 한 구성원은 같은 혈연관계였다. 여기서도 대가족처럼, 먹기와 함께 먹기라는 생리적인 행위와 사회적인 행위가 가족이라는 생활 공동체의 중심적 가치를 이루었다. '밥'은, 그리고 '한솥밥'은 오랫동안 단순한 물질이 아니라 집과 가족을 이해하는 핵심 개념이었다. 그러나 가족조차 해체되기 시작하면서 가족이지만 식구가 아닌 경우는 많이 늘어났고, 소위 '1인 가구'라 불리는 사회적 단위가 빠른 속도로 늘어났다. 또한 가족은 아니지만 생계와 주거를 공유하는 식구, 혹은 유사가족도 다양한 형태로 늘어나고 있다. 그러나 변화된 삶 속에서도 '식구'는 여전히 우리네 식자에게 중요한 개념이며 무엇보다

---

18 '가족'과 '식구'의 쓰임새와 관련하여, 일부 학자들은 두 어휘 중 하나를 일본어의 잔재로 바라보기도 한다. 가령 배영동은 "우리는 전통적으로 가족이라는 말을 쓰지 않았고, 식구(食口), 식솔(食率)이라고 했다. 가족이란 말은 서양의 'family'가 일본에서 번역되어 들어온 것이다."(배영동 2016, 18)라는 주장을 펼치고 있다. 그러나 저자는 이러한 주장과 관련된 근거는 제시하지 않는다.

'식구'라는 표현이 담고 있는 본질적인 의미와 가치를 되새기는 일은 우리의 논의 안에서 중요하다. '이제는 한 식구가 되었다'[19] 등의 표현은 이론적으로나 경험적으로 함께 먹기를 통한 먹기 공동체의 확장과 정체성의 재구성이 가능하다는 것을 보여 준다. 이 점에서 우리는 특히 화족의 경우와 크게 다르지 않은 것처럼 보인다. 이는 '그들'에서 '우리'로의 변화가 함께 먹는 행위를 통해 이루어지거나 완성된다는 것을 의미한다. 여기서 '가족'과 '식구' 개념의 한 자락을 정리하고 넘어가자. '가족'은 혈연관계, 유전적인 것을 바탕으로 하기에 그 개념 정의의 큰 부분은 유한적이고 배타적이며 이기적인 면으로 채워진다. 반면 '식구'라는 개념은 '가족'을 넘어 그 내부에 타자의 자리를 마련할 수 있는 확장 가능한 공간을 품음으로써 이타적인 특성을 보인다.

모리스 블로흐Maurice Bloch는 함께 먹는 식자의 삶을 변증법적 관계 속에서 바라본다. "삶은 육체적 결합과 분리가 연속적으로 이루어지는 하나의 과정처럼 이해가 된다"(Bloch 1999, 138) 블로흐의 관점에 따르면, 랑카위 문화 속 친족 관계와 음식의 관계 속에서 음식의 나눔은 궁극적으로 서로의 몸을 결속시켜 주는 역할을 수립하는 것이다. 그래서 이는 성행위를 통한 결합에서 이루어지는 물질의 나눔이나 아이의 출생 시 이루어지는 물질의 전이만큼이나 강하다. 아이가 자궁 속에서 발육하는 과정은 외부의 물질로 만들어진 음식이 시간의 흐름 속에서 무엇인가 가족을 지탱하고 유지하는 것으로 변화하는 모습과 상당히 유사하다.

---

19 혹은 '식구나 마찬가지', '식구가 다 됐다.' 등과 같은 표현도 고려해 볼 수 있다.

따라서 말레이시아인들 가운데, 하나의 가족, 하나의 친족 집단은 한 화덕에서 조리된 음식을 먹지 않는 것은 고려의 대상이 아니다. 반면 낯선 이들과 함께 먹는 행위는 곧 본래의 가족 단위와의 분리를 함의한다. 블로흐는 음식을 나누는 이들이 '하나의 몸'이 된다는 발상에는 부모와 그 사이에서 출생하는 자식 간의 통합 관계나, 혹은 성관계를 통해 육체적으로 하나가 되는 관계와 유사한 뭔가가 있다고 주장한다. 블로흐에 따르면, 음식과 친족 관계로 환기되는 물질적 단일성 유형들은 종종 변증법적 관계 속으로 들어간다. 친족 관계의 경우 자식은 우선 어머니와 – 아마도 또한 아버지와도 – 한 몸으로 개념화되지만, 시간이 지나면서 점진적으로 부모와 분리되는 것으로 개념화된다. 이러한 현상은 형제와 자매의 경우도 마찬가지인데, 나이를 먹어감에 따라 서로 분리되게 된다. 매한가지로, 서로 분리된 육체의 존재들은 성관계를 맺으면서 하나가 되는데, 이 경우 이들은 서로 무엇인가를 교환하고 그래서 물질적으로 하나가 된다고 생각할 수 있다. 섹스를 통한 이러한 일치는 동시에, 그 이전에 출생과 형제자매 관계로 하나가 된 존재들 간의 분리 요인 중 하나이기도 하다. 이러한 분리는 불가피한 근친상간 금기의 결과이므로 성적으로 하나가 되는 일은 낯선 이와 이루어져야만 한다. 친족 관계와 결혼이 함의하는 삶의 흐름은 우선 하나가 되고 이어 분리된 후, 다시 하나가 되는 육체의 문제로 이해된다. 이러한 의미에서 가족은 생물학적 인자뿐만 아니라 또한 함께 먹는 공동체로 지속적으로 하나가 되는 존재로 이해될 수 있다. 그런데 우리는 나이를 먹어가면서 점점 더 폭넓은 사회 과정에 참여하게 되고, 자연스럽게 가족 외의 사람들과 음식을 나누는 일이 잦아지게 된다. 그래서, 섹스처럼, 이 족외혼族外婚적인 함께 먹기는 몸들을 하나가 되도록 결합하기 때문에, 또한 상대적으로 이전에 하나였던 사람들을 분리하게 된다(자세한 것은 Bloch 1999 참조, 특히 137-139). '식구'의 범위가 넓혀질 수 있다는 건 식자의 삶이 그 내부로 한정돼 완성되는 것이 아니라 늘 외부를 향한 변화와 움직임 속에 있다는 것을 의미한다. 부모의 몸에서 태어나 가족으로서 양육되고 식구로서 함께 먹으며 살다가, 누군가와 만나 가정을 꾸미고 다시 새로운 삶을 살아가는 일은 우리 삶의 여정이 그저 단순히 흘러가는 것이 아님을 의미한다. 그 삶의 본질은 지속적인 변화와 운동 그리고 발전 과정을 담고 있다. 함께 먹는 일은 이러한 삶 속에서 새로운 타자들과 만나 나눔과 연대를 실천하는 행위이다. 가족으로 만난 인연과 식구로 살아가는 모습은 그 자체로 고립되고 완결되는 것이 아니라, 사회의 식탁에서 다른 식자들과 함께 음식을 나누며 역동적으로 늘 새로운 정체성 지향을 꾀한다.

어쩔 수 없는 상황에서 배가 고프거나 목이 마르다면 홀로 먹거나 마실 수는 있다. 그러나 홀로 탐식을 갈구하는 행위는 지탄받아야 할 악덕이다.

"On peut manger seul et boire seul, lorsqu'on y est contraint, pour se nourrir ou se désaltérer. Mais rechercher la volupté de gueule en solitaire est un vice que la morale condamne."

– Jean-Louis Flandrin(1999, 31)

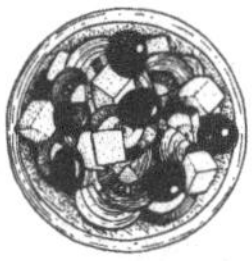

Ⅳ
'혼밥'의 사회, 혼잣밥의 식자

1
혼잣밥
정상과 비정상 사이

'저녁이 있는 삶.' 과거 대선에 나온 한 후보가 내건 구호였다. 이 구호는 많은 이들에게 밥상을 두고 둘러앉은 가족의 모습을 떠오르게 했을 것이다. 씁쓸하게도 '저녁이 있는 삶'이란 구호는 오히려 우리의 삶이 '저녁이 없는 삶'이라는 걸 강조한다. 현대 사회의 특징은 도시화, 산업화 그리고 세계화로 특징지을 수 있다. 이 세 유형의 변화는 사람들의 삶에 많은 변화를 가져 왔지만, 식자들의 삶과 음식의 영역에도 근본적인 변화를 초래했다(서종석 2019). 동서양 문화 모두에서 먹기는 과거 오랫동안 공동체적인 성격을 띠었다. 프리모던 사회의 먹기 공동체 속에서 개인은 늘 먹을 때마다 병합되는 집단 자아를 지니고 있었다. 함께 식탁을 나누는 행위는 당연한 의례였고 또 그래야만 했다. 인간이라면 그것은 "사회적 존재un être social"를 말하며, 함께 먹는 인간이란 "식탁에 함께 앉은 존재un être sociable à table"(Masson 2004, 116)인 것이다. 예를 들어 근세 영국의 경우 먹기는 개인적인 행위라기보다는 대체로 공식共食을 토대로 한 공동체적인 일로 간주되었다(Goldstein 2013). 그래서 브리야 사바랭의 시대에 혼잣밥이 사회의 질서를 해치는 이기적인 행위로 간주되었다는 건 놀랄 일도 아니다.

> "사회 질서를 위해 훨씬 더 해로운 것은, 혼자서 식사하는 습관이 이기주의를 강화시키고 개개인에게 자신만을 생각하고 주위의 모든 것으로부터 고립되어 남을 고려하지 않는 습관을 키우게 한다는 것이다."
> (Brillat-Savarin 2015[1848], § 141)

각자의 입으로 먹지만 함께 먹음으로써 식자는 "사회적 상호 작용의 영역과 초개인적인 의미의 영역으로"(짐멜 2005[1910], 143) 들어갈 수 있다. 이는 '공동의 입'을 통해 만들어지는, 호모 사피엔스의 사회성을 보여 준다. "진짜 인간이라면 함께 먹는다."(Masson 2004, 125) 그래서 먹는 일이 혼자의 행위일지라도 어떤 의미에서 먹는 일은 혼자 하게 두어서는 안 되는 것처럼 보인다. 때로 혼잣밥은 그 부족한 부분이 시간과 공간을 함께하는 타자의 선의로 채워지기도 한다. 늦게 귀가하여 홀로 밥을 먹는 자식 곁을 지키며 수저를 놓을 때까지 함께하는 어머니의 모습처럼, 홀로 식사하는 동료의 식탁에 함께 앉아 먹는 동안 말동무가 되어 주는 모습처럼 말이다.

우리의 문화 속에서도 식구나 동료와 함께하지 않고 홀로 먹는 식사는 '대충 때우는 식사'로 종종 간주되기도 한다. 이렇게 먹는 식사는 어떤 이들에겐 '정상적인' 한 끼의 자격에서 멀어진다. 그런데 '왜 혼자 먹느냐?'는 질문의 끝에는 보통 혼자 음식을 먹는 행위에 대한 사회 윤리적 판단이 숨어있다. 우리는 여기서 본질적인 질문 하나를 던질 수가 있다. '혼자 음식을 먹는 행위는 '정상' 혹은 '비정상'이라는 사회적 규범으로 다룰 사안인가?' '협동의 감각'으로서 미각의 지위는 무엇보다 함께 먹는 행위의 당위성을 생리적인 수준으로나 사회적인 차원에서나 증명해 주는 것이다. 그래서 혼자 먹는 일은 종종 비인간적이거나 동물적인 행태로 취급받기도 한다. 인간이 동물과 구분된다면 그것은 인간이 함께 먹기 때문이다. 음식은 사회적 기능을 지니고 있다는 것이다(Flandrin and Montanari 1996, 717). 마쏭에 따르면, 함께 먹기는 대부분의 종교와 신화 그리고 우화 등에서 엄명되는 행위로 묘사되는 반면, 홀로 먹기는 배척하거나 숨겨야 할 사안이지 내놓고 자랑할 일은 아닌 것으로 그려진다. 홀로 먹는 사람은 사회성이 떨어져 어울리기 힘든 사람으로 취급되는 것이다(Masson 2004, 116–117).[1] 마쏭은 서구의 전통에서 의지적이건

1 물론 사회적 지위나 주어진 여건 등 다양한 이유로 홀로 먹을 수밖에 없는 인간들도 있었다. 특히 과거의 왕이 그랬다. 왕이라는 군주 국가의 우두머리는 많은 나라에서 홀로 먹는 삶을 살아가야 했다. 가령 '태양왕'이라 불리던 프랑스 루이 14세 등과 같은 왕들은 사회적 피라미드의 최상층에 있었으므로 신분 면에서 그 누구라도 그들과 식탁을 함께 나눌 수는 없었다. 따라서 군주들은 홀로 앉아 식사했고 그들의 식탁도 일반적인 식탁들과는 달리 더 높은 곳에 차려 놓아 신분의 질서를 시각적으로 차별화했다. 이 식사 장면은 사람들에게 일종의 '구경거리'였다. 왕의 식사는 보이지 않는 곳의 많은 시선이 숨어 엿보는 흥미로운 장면이었다(자세한 점은 Masson 2004, 118–120 참조). 오늘날 대통령

아니건, 사람들과 어울리지 못하고 홀로 먹는 유형 중 가장 두드러지는 유형을 세 가지로 분류한다. 은자, 야만인 그리고 광인, 즉 정신적으로 문제가 있는 미치광이가 그들이다. 이들의 공통점은 무엇보다 "동물처럼 먹는다."(Masson 2004, 119)는 것이다.

> "야생의 고독한 동물만이 아무거나, 자기가 좋을 때 먹는다. 문명인은 아무거나 먹지 않고 아무 때나 먹지 않는다. 따라서 홀로 먹는다는 것은 무정부적으로 스스로를 사회에서 고립시키는 것이다." (Apfeldorfer 1994, 2)

물론 이 세 유형의 존재 방식에는 서로 차이가 있다. 먼저 세속을 벗어나 은둔하며 홀로 살아가는 은자의 행위는 자신의 의지에 의한 것이며 신앙심의 발로이다. 그의 삶은 곡기를 끊는 금식의 반복과 극단적 절제로 점철되어 있다. 이는 신에게 다가가려는 지상의 목표를 위한 것이다. 이러한 금욕주의자의 삶은 정상인의 사회적 삶과는 동떨어진 것이며, 홀로 지내므로 다른 이들과 함께 먹을 기회조차 스스로 박탈하는 것이다. 두 번째 부류인 야만인의 경우 서구 대중의 공통된 상상력을 엿볼

이나 총리 등 국가 수뇌들의 삶은 이와는 반대로 함께 먹는 일이 매우 잦다. 특히 '혼밥'의 논란은 한국의 정치권에서 단골 이슈이다. 여차하면 대통령의 '혼밥'은 정치적으로 공격당하기 일쑤다. 한 번쯤은 기사의 제목으로 보았을 '대통령의 혼밥!' 드물게 긍정적인 제하(「대통령도 즐긴 '혼밥'의 건강학」, 『주간동아』 1068호, 2016.12.21.)로 실리기도 했지만, 대부분의 기사는 어쩌다 혼잣밥을 먹는 대통령의 식생활까지도 정치적인 시각으로 비틀었다. 그 밑바닥에는 정치적인 문제를 떠나, 혼자 식사하는 모습을 관계 결여와 소통 부족이라는 비정상인 행태로 보는 집단적 시선이 있다.

수가 있다. 집단적 믿음으로 가공된 야만인은 무엇보다 '숲'에 사는 인간을 일컫는다. 마을이 아닌 숲은 무엇보다 문명 세계와 유리된 곳이며, 따라서 인간의 질서 밖에 놓여 있는 공간이다. 이 숲속 야만인은 더럽고 덥수룩한 외모에 때로는 늑대인간으로 변할 수도 있다고 의심받기도 한다. 이와 유사하게, 어떠한 이유로 홀로 숲에서 자라 길러진 '야생의 아이'도 마찬가지이다. 늑대 같은 동물의 무리에서 자란 아이의 이야기는 잘 알려져 있다. 각각 어른과 아이로 대립되는 예이지만, 두 부류 모두 문명화된 세계, 인간의 무리 속에 섞여 살 수가 없는 존재들이다. 여기서 숲과 문명은 '날것'과 '익힌 것'의 차이이다. 야만인은 인간이지만, 식탁과 요리를 경험하지 못한 '동물처럼 사는' 인간이다. 두 유형의 야만인은 모두 식탁의 동반자가 없이 홀로 먹는 인간들이다.

이러한 은자와 야만인과는 달리 정신병자의 경우는 좀 더 현실적이며 흥미롭다. 마쏭은 푸코를 비롯한 다양한 학자들이 묘사한 광기의 역사를 되짚으며 공동 식사의 유의미한 역할과 가치를 상기시켜 준다. 푸코의 『광기의 역사 Histoire de la folie à l'âge classique』에서 잘 서술되어 있듯이, 18세기 살페트리에르Salpêtrière 시설은 정신병자들을 감금한 곳이었다. 그런데 이러한 사회적 격리는 매우 잔인한 환경 속에서 이루어진 비인간적인 방식이었다. 특히 이 수용 시설에서 음식이 환자들에게 제공되는 방식은 동물성의 전형을 보여 주는 것이었다. 창살을 통해 넣어 주는 식사는 동물원의 그것을 연상시키기에 충분했다. 인간의 기본적인 활동들이 서로 다른 공간에서 행해진 것이 아니라, 짐승들처럼 "먹고, 자고, 배설하는 세 행위가 단 한 곳에서 이루어졌다."(Masson 2004,

122) 이러한 역사의 맥락에서 19세기 중반 선구적인 정신과 의사 프랑스와 뢰레François Leuret의 주도로 이루어진 공동 식사 요법은 광인의 증상을 개선하는 데 도움이 된 것으로 보고된다. 의학사의 관점에서 보면, 이 시기는 광기를 정신병으로 간주하여 치료의 대상으로 삼게 되는데, 이는 과거의 접근 방식과는 전혀 다른 의료적 입장이었다. 여기서 눈여겨볼 점은 뢰레가 함께 먹기를 정신병 환자들을 대상으로 치료의 한 방법으로 활용했다는 것이다. 뢰레는 환자 중 하나에게 식사를 초대한 주인처럼 공동 식사의 접대 역할을 맡기고, 식탁의 손님으로 앉은 다른 환자들과 함께 식사하는 행위를 연출하도록 했다. 주인의 역할을 맡은 환자의 임무는 동료 환자들을 모아 식당으로 안내한 후, 식사 전에 손을 씻게 하고 식탁에 앉아 정상인들처럼 식사를 끝내게 하는 데까지 살펴보는 일이었다(Gauchet and Swain 1980. Masson 2004, 123-124에서 재인용). 이러한 뢰레의 노력의 결과로 이후 모든 관련 수용 시설에 구내식당이 설치되게 되었다. 이러한 치료 방식은 무엇보다 환자들에게 부재한 집단생활의 기본을 재교육하는 데 그 목적이 있었다. 공동의 식탁에서 함께 먹으며 연대성을 기르고 사회적 가치를 회복시킴으로써, 정신병자들이 보여 주는 동물성의 이미지를 제거하고 '인간화hominisation'의 과정을 밟게 하려는 것이었다. 이러한 치료 프로그램의 바탕에는 함께 먹기가 인간의 고양된 문화적 삶으로 들어가는 세련된 행동이며, 따라서 사회화의 효과를 만들어낸다는 믿음이 자리 잡고 있다. 그러므로 역으로 보자면, 홀로 먹는 존재가 현재는 정상적인 인간이라도 잠재적으로는 탈사회화의 위험에 노출될 수 있다는 해석도 가능한 것이다. 함께 먹기와 홀

로 먹기의 대립은 위의 세 부류의 유형을 통해, 한편으론 동물로부터 인간을, 또 다른 한편으로는 신神으로부터 인간을 유리시키면서 타자성의 경계들을 표지하게 된다.

오늘을 살아가는 현대의 식자는 많은 점에서 과거와 다른 모습을 하고 있다. 혼자서 밥을 먹는 사람들이 점점 더 늘어나고 있고 그 모습도 어느덧 자연스러운 풍경으로 자리 잡았다. 또한 간식이나 기능 식품의 증가와 더불어 중독성 있는 먹을거리들을 무의식적으로 섭취하는 현대 식자들의 모습은 "사회적 관계의 쇠락을 알리는 신호"(Apfeldorfer 1994, 2)가 되었다. 휘슬러는 변화된 삶의 환경이 인간의 식문화와 식생활을 변화시켰다고 지적하며, 거식증에 대한 빌츠(Bilz 1971)의 연구에 의지해 혼자 먹는 행위가 갖는 퇴행적인 동물적 특성에 주목한다. 빌츠는 영장류의 섭식 활동의 두 가지 범주로 '공식 행위共食行爲 commensalism'와 '방랑자식 섭식vagabond feeding'을 구분한다. 휘슬러는 현대 서구의 문명 속에서 방랑자식 섭식이 점점 더 늘어나는 추세를 보이고 있다고 지적하며, 구조화된 식사와 스낵류의 대립을 동물 행동학의 사례를 통해 설명한다. 사회성이 강한 일부 영장류는 집단으로 식생활을 영유하는데, 위계 서열에 따른 순서로 음식을 나눠 먹는다.[2] 먹는 양은 상당하고 매 섭식 간격이 긴 것이 특징인데, 이러한 방식이 공식 행위이다. 포획된 비비류의 원숭이를 우리에 넣고 관찰해 보면 이러한 공식 행위를 하게 된다. 반면 자유로운 상태에서는 이와 달리 돌아다니는 곳에 따라 불규칙적으로 시

2 물론 가장 맛있는 부위는 최고 서열의 개체가 소비한다.

도 때도 없이 적은 양을 홀로 먹는 방랑자식 섭식 활동을 한다. 방랑자식 섭식 행태는 계통 발생학적으로 공식 행위보다 더 원시적이다. 그러므로 계통 발생학적으로 더 오래된 종들(가령, 튜파이아), 즉 인간을 포함한 오늘날 고등 영장류 전체의 공통 조상들은 포획된 상태에서조차 방랑자식 섭식 행동만을 보인다. 빌츠에 따르면 이 두 유형의 행동은 모두 인간에게서 관찰된다. 특정한 장소나 때도 없이 길거리를 걸어가며 무엇인가 먹는 현대인의 모습을 생각하면 될 것이다. 휘슬러에 따르면 산업화와 도시화에 길들여진 우리의 식습관은 '계통 발생학적인 회귀 régression phylogénétique', 곧 식문화의 심층적인 변화를 보여 준다(자세한 사항은 Fischler 1979, 204–205참조).

다양한 사회경제적인 변화와 더불어 정해진 시간에 먹던 식생활 패턴이 무너지고 함께 먹기의 토대인 가족식이 눈에 띄게 감소했다. 그래서 학자들 사이에선 과거의 사회가 보여 주었던 먹기 공동체의 결속력이 현재의 사회에도 유지된다고 볼 수 있는지에 대해 논쟁이 이어졌다. 앞서 살펴본 것처럼, 뒤르카임, 모스, 로버트슨 스미스, 그리고 짐멜 등, 사회학, 또는 인류학 선구자들의 업적은 함께 먹기의 사회적 역할과 중요성을 논급하고 있다. 이러한 학문적 기조는 큰 변화 없이 이후의 식문화 연구자들에게 일정 기간 그대로 이어졌다고 할 수 있다. 특히 공동의 식사가 마련해 주는 사회적 관계 구축과 연대, 그리고 그 지속과 강화의 측면이 다양한 맥락에서 줄곧 강조되었다. 그러다가 80, 90년대 일부 학자들은 사회변혁과 개인주의의 도래에 따라 함께 먹는 행위가, 특히 함께 먹기의 토대인 가족 식사가 서구 사회에서 사라져가고 있다는 진단을 내리게 된다(가령 Rotenberg 1981 ; Falk 1994). 학술적인 논의를 차치하고라도, 이는 식자라면 누구나 변화된 삶의 현실 속에서 쉽게 관찰할 수 있는 사실이기도 했다. 그럼에도 불구하고 모든 연구자들이 이러한 주장에 찬동을 표하는 것은 아니었다. 일부 학자들은 공동의 식사가 쇠퇴하기는커녕 여전히 굳건한 사회적 토대를 지니고 있다고 주장한다. 안느 머콧Anne Murcott에 따르면, 가족 식사가 사라지고 있다는 '도덕적 공황'은 젠더, 연령 그리고 사회적 계층을 고려해 볼 때 잘못된 판단에서 비롯된 성급한 결론일 수 있다. 머콧은 학자들이 제시한 논거 자료에 의심을 품는다. 가족 식사의 쇠퇴에 대한 지속적인 주장의 근간에는 중산층, 그리고 이에 상당하는 수준의 노동자 계층 가족을 이상적이고 전형적인 모델로 삼고 있다는 것이다. 과거 상류층의 자제들은 자신들의 부모와 함께 식사하지 않고 자기의 방에서 따로 식사하였고, 노동자 계급의 부인은 남편과 함께 식사하기보다는 식사 시중을 드는 하녀나 웨이트리스 같은 역할을 수행했다(Murcott 1997, 43-44). 머콧의 이러한 주장은 그의 최근의 연구에서도 이어지고 있다(Murcott 2012). 사회의 가중된 변화가 진행된 현재, 머콧이 비판했던 학자들과 관련 연구 분야의 학자들이 자신들의 논거를 포기하고 다른 주장을 하고 있다는 학술적 증거는 없다. 오히려 어떤 의미에서는 가족 식사는 여전히 우리 사회에서 지속해서 쇠퇴해가고 있다. 그렇지만 여전히 머콧의 주장 또한 완전히 틀리다고는 할 수 없을 것이다. '도덕적 공황'을 현저히 느낄 만큼 중대한 변화가 있다고 말할 수는 없을 것이다. 우리는 여전히, 이러저러한 방식으로 가족과 함께 식사를 하고 있기 때문이다.

2
'혼밥'의 공동체?

우리나라의 경우도 변화된 서구 사회의 경향을 따라가고 있다. 어떤 의미에서는 비슷한 과정을 짧은 시간에 통과하는 것처럼 보인다. 이는 무엇보다 다양한 요인에서 시작된 식자들의 파편화된 삶, 즉 소위 '나홀로 가정'의 증가 등 현 사회의 구조적 특성과 연동되고 있기 때문이다. 홀로 생활하니 아무래도 혼잣밥을 먹게 될 가능성은 자연스레 커질 수밖에 없을 것이다. 그런데 불과 얼마 전까지만 해도 혼잣밥은 먹는 사람이나 보는 사람이나 그리 편한 일은 아니었다. '왜 혼자 먹는냐?'는 말과 더불어, '밥동무 해줄까?' 하며 식탁에 합석하는 경우도 낯설지 않은 시절이 있었다. '혼자서 무슨 맛으로 먹냐?' 혹은 '같이 먹어야 맛있지.'라는 말에는 분명 오랜 규범의 흔적이 들어 있다. 요즘 같은 소위 '혼밥'의 사회를 보면, 혼잣밥을 먹는 이에게 건네는 이 말조차 사라진 사회가 곧 도래할지도 모른다. 2020년 12월 초에 발표된 통계청의 보도자료 「2020 통계로 보는 1인 가구」에 의하면, 2019년 기준 전체 가구 10가구 중 3가구(30.2%)가 1인 가구이다. 이 중 20대가 전체 1인 가구의 18.2%로 가장 큰 비중을 차지하며, 다음은 30대(16.8%), 50대(16.3%), 60대(15.2%) 등의 순이다. 특히 수도권의 비율이 높아 2019년 기준 1인 가구 10가구 중 4가구는 서울과 경기도에 거주하는 것으로 나타났다. 이 통계자료는 사실상 1인 가구가 특정한 연령층이 아니라 전 세대에 걸쳐 고루 나타나고 있음을 보여 준다. 혼자 사는 삶, 나아가 혼자 먹는 생활은 이렇게 점점 더 확대되어가고 있다. 불과 얼마 전까지만 해도 식당에서 혼잣밥을 먹는 일은 사회 분위기상 그렇게 녹록하지 않았다. 아래는 작가 윤고은의 단편소설 「일인용 식탁」의 일부이다. 이 단편이 한 계간지에 게재된 해가 2009년도인데,[3] 작품의 주제도 기발했지만 무엇보다 지금에 와서 보니, 앞으로 도래할 사회의 한 단면을 예고해 준 건 아닌가 하는 생각이 든다.

> "혼자 먹는 식사는 지겹다.
>
> 급히 찾아낸 단어였지만 가장 잘 어울리는 말이기도 했다. 혼자 먹는 것은 정말 지겨운 일이었다. 아니, 두렵기까지 했다. 보다 정확히 말하자면 혼자 먹는 식사가 아니라, 혼자 음식점에 가서 사 먹는 식사였다. 2년째 혼자 살고 있지만, 집에서 혼자 먹는 식사는 편했다. 문제는 음식점에서 혼자 먹어야 할 때였다. 일요일 저녁부터 나는 극심한 월요병을 앓곤 했는데, 그것은 출근길이나 업무에 관한 것이 아니었다. 다가올 한 주간의 점심시간에 관한 것이었다." (140쪽)

> "발이 사무실로부터 멀리, 멀리 가는 동안 눈은 음식점의 통유리창을 훑었다. 혼자 앉아 있는 사람들이 보이거나, 전체적으로 손님이 없는 음식점을 찾아서, 걷고 훑고 그러다가 한 곳, 당첨이 됐다. 메뉴가 뭔지는

3 윤고은. 2009. 「1인용 식탁」, 『실천문학』, 137-162. 이 단편은 다른 단편들과 함께 소설집 『일인용 식탁』(2010, 문학과 지성사)에 표제작으로 수록되어 출간되었다.

들어가서 확인하면 된다. 혼자 먹는 사람이 메뉴보다 더 고려하는 것은 타인의 시선이니까." (142쪽)

혼자 사는 9개월 차 직장인인 주인공 오인영은 알 수 없는 이유로 동료들에게 따돌림을 당하고, 홀로 점심 식사를 해야만 하는 처지다. 매번 주변을 의식하며 간단한 먹거리로 끼니를 때우던 주인공은 결국 '혼밥'의 공포를 극복하려 '혼자 먹는 법'을 알려 주는 학원에 등록하게 된다. 이 학원에서는 5단계로 '혼밥' 난이도의 수준을 구분하고,[4] 남의 시선을 의식하지 않고 혼자 먹을 수 있는 기술을 가르친다. 이 등급들은 어떻게 보면, 함께 먹어야 하는 음식들이 존재한다는 것을 말해 준다. 단편 속 혼잣밥을 먹는 주인공이 겪는 현실은 개인에 대한 집단의 폭력으로 묘사된다. 이는 작가의 상상력을 넘어 식자들이 공유하는 경험의 보편성이다. 홀로 밥을 먹는 주인공을 향한 타인의 불편한 시선은 부조리할 정도로 가차 없다.

"여자는 다른 사람의 시선으로부터 자유롭지 못하다. 한 벌의 수저가 올려진 밥상은 권투가 벌어지는 링과 같다. 여자는 그 위에 홀로 서서 날

---

4 소설이 묘사하는 5단계는 다음과 같다.
1단계 – 커피숍, 빵집, 패스트푸드점, 분식집, 동네 중국집, 푸드코트, 학원가 음식점들, 구내식당
2단계 – 이탈리안 레스토랑, 큰 중국집, 한정식집, 패밀리 레스토랑
3단계 – 결혼식, 돌잔치
4단계 – 고기집, 횟집
5단계 – 돌발 상황

아오는 시선을 맞는다. 호기심 많은 관중들이 레프트훅, 라이트훅, 시선을 날릴 때 여자가 방어할 수 있는 방법은 꿋꿋이 먹는 일뿐이다. 그러다 가끔, 여자도 시선이 날아오는 쪽을 겨눈다." (137쪽)

주인공의 심적 변화 과정은 "혼자 먹는 식사는 지겹다."(140쪽)에서 "혼자 먹는다는 것은 어려운 일이 아니었다."(148쪽)를 거쳐 종내 '혼자 먹는 식사는 즐겁다.'(162쪽)는 고백으로 이어진다. 따돌림으로 시작된 '비자발적인 혼밥'에서 스스로 남을 의식하지 않는 '자발적인 혼밥'으로 바뀌어 가는 한 개인의 초상이다. 혼밥의 현상이 어느 정도 익숙해진 현재, 소설이 발표된 2009년과는 달리 2020년 오늘의 사회가 바라보는 '혼밥'에 대한 차가운 시선은 눈에 띌 만큼 무뎌진 건 사실이다. '혼밥'이라는 용어는 생각보다 규정하기 힘든 복합적인 대상이다. 이 사회의 다양한 현상들을 품고 있기 때문이다. 어휘가 갖는 기본적인 의미로, '혼밥'은 '혼자 먹는 밥, 혼자서 밥을 먹음'을 말한다. 따라서 이 어휘의 의미는 집에서 먹는 내식이나 집밖에서 먹는 외식을 포함하여, 식자 홀로 먹는 밥, 그리고 그 밥을 먹는 행위 일체를 가리킨다. 이 어휘는 아직 사전에 등재되지 않았지만, 식생활의 탈구조화 정도에 따라 앞으로 '랑그'라는 제도 속으로 들어올 개연성이 있다. 그런데 혼자 밥 먹는 일이 일상에서 특별한 건 아니다. 식자라면 누구나 그런 경험들을 공유한다. 직업이 갖는 특성으로 인해, 혹은 주어진 상황이 그러해서, 이런저런 다양한 이유들로 혼잣밥을 먹는다. 그럼에도 불구하고 '혼자'가 갖는 사회적 힘의 무시할 수 없는 증거는 바로 언어 공동체에서 일어나고 있는 관련 어휘장의 확장이다. '혼밥'을 시작으로 '혼술', '혼영' 등등 신조어의 유행은 먹고 마시는 일뿐만 아니라 그 외의 여가 활동 영역으로까지 확대되었다. 위에서 인용한 최근 통계가 보여 주듯이 '1인 가구'의 증가는 상당히 가팔라서 나라의 중심적 가구 형태가 되어가고 있다.

'혼밥'은 곧 결핍을 의미하는가? '혼자' 혹은 '홀로'라는 중심 의미로 인해, '혼밥'은 스스로 불완전하고 마치 잃어버린 반쪽을 찾아 헤매야만 하는 결합은유unity metaphor의 이미지를 표상하게 된다. '혼밥'을 비정상으로 보는 시각은 그 출발이 자기 검열의 내부와 사회 규범의 외부일 수 있다. 혼자 밥을 먹는 일이 창피할 수도 있고 혼자 밥을 먹는 사람을 보면 불편하게 느낄 수도 있다. 전자는 전형적으로 후자의 투영이다. 그런데 '혼밥'을 하는 사회적 집단이 균질화된 공동체는 아니다. 소위 '혼밥족'이 '혼밥'을 하는 동기를 단일한 요인으로 설명할 수는 없다. '혼밥족'이 모두 '1인 가구'를 의미하는 것은 아니지만, '1인 가구'의 성원이 '혼밥'을 할 확률은 매우 높다. 또한 '1인 가구'의 성격을 단일한 기준으로 재단하여 규정할 수는 없다. 다양한 이유로 '1인 가구'가 생성되고 여기에는 사회문화적인 변인들이 작용하기 때문이다. 20~30대에서는 미혼과 만혼晩婚, 40대 이후로는 이혼과 고령화 등으로 홀로 사는 가구의 수가 빠르게 늘어간다. 게다가 오늘날 점점 더 많은 사람들이 성·연령·소득의 계층적 특성에 따라 혼자 식사를 해야 하는 생활 방식과 근무 조건을 지니고 있다. '혼밥' 현상이 눈에 띄게 늘어났다는 건 그 아래에 '집밥'이라는 가족 식사의 두드러진 감소가 있었다. 피요는 서구 사회의 경우, 식사의 쇠퇴와 우리 삶의 방식의 변화가 맞물려 있음을 지적한다(Piault 2003,

11). 우리의 경우도 마찬가지일 것이다.[5] 그만큼 먹는 일이 점점 더 사회적으로 탈구조화되고 있는 양상이다.

이러한 탈구조화 속에서 개인의 미각과 취향, 그리고 이와 연관된 공동체 성격의 변화는 꼭 짚고 넘어가야 할 것이다. 주어진 상황에서 어쩔 수 없이 홀로 끼니를 때우며 살아가야 하는 집단 곁에는 주체적이고 자발적인 '혼밥족'도 존재한다. 이 집단의 성향을 '대략적으로' 유별하자면, 한쪽은 '함께'하려는 경향이고, 다른 한쪽은 '홀로' 하려는 경향이다. 서로 상반된 것처럼 보이는 두 경향이 '혼밥족'의 삶을 규정한다. 물론 두 경향의 구분은 편의상의 구분이고, 두 집단의 생활 방식은 단일한 방식으로 특정할 수 없다. '혼밥족'의 일부는 두 경향을 공유하거나 또 다른 방식으로 일상을 영위할 수 있기 때문이다. 함께하려는 경향은 '혼밥' 하는 이들 간의 '소셜 다이닝social dining' 같은 움직임을 말한다. SNS와 인디넷 사이드라는 가상 세계를 통해 낯선 이들과 만나 현실 세계에서 함께 식사를 하는 이들의 존재는 시대가 만들어 낸, '따로' 살지만 '같이' 만나 먹는 행위의 새로운 양식이다.

"먹는 일은 살아 있는 동안엔 일상적으로 반복해서 해야 하는 행위이

---

5 1인 가구의 증가라는 사회구조의 변화의 강도는 상당히 묵직한 것이어서 이를 포착한 산업 자본의 이동도 눈에 띌 정도로 재편되고 있다. 사회 구조의 변화는 소비 구조의 근본적인 변화를 야기하고 있는 것이다. 무시할 수 없는 1인 가구의 비중과 소비 성향은 경제에 미치는 영향도 상당하다. 아울러 식자 홀로 편리하게 먹을 수 있는 식품이 양적으로나 질적으로 다양화되고 있고, '혼밥'의 삶을 콘텐츠로 하는 미디어의 발전 등도 동반되는 변화이다. 이러한 것들은 '혼밥 사회'라는 변화를 더욱 강화하고 고착화하는 부차적 요인 중의 하나라고 할 수 있다.

> 므로, 음식과 관련된 콘텐츠는 사람들의 관심을 유인할 잠재성을 갖는다. 음식과 관련된 콘텐츠들 그 표현 양식이 어떠하건 원초적으로 모두를 하나로 묶을 수 있는 보편적 조건과 욕망을 함의한다. 그것은 생존과 쾌락이라는 양면과 결부되어 모두를 하나로 묶는 힘이 있다. 먹는 일은 개인적이지만 그 욕망은 공통적이다. 그리고 그것으로 즐거움을 주는 유희가 되고 소통을 만들어 낸다." (서종석 2019b, 271)

게다가 같은 밥상에서 밥을 먹더라도 자신이 좋아하는 음식을 먹을 수가 있다. 같이 즐기고 나누지만 어떤 의미에서 혼자 즐기는 '맛'도 함께 보존된다. 어떻게 보면 이는 사회적 미각과 개인의 기호가 변화된 사회의 식탁에서 공존하는 모습일 것이다. 여기서도 음식은 매체로서 훌륭한 역할을 해준다. 식탁에 함께 앉아 자신을 먹는 사람들을 관계시키고는 서로의 삶 속에 머물러 있을 수 있게 해준다. '소셜 다이닝'은 그 개념과 범위는 매우 넓은 '식구' 모임이라 정의할 수 있다. 사회와 문화 영역에서 공통된 관심사를 가진 식자들의 다양한 형태의 모임을 포함한다. 공유 부엌도 여기에 포함될 수 있다. 성원들은 현실 세계에서 만나지만 가상 세계가 갖는 '유연한' 인간관계의 특성을 유지할 수 있는 장점이 있다. 식자는 함께 먹지만 자신을 지키며 상황을 통제할 수 있으므로, 식탁이 줄 수 있는 인간관계의 피곤함에서 언제든 벗어날 수 있는 주도권을 갖는다. 이와는 달리 무리가 어울려 함께 먹는 사회적 식사에 불편함을 느끼고, 정신적으로나 미각적으로나 자기만족에 중심을 둔 집단도 있다. 보통 '나홀로족'이라고 불리는 이 집단은 단연 '도시의 은자'

처럼 보인다. 사회에서 조우하는 대부분의 공동 식사는 권력과 위계의 질서가 지배하는 또 다른 사회이다. '나홀로족'은 이러한 사회와 관계에서 자의적으로 벗어나 개인의 공간에 머무르려 한다. 어떤 의미에서 '나홀로족族'은 일명 코쿤cocoon족을 강하게 연상시키지만, '고치'에 자신을 가두는 폐쇄적인 행태는 보이지 않는다. 이들의 생활은 자발적 '고립'이나 '단절'이라기보다는 '자립'이나 '독립'이란 용어로 규정하는 게 더 적합한 것처럼 느껴진다. 따라서 '은둔형 외톨이'처럼 자기만의 성채에 들어가 스스로 자신을 가두는 것이 아니라, 외면적으로 자기의 성채를 굳건히 지키고 있는 인상을 만들어 낸다. 어떤 의미에서 이들의 '혼밥'은 건강한 식사로 볼 여지도 있다.

많은 이들이 단편 「일인용 식탁」의 주인공 오인영처럼 마침내 '혼자 먹는 식사의 즐거움'을 알게 되었다 해도, 이것이 모던 사회 특징의 한 단면이라면 그리 놀랄 일은 아닐 것이다. 자기 결성과 통제로 공간과 시간을 가용하는 개체의 증가는 사회문화적으로 상당한 의미가 있다. 이는 식자로서 공동체에 대한 소속감과 정체성의 문제로 귀결된다. 함께 먹기가 그 자체로 특정한 먹기 공동체에 속한다는 정체성의 표지라면, '혼밥'의 증가는 곧 그 정체성의 상실을 의미하는 것처럼 보인다. 달리 말하자면, 전통적인 의미에서, 집밥의 나눔이 곧 한 가족에 속한다는 정체성을 의미한다면, 이 나눔 대상의 상실은 곧 이 소속감의 상실, 기존 정체성의 변화로 이어진다. 정체성의 변화는 기존의 먹기 공동체의 와해와 구성원의 이탈을 의미한다. '입'이 '하나'라는 사실을 사회성이 제거된 형식으로만 받아들인다면 먹기의 일차적인 기능은 순수하게 생리적인 것으로 간주해 볼 수 있을지도 모른다. 사회적 식탁은 일종의 연극무대 같은 곳이다. 이 공간에서 홀로 먹기는 독백과 같은 쓸쓸함을, 함께 먹기는 대화처럼 즐거움을 준다고 말해야 할 것이다. '말하는 입'이 아닌 '먹는 입'만 존재하는 물리적 상황은 '대화'가 아닌 '독백'이라는 침묵의 장이다. 그러나 이 침묵은 외부의 타자와 대화를 구축하는 데 어려움이 있을지는 몰라도, '내면'의 자신과 '대화'를 끌어낼 기회가 될 수 있다. 또한 '혼밥 커뮤니티'처럼, 자신과 같은 조건에 놓인 침묵의 입들과 소통의 장을 만들 수 있는 계기가 되기도 한다. 결국 '나홀로족'은 타자를 욕망하면서도 거리는 두는 이방인의 한 모습이다.

그런데 '나홀로족'은 홀로 먹는 것처럼 보이지만 대부분은 세상과 연결되어 있다. 디지털 문화에 익숙한 젊은 층의 경우는 더욱 그렇다. 이들은 밥 먹는 시공간의 주인이지만 네트워크에 의지해 세상의 끈을 놓지 않는다. 특히 스마트폰은 '나홀로족' 식탁의 빈자리를 메워 주는 주요한 식객이다.

> "현대의 식자에게 필요한 것은 무엇보다 세상과 연결해 줄 수 있는 스마트폰이다. 밥을 먹으며 텔레비전을 시청하는 것처럼, 혼자 식사를 하는 사람들 – 때로는 같이 밥을 먹으면서도 – 중 많은 이들이 스마트폰을 보며 식사를 하는 광경은 낯설지가 않다. 식탁의 구성 요소에서 우리의 삶을 지배하고 있는 기술의 발전을 빼놓을 수가 없게 된 것이다. 오늘날 식자에게 스마트폰은 수저만큼이나, 포크와 나이프만큼이나 중요한 부분이 되었다. 입으로는 무엇인가를 먹으며 눈으로는 무엇인가를 본

다. 혼밥의 사회 속에서도 실상 우리는 혼자가 아니다. 단지 세상과 소통하는 방식만 달라졌을 뿐이다. 여전히 무엇인가에, 누군가에 '접속'하고 있다." (서종석 2019c, 271)

디지털 매체가 만들어 주는 '나홀로족'의 세계 속에서 전통적인 대인 관계는 약화된다. 그러나 이는 디지털 문화의 단점이라기보다는 특성이라는 점에서 당연한 것이다. '나홀로족'이 이러한 방식으로 '혼밥'을 즐긴다는 것은 무엇보다 단절을 의미한다기보다는 새로운 소통 방식을 갈구하는 징후로 읽어야 한다. 이들은 디지털 사회망에 끊임없는 접속을 하면서, 통제할 수 있는 자기 자신을 그 중심에 두고 타자와 소통하려고 한다. "기술의 발전이 사람들을 연계하고 새로운 사회적 관계를 확대 강화했다는 사실은 식탁의 장이 가상공간으로 폭넓게 확대되었다는 것을 의미한다."(서종석 2019b, 290) 이들의 '혼밥' 역시 세상의 모든 식자의 먹는 행위처럼, 하나의 사회적 사건으로서 단순히 개인의 것이 아니라, 유사한 문화 행위로 삶을 살아가는 개인들을 하나로 묶고 공동체를 형성한다. '혼밥'을 하는 불특정 다수의 식자는 그렇게 해서 하나의 먹기 공동체로 들어간다. 이때 '나홀로족'의 '혼밥'은 새로운 관계화의 기제로 작동되며 저마다의 식공간을 통해 응집하고 연대할 수 있게 된다. 이 먹기 공동체의 특징은 서로 분리된 '입'을 지녔지만 식행위의 동질성을 확보함으로써 하나의 문화 집단을 형성한다. 앞서 폴크의 논의에서 언급했던 것처럼, 모던 사회 개인의 자아는 소비의 주체가 되며 그것을 통해 자기표현도 가능하다. 모던 사회의 '닫힌 몸'과 '열린 자아'는 주어진 먹기 공동체의 규범을 위해 자신을 희생하지 않는다. '나홀로족'의 모습은 모던 사회의 전형적인 식자의 한 모습이다. 모던 사회의 자아는 먹기 공동체가 떠난 자신의 '빈 공간'을 개인의 미각과 취향으로 채워 넣는다. '나홀로족'은 극히 강화된 '열린 자아'를 소유한 존재이자 가장 독립된 소비 주체처럼 보인다. 주어진 먹기 공동체와는 분리되려는 자아를 지녔으되, 집단 자아로 채워졌던 자신의 내부를 자신의 고유한 취향으로 채우려는 식자처럼 보인다.

그러나 '나홀로족'의 '자립'은 여전히 많은 이들에게 '자'발적 고'립'으로 비추어진다. '자립'과 '고립'은 의미적으로 다르지만 상통한다. '나홀로족'에 대한 시각이 그렇다. 이들의 삶의 양식이 그 자체로 긍정적인 측면도 있고, 또 이들이 늘 함께 먹기를 거부하고 혼자 먹기만을 고집하는 것이 아님에도 불구하고, 이 시대가 만든 사회적 문제의 징후로 읽혀질 수 있기 때문이다. 산업화와 도시화의 절대적인 영향 속에 놓여 있는 개인은 저마다 생존을 위해 허겁지겁 살아가는 식자일 뿐이다. 특히 사회적 자립의 기회가 여의치 않은 젊은 층이 그렇다. 따라서 '나홀로족'의 혼잣밥에 대한 단순한 해석은 위험하다. '나홀로족'이란 호칭으로 대표되는 식자의 삶은 어쩌면 주체적으로 선택한 것이라기보다는 외부로부터 부여된 측면도 많이 있다. 20대는 아마도 가장 약한 고리일 것이다. 경제적 여력이 없는 사회초년생들이 혼자 식사하는 것에 상대적으로 익숙하다든가, 기성세대의 집단주의 문화에 저항한다든가, 혹은 이기적인 개인주의의 발로이라든가 하는 해석들이 모든 것을 설명해 주지 못한다. 실상은 그들이 그렇게 할 수밖에 없는 사회경제적인 요인들에 주목해야 한다. 사회의 초년생들은 아마도 격화된 경쟁에 가장 무방비로 노출된 식자들 중 하나이다. '밥은 함께 먹어야 맛있지!'라는 표현이 지닌 함의는 공동 행위 자체에 무게 중심이 놓인 것을 의미하지 않는다. 그것은 근본적으로 '나눔'이라는 '함께하기'를 뜻한다. 먹는 행위는 역사의 초기부터 공동체적 성격을 갖는다. 그리고 인간의 식문화가 성립된 지구상 어느 곳이라도 여기에서는 벗어나지 못한다. 적어도 지금까지는 미각은 사회성이 담겨 있는 감각으로 간주되어 왔고, 사회의 많은 곳에서 유효한 것처럼 보인다. 이러한 인류의 오랜 식문화와 식습관에 근본적인 변화와 저항이 발생한 것이 현대 식자들이 살아가는 오늘의 현실이다. 그러나 일부 연구에 따르면 사람들은 보통 혼자 먹는 것보다는 다른 이와 함께 먹는 것을 선호한다. 그래서 혼자보다는 다른 사람들과 함께 식사하는 데 일상의 더 많은 시간을 보낸다(Pliner and Bell, 2009). 우리가 주목해야 하는 건 사람들이 혼잣밥을 먹기보다는 다른 이들과 식사하는 걸 더 좋아한다는 사실이다. 가끔 혼자 있고 싶은 것처럼, 홀로 식사하며 자기의 시간을 누리고 싶은 건 자연스러운 것이다. 그러나 '도시의 은자'가 되고 싶은 것이 아니라면, 혼잣밥이 일상이 되기를 원하는 사람은 없다. 자발적이건 아니건, 우리가 혼자 먹는 이유는 어쩌면 결국 같이 먹을 사람이나 혹은 같이 먹고 싶은 사람이 없는 삶 속에서 살고 있는 것은 아닐까? 혼자 먹는 일이 늘어났지만, – 좋건 싫건 – 우리는 여전히 함께 먹고 있다. 좋아하는 사람들과 식탁에 앉아 먹는 일을 싫어하는 사람은 없다.

공생공락의 향연을 통한 친목의 정신이 전 사회 계층에 확산되었다. 모임은 잦아졌고, 모두가 친구들을 대접하면서 자신이 더욱 고양된 영역에서 발견한 것을 나누어 주려고 노력했다.

"Un esprit général de convivialité s'est répandu dans toutes les classes de la société; les réunions se sont multipliées, et chacun, en régalant ses amis, s'est efforcé de leur offrir ce qu'il avait remarqué de meilleur dans les zones supérieures."

— Brillat-Savarin(1848[1826], 282)

V
세상의 모든 식탁
'공생공락'을 향하여

1
식탁의 얼굴
연대와 배제

우리 중 많은 이들에게 밥상은 정겹고 따스한 기억을 떠오르게 하는 곳 중 하나일 것이다. 세상의 모든 식탁이 그런 즐겁고 행복한 곳이라면, 일상을 먹고 살아야 하는 인간에게 다른 지상의 낙원은 별로 필요 없을 것이다. 그러나 삶의 경험에 비추어볼 때 우리에게 함께 먹는 식탁이 언제나 즐겁고 편한 자리는 아니다. "모든 사회에서 음식을 나누는 일은 친밀감을 만드는 하나의 방법이며, 반면 이를 거부하는 것은 거리와 적의를 드러내는 가장 명시적인 표시 중 하나이다."(Bloch 1999, 133) 혹은 "나눔을 거부하는 것, 그것은 타자를 거부하는 것, 그와 절연하고 자신과는 무관하게 만드는 것이다."(Apfeldorfer 1994, 2) 이렇게 타자와의 식사는 양날의 칼이다. 가족의 식탁에서 사회의 공동 식탁까지, 우리는 때에 따라서 싫어도 앉아야 하는 식탁의 무게를 알고 있다. 그런데 식탁이 주는 이러한 불편한 모습들은 사실 식탁의 숙명이다. 식탁은 모순된 힘들이 작용하는 곳이다. 하나의 식탁은 달빛처럼 어두운 면도 동시에 갖는다. 누구와 함께 밥을 먹는 일은 곧 다른 이들과는 밥을 먹지 않는다는 제약을 품을 수가 있다. 함께 먹는다는 것은 단순히 같이 먹을 사람을 찾는 일이 아니다. 그것은 식탁의 동반자를 구하는 일로, 함께 먹을 자격이 있는 존재를 인정하는 일인 것이다. 이는 말 그대로 선택과 배제를 의미한다. "함께 먹는 사람들이 '우리we'가 되고 '그들they'과 대립하는 문화적 제도"(Ohnuki-Tierney 1993, 9), 우리는 먹으면서 사람들과 하나가 되고 동시에 멀어진다. 가족의 탄생으로 자연스럽게 형성되는 '식구'는 이 모든 선택과 배제의 출발점이다. 가족이 그 본질에서 매우 배타적인 성격을 갖는 것처럼 그들이 함께 앉는 식탁도 그러하다. 우리는 아무하고 밥을 함께 먹지는 않는다. 이것도 그 시작은 가족이다. '식구'로 받아들이는 일은 단순히 같이 먹는 것으로는 충분하지 않다. "식사는 가족과 외부인의 사이에 경계를 놓는다."(Counihan 2004, 113) 코니안은 이탈리아 피렌체인들의 음식과 그 삶을 연구하면서 가족의 식사는 특별히 초대받은 경우를 제외하고는 외부인들에게 제한된다는 것을 보여준다. 가정이 만들어 낸 식탁은 원칙적으로 그 구성원들을 위한 것이다(Counihan 2004, 7장 참조). 또한 주어진 문화에서, 어떤 음식은 누구와 먹어도 큰 의미를 갖지 않지만, 어떤 음식은 특별한 함의를 갖는다. 특정 음식은 다른 음식들보다 더 사회적 매개를 위해 더 훌륭한 역할을 할 수 있다는 의미이다. “같은 음식을 먹는 이들이 하나가 된다면 다른 음식을 먹는 행위는 서로를 떼어 놓는다. 이는 특히 아무 음식이 아니라 사회적 연대에 적합한 특정한 음식을 함께 먹을 때 유효하다.”(Bloch 1999, 139) 가령 프랑스의 경우, 팝콘보다는 수프를 함께 먹는 것이 사회적 친교의 정도가 훨씬 더 강하다. 모리스 블로흐Maurice Bloch는 스프의 경우를 ‘가족적인 유기적 연대familial organic solidarity’의 기호로, 팝콘의 경우는 ‘평등주의적인 기계적 연대egalitarian mechanical solidarity’의 기호로 구분한다(Bloch 1999, 135).

음식이 삶을 영위하고 생존을 위한 것이라면 그것을 나누는 행위는 그 이상적인 의미에서 이기利己에서 이타利他로의 이행을 의미한다. 곧 음식을 나누는 행위, 먹을거리와 마실 거리를 공유하는 행위는 – 모스의 의미에서 – 곧 자신의 일부를 자기 아닌 누군가에게 주는 것과 진배없다. 그러나 인간의 나눔과 그 나눔이 실천되는 식탁은 본질적으로 “위계와 평등이라는 인간화의 본질적인 두 축”(Ariès 2000, 66)이 수립되는 곳이다. ‘나눔’이라는 개념 자체는 그 태생부터 인간 사회의 질서를 담고 있었다. 휘슬러에 따르면, 먹을거리의 나눔 혹은 배분의 문제는 인간의 진화 과정에서 절대적으로 중요한 사안이었다. 특히 동물성 단백질의 섭취는 생존에 필요한 것이었지만 누구나 손쉽게 얻을 수 있는 물질은 아니었다. 그렇다고 구석기 시대 수렵 채집 사회에서 훌륭한 사냥꾼만이 동물의 살코기를 독점한 것은 아니었다. 인류 집단은 동물성 단백질을 분배할 때 구성원 모두에게 혜택이 돌아가게 하면서도 위계적 질서에 따라 배분하는 규범적 장치들을 갖추고 있었다. 이러한 문화적 특질은 인간의 조건 그리고 영장류靈長類에서 인류로 진화하는 '인간화化'와는 유리될 수 없는 것이다. 그리고 이러한 나눔의 행위 속에서 포용과 배제, 그리고 위계의 문제는 본질적으로 동반되는 것이었다(Fischler 2006a, 35). 따라서 함께 먹기의 다양한 문화적 실천 속에서 정치 사회적 양상이 식탁 위에 발현한 건 놀랄 일은 아니다.

> "이러한 사실은 막대한 이익을 다루는 이들에게도 적용된다. 그들은 배부른 사람은 굶주린 사람과 다르다는 것과, 식탁이 대접하는 사람과 대접받는 사람의 유대를 보장해 주는 공간이라는 것을 알았다. 그들은 식사를 통해 회식자들에게 어떤 인상을 주거나 더 쉽게 영향을 줄 수 있다는 사실을 알았다. 이로부터 정치적 가스트로노미gastronomie politique가 탄생하였다. 식사는 통치의 수단이 되었고, 나라의 운명은 연회에서 결정되었다. 이것은 역설도 아니고 심지어 새로운 일도 아니며, 사실의 단순한 관찰이다. 헤로도투스부터 우리 시대까지 모든 역사책을 열어 보면, 심지어 모반을 포함해서 연회 중에 계획되고 준비되고 명령되지 않은 큰 사건은 전혀 없었다는 것을 알게 될 것이다." (Brillat-Savarin 1848[1826], 31-32)

식탁은 "사회생활에 대한 교육과 학습을 위한 특권화된 장소"이자 "나눔과 규제의 장소"로서 개인의 아닌 집단의 규범이 집행되는 곳이다(Boutaud 2004b, 22). 식탁의 출현이 무리 지어 함께 먹는 행위보다 훨씬 더 나중에 출현했다는 것은 논리적이다. 식탁이라는 물리적 형식이 인류의 역사 속에서 출현한 것은 매우 최근의 일이며 그것도 오로지 일부 문화에서만 그렇다(Picq 2004, 42). 그러므로 인간 사회의 질서를 식탁의 생김새로 물질화하여 표현하는 건 자연스럽다. 장방형이냐 원탁이냐에 따라 식탁은 식자들 간의 위계질서를 나타낸다. 그래서 특정한 식자를 식탁의 중심에 놓는 경우와 친구들 사이처럼 평등과 상호 소통을 보장하는 식탁의 모양은 달라지기도 한다. 식탁의 모양뿐만 아니라, 식탁에 올라와 있는 것들은 모두 사회적 위계나 질서를 물질적으로 표현할 수 있다. 식탁 위 언어의 양상도 마찬가지이다. 마랭에 따르면, 언어는 표상이자 힘이다. 담론은 욕망과 사회적 의지의 구조적 전략이다. 타자에게 말하는 힘은 곧 타자를 먹는 행위로 형상화될 수 있고 그 역도 마찬가지이다(Marin 1977, 62). 마랭의 논지에 의거하자면, 위계적 질서가 지배하는 식탁은 그 구성원 모두가 공유하는 즐거움이 아닌 지배자의 즐거움이 도드라지는 곳, 한 기호의 다른 기호에 대한 지배가 이루어지는 곳, 식탁을 주선한 자가 식탁을 통제하고 지배 수단으로 삼는 공동 식사의 장이라고 할 수 있다. 여기서 함께 먹기의 형식은 수직적이며, 일방적인 담론의 방향은 참석한 식자들의 몸과 정신으로 체내화된다(서종석·김모세 2020, 148).

2

공생공락의 식탁 혹은 '이상향'의 식탁

낙원의 모습을 한 식탁이 있다면, 그것은 식탁이라는 물리적 장소가 아니라, 음식이 지닌 본질에서 나올 것이다. 음식은 이상적인 식탁 위에서 환대와 이타의 상징성을 갖게 된다. 음식의 본질은 나와 타자를 위해 존재하는 나눔의 물질이라는 데 있다. 모스가 증여의 개념을 다루면서 음식에 관한 생각을 드러낼 때 이러한 면이 잘 강조된다. "나눔은 음식의 본질이다. 나누지 않는 것은 그 '본질을 죽이는 것'이다."(Mauss 1950, 245) 마르셀 모스의 의견을 좇자면 음식은 그 본질에서 결코 중립적인 실체가 아니다. 다시 말해서 음식이 가장 음식다울 때는 바로 그것이 지닌 본질적 속성에 따라 타자와 나눌 때이다. 음식은 나와 타자를 향해 한껏 열려 있는 세상이다. 그러나 인간의 식탁에 오르는 순간 음식은 그 식탁 주인의 것이다. 음식의 속성이 변하는 것이 아니라, 식탁의 틀과 한계가 음식을 가둬 놓게 된다. 이 세상의 모든 식탁은 그 주인의 목적에 맞게 차려지는 편협한 공간이다. 그곳에서 음식은 차려진 식탁의 목적에 맞게 식자의 삶으로 들어가게 된다. 구디는 음식이 인간의 문화 속에서 오랜 세월 사회 집단의 경계를 표시하고 위계를 식별하는 방식으로 소용되었다고 말한다(Goody, 1982). 그러나 엄밀하게 이러한 역할을 한 것은 물질적으로나 상징적으로나 '음식'이 아니라 '식탁'이다. 식탁이 음식의 본질적 속성과 어우러져 하나가 될 때 비로소 식탁은 이상적인 세계를 상징할 수 있는 곳이 될 수 있을 것이다. 식탁은 가족과 사랑하는 이들을 행복하고 평화롭게 해주는 곳이기도 하지만, 인간의 역사 속 많은 식탁들은 음모와 살인, 협잡과 배신이 계획되고 실천되는 곳이기도 하였다. 그러나 이러한 세상의 식탁은 때로 신성이 머무르는 식탁, 인간이 염원하는 식탁의 모습으로 이상향을 꿈꾸게 해주었다. 신이 함께하는 식탁, 인간의 선의의 상상력으로 꾸며진 식탁 위에서 음식은 가장 빛나고 모두를 윤택하게 해준다.

특히 종교적 식탁은 공동 식사의 본질적 상징성으로 주목받는 장소이다. 초월적 신이 초대하는 식사는 인간의 사회에서는 맛볼 수 없는 의미와 세상이 만들어지는 신비스러운 종교적 사건이다. 가령 기독교 성경에서 묘사하고 있는 종교적 식사는 그 정수에서 인간 사회가 다다를 수 없는 이상향을 지니기도 한다. 그것은 어떤 의미에서 원죄 이전의 에덴동산과 같다. 성경 속에서 만나는 이상적인 식탁은 걸인도, 범죄자도, 신분이 낮은 자도 차별받지 않고 신의 식탁에 초대받는다. 예수의 식탁은 개념적으로 무한히 열린 공간이다. '예수님께서 집에서 식탁에 앉게 되셨는데, 마침 많은 세리와 죄인도 와서 예수님과 그분의 제자들과 자리를 함께하였다.'(마태 9. 10) 혹은 혼인 잔치의 비유에서 만나는 구절들을 보면, '어서 고을의 한길과 골목으로 나가 가난한 이들과 장애인들과 눈먼 이들과 다리 저는 이들을 이리로 데려오너라.' '큰길과 울타리 쪽으로 나가 어떻게 해서라도 사람들을 들어오게 하여, 내 집이 가득 차게 하여라.'(루카 14,15-24) '혼인 잔치는 준비되었는데 초대받은 자들은 마땅하지 않구나. 그러니 고을 어귀로 가서 아무나 만나는 대로 잔치에 불러 오너라. 그래서 그 종들은 거리에 나가 악한 사람 선한 사람 할 것 없이 만나는 대로 데려왔다. 잔칫방은 손님들로 가득 찼다.'(마태 22,1-10) 이와 관련하여, 최후의 만찬과 예수의 죽음과 부활을 상징하는 빵과 포도주의 나눔은 신성한 식탁이 지니는 함의뿐만 아니라 함께 먹기와 관련해서도 중요한 의미를 갖는다. 물론 논지의 방향은 달리하지만, 짐멜 역시 오래전 「식사의 사회학」을 통해서 성찬전례의 특성을 다루고 있다.

> "빵을 예수의 몸과 동일시한 기독교의 성찬식에 이르러서 비로소 공동 식사라는 신화의 토대 위에서 먹는 것의 진정한 정체성이 창출되고, 또한 이를 통해서 참가자들 사이에 유일한 연결 방식이 창출되었다. 여기에서는 모든 사람들이 전체 가운데에서 다른 사람에게 허용되지 않은 자기만의 부분을 차지하는 것이 아니라, 누구나 분할되지 않은 전체를 차지한다는 생각 속에 모든 식사의 이기주의적 배타성이 철저하게 극복된다. 그리하여 공동 식사는 생리학적으로 원초적이고 불가피하게 보편적인 사건을 사회적 상호 작용의 영역과 초개인적 의미의 영역으로 고양시킨다는 바로 그 이유 때문에, 여러 역사적 시기에 막대한 사회적 가치를 획득했다." (짐멜 2005[1910], 143)

가톨릭의 성찬 전례를 따르는 신자들에게 빵과 포도주는 곧 예수의 몸과 피이다. 이 종교적 전례는 인간의 육체로 온 신의 몸과 피를 실질적으로나 상징적으로 입으로 취하는 행위의 장이다. 이를 통해서 신이 마련한 열린 식탁, 곧 누구나 참여할 수 있고 누구나 동일한 몫을 얻을 수 있는 신성한 의례에 참여하게 된다. 앞서 살펴본 것처럼 매기 킬거에 따르면, 이 의식 속에서는 먹는 자와 먹히는 자 간의 구분이 사라진다. 식사 의례를 통해 같은 것을 섭취하는 신자들은 그 행위를 통해서 신과 일치를 이루게 된다. 인간이 빵과 피의 형태를 취한 신을 자기 몸속으로 체내화한다면, 신은 자신을 믿고 먹는 신자의 안으로 들어가 그를 변화시키게 된다. 그렇게 됨으로써 빵과 포도주라는 신의 살과 피를 섭취하는 신자들은 일치된 신앙 속에서 하나의 공동체, 하나의 정체성을 형성할 수 있게 된다. 그러나 불행하게도 그것이 신자들이 꾸민 지상의 식탁에서 실천될 때는 세속의 그것과 크게 다르지 않을 수도 있다. 가령 초기 기독교 시기 성찬성사 의례의 식사에 참여할 수 있는 자격은 통회를 통과한 공동체 성원에만 가능했다. 공동체의 신성한 식탁은 죄를 지은 성원의 참석을 엄격히 금지했던 것이었다. 이러한 식탁은 그 신성함에도 불구하고 세속의 식탁에서처럼 철저하게 일치와 배제라는 가치를 품고 있다(Anigbo 1987, 15).

이러한 종교적 식탁과는 별도로, 많은 음식 연구자들은 함께 먹기의 이상적인 형태 속에 '공생공락共生共樂 conviviality'이라는 나눔의 모습을 담는다.

> "개인의 미각이 서로 다를 수 있다는 점에서 미각은 그 자체로 이미 반목과 불화를 담고 있다. 공생공락은 그 자체로 개체와 집단, 수동과 능동, 종속과 자율 등 가치적 대립을 전제하고 있으며, 그 대립이 만들어내는 불협화음을 조화로 끌어낸다는 의미가 있다. [...] 따라서 공생공

락은 하나의 식탁의 성원들이 만들어내는 형식, 즉 먹기 공동체 구성원들의 상호 존중과 함께 사는 법을 담게 된다." (서종석 2020, 178)

몬타나리에 따르면, 그리스·로마 세계의 가치 규준으로 볼 때 문명화된 인간을 동물이나 야만인들과 구분해 주는 첫 번째 요소는 바로 공생공락이다. 문명인에게 먹는 일이란 단순히 육체의 허기를 만족시켜 생존을 꾀하는 행위가 아니라, 이를 사회성의 시간으로, 소통의 힘으로 변화시키는 상황이 된다. "플루타르코스 작품에서 보듯이, 우리는 먹기 위한 것이 아니라 함께 먹기 위해 식탁에 앉는다."(Montanari 1996, 103). 장 루이 플랑드렝Jean-Louis Flandrin도 이와 유사하게, 인간의 식사 양태가 동물과 구분되는 지점은 요리뿐만 아니라 공생공락 그리고 식사의 사회적 기능이라는 지적을 한다(Flandrin 1996, 25). 그러나 여기서 공생공락의 개념은 상당히 제한적이다. 그것은 내 가족의 행복한 밥상, 친구나 연인과의 즐거운 식탁, 직장 동료들과의 친밀한 사회적 식탁 등, 모두 이 세상 인간들이 만든 식탁들에서 만나는 삶의 즐거움일 뿐이다. 그 식탁은 예외 없이 경계가 있고 결국 '닫힌' 장소일 뿐이다.

그럼에도 작은 식탁이지만 '열린' 장소로 신분의 위계에서 벗어나 그 누구라도 상관없이 앉을 수 있는 식탁도 있다. 브리야 사바랭의 식탁이 그렇다. 브리야 사바랭은 19세기, 자신의 저서 『미각 생리학』을 통해서 함께 먹기의 이상적인 모습에는 진정한 공생공락의 모습이 깃들어 있다는 점을 알려 준 한 식자, '가스트로놈gastronome'이다.[1] 브리야 사바랭의 식탁에서도 인간 세상의 즐거운 식탁들처럼 음식을 나눌 때 얻는 쾌락의 사회적 차원이 중요하다. 사람들과 함께해야 진정한 식탁이 되기 때문이다. 그러나 브리야 사바랭의 식탁은 이상적인 사회를 꿈꾸게 해줄 만큼 세상의 어떤 다른 식탁들보다 열려 있는 것처럼 보인다.

브리야 사바랭의 미각관을 살펴보기 전에 우선 위에서 사용한 'conviviality'를 '공생공락'이란 우리말로 옮긴 이유를 간략히 설명하도록 하자. 이 역어는 우석영(2017)[2]의 것이다. 'conviviality'의 어원과 우리의 논지를 중심으로 살펴보면, 현재로서 가장 적합한 역어는 '공생공락'이다. 그리고 이 역어가 브리야 사바랭이 사용한 이 용어의 핵심 의미를 가장 적절하게 옮겨 준다고 생각된다. 무엇보다 이 용어가 표상할 수 있는 '이상적인' 가치에 근접한다. 'conviviality'의 개념적 기원은 매우 오래되었다. 기로에 따르면 키케로Marcus Tullius Cicero는 '공동의 삶'을 의미하는 어휘 'conuiuium'가 자신들의 언어 공동체에 존재한다는 사실에 근거해 그리스인들보다 로마인들의 삶이 한층 우월하다고 주장하며, 나아가 로마 문명에 지고한 가치를 부여하는 논거로 삼았다(Guiraud 1986,

---

1 브리야 사바랭과 공생공락에 대한 논의는 서종석(2020)과 서종석·김모세(2020)에서 상세히 다루고 있다. 여기서는 이 논의들을 중심으로 간략하게 살펴보려고 한다.

2 우석영. 「공생공락의 식탁을 차리자」. 『프레시안』, 2017.12.30. 참조 바람.(https://m.pressian.com/m/pages/articles/181029. 2019.11.11. 최종 접속) 오늘날 'conviviality'라는 용어를 학술적으로 규정하는 일은 상당히 어렵다. 특히 1973년 이반 일리치(Ivan Illich)의 저술 Tools for Conviviality 출판 이후, 다양한 영역에서 사용되면서 그 의미도 확장되고 있다. 식문화 연구자들에게 'conviviality'는 일차적으로 'commensality'와 함께 상보적으로 사용되고 있지만, 이제는 '사물'과 '공간'의 영역에서 효과적인 분석 도구 역할을 하고 있다(Bonescu 2007, 44).

22). 'conviviality'가 지금처럼 일상적으로 사용되기 위해서는 상당한 시간이 필요했다. 이 어휘의 근간에는 'convive'가 있는데, '함께 살다, 함께 먹다'라는 의미의 라틴어 'convivere'에서 형성된 것이다.[3] 이러한 공생공락의 이상적 가치를 식탁에서 찾은 대표적 인물이 브리야 사바랭이다. 'convivialité'라는 프랑스어는 브리야 사바랭의 『미각 생리학』에서 정작 세 번 출현할 정도로 빈도수가 적으나 그 개념적 무게는 남다르다. 특히 2010년 프랑스의 식문화가 '프랑스인들의 가스트로미 식사Le repas gastronomique des Français'라는 이름으로 유네스코 세계무형유산으로 지정되면서 이 19세기 인물의 소환이 더욱 빈번해졌는데, 이는 우연이 아니다. '프랑스인들의 가스트로노미 식사'는 그 정의에 따르면 무엇보다 "잘 먹고 잘 마시는 법l'art du bien manger et du bien boire"의 실천과 관련되며, "함께하며être bien ensemble" "미각의 즐거움le plaisir du goût"을 느끼는 식탁 문화를 의미한다.[4] 브리야 사바랭의 식탁의 중심에는 '사회적 구르망디즈la gourmandise sociale'가 있다. 이 개념은 인간의 먹는 행위에 진정한 의미를 부여하는 인간 문명의 정수로 이해된다.

> "사회적 구르망디즈는 아테네의 우아함과 로마의 사치와 프랑스의 섬세함의 결합이며, 통찰력 있는 배치, 교묘한 기술, 열정적인 감상이자 심오한 판단이다. 그것은 고귀한 자질로서 덕이라 할 수 있을 것이며,

---

3 자세한 논의에 대해서는 서종석(2020) 참조 바람.
4 https://ich.unesco.org/fr/RL/le-repas-gastronomique-des-francais-00437(2019.12.15. 최종 접속)

적어도 확실히 우리의 가장 순수한 쾌락의 원천이다." (Brillat-Savarin 1848[1826], 45)

'사회적 구르망디즈'는 개인이 아니라 사회의 차원에서 음미할 수 있는 '즐거움'의 근원이다. 그래서 이 '즐거움'은 '먹는 즐거움plaisir de manger'이 아니라 '식탁의 즐거움plaisir de la table'이다(Brillat-Savarin 1848[1826], 157). 브리야 사바랭에 따르면, '먹는 즐거움'은 허기를 채우며 얻는 본능적 쾌락이다. 이 즐거움은 욕구를 만족시키며 얻는 현실적, 직접적인 감각 작용의 결과이다. 이 생리적 충동의 만족은 그러므로 인간과 동물이 함께 공유하는 감각 작용에 불과하다. 이와는 달리 '식탁의 즐거움'은 허기나 식욕과는 거리가 먼 '반성적인' 감각 작용이다. 브리야 사바랭에게 인간이 동물이나 야만인과 차이가 있다면 무엇보다 먹는 쾌락에 대한 '반성réflexion'에 몰두하고자 하는 노력에 있다.[5] 이 즐거움은 "나이와 조건과 나라와 상관없이 일상으로 경험된다. 그것은 다른 어떠한 쾌락과도 어울릴 수 있으며, 이들이 사라진 후에도 끝까지 남아 우리를 위안해 준다."(아포리즘 VII) '식탁의 즐거움'이 중요한 이유는 모든 이들을 하나로

---

5 이는 음식을 받아들일 때 다양한 과정을 거치는 인간의 미각 기관의 차이에서 온다. 브리야는 인간의 미각 기관이 어떻게 맛을 감지하는지 이 과정을 세 단계로 구분한다. 먼저 '직접 지각(sensation directe)'은 감각 기관들이 입에 들어온 음식에 대해 직접적으로 지각하게 되는 일차적인 단계이다. 그리고 목구멍으로 넘어가기 전, 이 음식물의 맛과 향이 감각 기관을 자극하는 시점이 곧 '완전 지각(sensation complète)'이라는 두 번째 단계이다. 세 번째 단계는 '반성 지각(sensation réfléchie)'이라 불리는 가장 주요한 지각 과정이다. 브리야는 반성 지각을 "감각 기관을 통해 영혼에 전해진 인상들에 대해 영혼이 내리는 판단"(Brillat-Savarin 1848[1826], 16)으로 정의한다. 자세한 논의는 서종석(2020)과 서종석·김모세(2020) 참조 바람.

엮고 함께할 수 있게 해주는 유일한 쾌락이라는 점이다. “친구들이 여럿이 나눈다면 이 순수한 쾌락은 몇 배가 된다.”(Brillat-Savarin 1848[1826], 19) 미각에 대한 이러한 성찰은 진정한 즐거움을 공유한 식자들의 공동 식탁이 인간의 잠재적인 이상향과 연결되어 있다는 함의로 이어진다.

앞서 언급한 것처럼 식탁은 연대성과 배타성이 동시에 생산되는 장소이다. 그래서 “‘사회’는 함께 사는 공생의 의미를 함의하지만, 공락의 여건이 늘 동반되는 것은 아니다.”(서종석·김모세 2020, 148) 브리야는 ‘식탁의 즐거움’을 얻기 위해서는 먹을 만한 음식, 좋은 포도주, 유쾌한 회식자, 그리고 충분한 시간 등 네 가지 조건이 하나로 결합되어야 한다고 주장한다(Brillat-Savarin 1848[1826], 160). 이 중 가장 중요한 것이 ‘회식자convive’이다. ‘함께 산다’는 ‘convive’의 어원에서 보듯이, 브리야의 식탁에선 반드시 타자, 곧 함께 먹는 다른 입들이 필요하다. 다자의 존재는 식탁의 주인에게는 환대와 이타성을 드러내기 위한 필수적인 조건이다. “사람을 초대한다는 것은 그가 내 집 지붕 밑에 있는 내내 행복을 책임지는 일이다.”(아포리즘 XX) 달리 표현하자면, 다른 식자의 존재는 공생공락의 식탁을 위한 중요한 물리적 조건이다. 이는 식탁이라는 곳이 복수의 ‘입’을 통해 ‘독백’이 아닌 ‘대화’의 공간으로 변화할 수 있도록 해준다. 곧 ‘식자食者’가 ‘화자話者’가 되는 것이다. 브리야 사바랭의 식탁의 본질은 “궁극적으로 음식과 먹기가 말과 말하기로 이어지며 연대를 이루는 데 있다.”(서종석·김모세 2020, 150) 식탁을 구성하는 것은 단지 음식이라는 기호만이 아닌 것이다. 말과 음식이라는 두 기호가 긴밀히 협력하며 신뢰의 사회성을 창출해내는 데 기여한다.

> "언어가 생겨나고 발달한 것은 바로 식사 도중이었다. 그것은 식사라는 것이 반복되는 모임을 만들어내는 기회였기 때문일 수도 있고, 식사를 하며 생긴 여유가 식사 후에도 이어지며 자연스럽게 신뢰가 생기고 말을 많이하게 되었기 때문일 수도 있다."

'맛'과 '지知'는 같은 어원에서 시작되지만, 맛의 입은 더 근본적이다. "나는 음미한다, 고로 내 입은 존재한다."(Serres 2014[1985], 302) 즉 "맛의 혀는 말의 혀를 추동하고 발전시킨다."(서종석·김모세 2020, 151) 먹는 데 몰두하는 식사 초기에 말이 없는 것처럼, '식탁의 즐거움'은 식탐의 시간이 지나고 '반성'의 시간에 온다. 언어가 제 역할을 하는 때는 이 시점부터이다. 음식 기호가 언어 기호로 변화하면서, 양립 불가능한 두 입은 서로 결핍된 것을 메워 주고 역할을 이어 간다. "식탐은 식자들을 서로 떼어 놓지만, 대화는 이들을 가깝게 한다."(Jeanneret 1993, 146) 식탁 위의 두 기호는 구분되지만 분리되지 않는다. '함께 살고, 함께 즐기는' 공생공락은 두 기호의 협력으로 식탁 위에서 완성되는 것이다. 음식으로 얻는 쾌락은 대화가 주는 쾌락으로 이어지며, 식자 모두가 공유하는 공동의 쾌락이 만들어진다. 타자를 받아들여 나를 확장하는 일은 타자를 먹거나, 타자와 함께 먹는 것이다. 그러나 진정한 '우리'로 거듭나는 일은 일방적인 타자의 포식이나 단순히 함께 먹는 데서 그치는 것이 아니라 서로의 입에서 나오는 담론을 함께 나누는 수준으로 이어져야 한다. 결국 누군가와 함께 먹는 일은 나의 경계를 와해시키고, 대화는 이를 확장하며 이것으로 하나의 개체가 공동체 속에서 재규정된다.

먹기와 말하기는 신체의 같은 기관을 공유한다는 사실에서 "언어는 먹기 행위가 말하기 세미오시스semiosis로 변형된 것에 불과하다. 둘 다 근본적으로는 인간이 세상을 전유專有하고 체내화하는 의사소통 행위이다."(Brown 1978, 328) 다시 '사회적 구르망디즈'로 돌아가 보자. '사회적 구르망디즈'는 브리야 사바랭에 있어 "함께 있다는 즐거움(du plaisir [...] à être ensemble)"(Brillat–Savarin 1848[1826], 282), 즉 공동의 쾌락이다.

> "구르망디즈는 사회의 주된 매개물이다. 구르망디즈는 언제나 여러 신분의 사람들을 한데 모아 하나의 전체로 만들고 대화에 활기를 주고 관습적인 불평등의 모서리를 완화시켜 주는 공생공락의 정신을 점차 확산시켜 준다." (Brillat–Savarin 1848[1826], 127)

브리야의 이상적인 식탁에서는 먹는 입, 말하는 입의 주인이 누구이건, "관습적인 불평등의 모서리" 곧 신분의 차이, 사회적 위계가 힘을 잃는 곳, 그래서 자유와 평등, 그리고 나눔의 박애가 살아 숨 쉴 수 있는 곳이 된다. 언어가 부재한 식탁, 담론의 질서가 일방적인 식탁, 그곳은 함께 먹고 있으나 '함께' 먹고 있지 않은 식공간이다. 이곳에서 "'먹을 줄 아는savoir manger' 식자와 '말할 줄 아는savor parler' 화자는 궁극적으로 인간으로서 '살 줄 아는savoir vivre' 호모사피엔스가 된다."(서종석 2020, 156–157)[6]

---

6 미셸 잔느레(Michel Jeanneret)에 따르면 식탁의 대화는 "이성(理性)의 참여"(Jeanneret 1993, 145)를 보장하여 식사가 탐식의 감각적인 측면으로만 기울어지는 것을 막아 준다. 식탁의 두 입은 잔느레의 표현을 빌자면, '머리'와 '위장', 혹은 '규범'과 '쾌락'이라는 대립

예수의 식탁이 신성하고 유토피아적 에덴동산과 같다면, 브리야 사바랭의 식탁은 인간적이며 이상적인 사회를 그려 준다. 두 식탁은 저마다, 아마도 믿음의 세계에 존재한다는 사실에서, 혹은 이 현실 세계에 부재한다는 점에서, 그리고 그렇기 때문에 모두들 희구한다는 의미에서 공통점을 지닌다.[7]

적 실체로 규정해 볼 수 있을 것이다(Jeanneret 1999, 141). 입이 단순히 먹고 마시고 음미하고 삼키는 행위만으로 점유당하지 않기 위해 말의 적절한 역할이 필요한 것이다.

7 코르보는 19세기 독일 사회학자 페르디난트 퇴니스(Ferdinand Tönnies)의 게마인샤프트(Gemeinschaft), 즉 공동 사회(共同社會)와 게젤샤프트(Gesellschaft), 즉 이익 사회(利益社會)의 구분에 근거해 'conviviality'와 'commensality'의 개념적 발전을 이해한다. 'conviviality'가 타자에게 열린, 정서적 관계를 함의하는 게마인샤프트에서 발전된다면, 근대 사회, 직업의 분화와 불안정한 사회적 계층에 적합한 관계를 보여 주는 게젤샤프트로부터는 'commensality'가 발전된다는 것이다(Corbeau et Poulain 2002, 97; Corbeau 2005b, 156). 이러한 구분이 함의하고 있는 것은 게마인샤프트가 보다 더 전통적 '먹기 공동체' – 폴크의 의미에서(Falk 1994) – 이며, 브리야 사바랭의 경험한 사회와 식탁의 성격은 전근대적이지만 오히려 인간적인 측면을 담고 있다는 해석이 가능하다(서종석 2020, 177–178 참조).

먹는다는 것은 하나의 복합적인 사회적 사실이다.

"Manger, c'est un fait social complexe."

— Jean-Pierre Poulain(1997, 119)

에필로그

현대 식자의 초상, 혹은 '따로' 또 '같이' 먹는 인간

우리는 먹는다는 것에 대한 본원적인 엄숙함과 무거움에서 평생 벗어날 수 없다. 그것은 '입'을 지닌 존재들의 숙명과도 같은 것이다. 음식이 우리의 생명을 유지하고 쾌락을 주는 데 큰 역할을 하는 것처럼, 함께 음식을 나누는 일은 우리의 사회적 생존을 돕고 기쁨을 선사한다. 인간의 삶은 태어나면서부터 외부에서 들어오는 물질과 정신으로 풍요로워진다. 안과 밖으로 규정할 수 있는 삶의 공간에서 음식은 인간이 가장 일차적으로 필요로 하는 외부의 타자이다. 우리의 정체성이 끊임없이 변화해 가는 것은 음식을 통해 세상이 쉴 새 없이 '너의 정체성은 무엇이냐' 묻기 때문이다. 현 사회를 특징지을 수 있는 인자는 다양성과 복잡함이다. 자신의 상황과 사회적 관계가 만들어 놓은 환경에서 먹는 방식은 다양해질 수밖에 없다. 현대 사회를 살아가는 개인은 그 양상이 매우 복잡다단한 식탁의 주인공이다. 개인에 주어진 다양한 관계의 성격, 즉 가족부터 사회적 집단까지 대인 관계의 모습은 위계적이거나 동등하거나 혹은 정서적이며, 때로 집단적인 특성들이 혼재되어 있다. 이러한 상황의 다양성 속에서 서로 다른 성격의 존재들과 만들어내는 식탁의 모습은 각기 상이한 모습을 보여 준다. 현대 식자의 특징은 무엇보다 "다원적"[1] 식자로 규정할 수 있다. 우리 시대 대부분 식자의 삶은 다양한 사람들을 만나 식사를 하고 그때마다 매번 다른 정체성으로 윤색된다. 이는 개인의 입은 하나지만, 식자는 단수가 아니고 복수인 이유이며, 다원적 식자의 특징이기도 하다. 한 개인은 여러 집단이나 공동체에 속할 수 있다. 그렇게 해서 자신의 복합적인 정체성을 드러낸다. 개인의 정체성은 개인과 공동체의 역동적인 상호 작용을 통해 구축된다. 현대의 식자도 마찬가지이다. 사회에서 형성된 개인의 정체성에서 유리되어 생각할 수 없다. 사회의 울타리 안에서 다른 식자들과 상호 작용을 하며 주어진 식자의 삶에 적응해 나간다. 다원적 식자는 상황, 장소, 관계 혹은 음식의 유형에 따라 상이한 행동 방식을 보여 주는 현대인의 모습이다. 따라서 식자의 정체성은 만남의 성격과 상황에 따라서 늘 변화하고 재규정된다. 이러한 이유에서 현대의 식자는 일의적 정의로 이해할 수 없다. 삶의 여러 수준에서, 혹은 다양한 일상의 사건들 속에서 마주하는 다른 식자들과의 복잡한 삶과 성격이 투영되기 때문이다. 곧 식자의 다원성, 보다 넓게 다원적 정체성의 근원은 무엇보다도 타자의 다원성에서 찾을

1 여기서 '다원적'이란 표현은 Corbeau(2003)에서는 'pluriel'을, Corbeau et Poulain(2002, 144)에서는 심리학적인 용어를 차용하여 'surdéterminé'로 사용한 것을 우리말로 옮긴 것이다.

수 있을 것이다. 우리가 만나는 다양한 타자, 그리고 이를 통해 우리가 접하는 다양한 식탁과 음식은 식자의 삶을 규정하고 구성하는 데 큰 비중을 차지한다. 그래서 다원적 식자는 동일한 개인이라도 시간과 상황 속에서 복수의 논리와 복수의 태도를 지닐 수 있는 존재이다. 현대의 식자는 "자유롭고 다원적으로 결정되는"(Corbeau et Poulain 2002, 144 혹은 서종석 2019a 참조) 존재로 요약된다. 그래서 다원적 식자의 모습은 결국 모순적일 수밖에 없는 것이다.

다원적 식자는 외적으로 부여된 구조적인 인자들, 즉 성별과 연령뿐만 아니라 계층, 종교, 전통, 생활 주기 등을 포함하는 사회 문화적인 인자, 그리고 부와 물질의 소유 같은 것들로 규정되지만, 그러나 또한 자신의 의지로 선택할 수 있는 주체적인 존재이다. 다원적인 상황 속에서, 현대 식자에게 함께 먹는다는 것은 어떻게 보면 개인의 이데올로기를 일정 부분 양보해야 하는 상황도 있을 수가 있을 것이다. 그러나 현대의 많은 식자는 점점 더 자신의 입에 들이는 것에 대해 타협하지 않는 경향을 보인다. 이는 어떤 의미에서 다른 사람들과의 공동의 식탁을 나누는 행위에 방해가 되는 요인이기도 하다. 그러나 이러한 모습은 현 사회가 보여 주는 변화된 '쾌락'의 한 양상일 뿐이다. 식탁의 빈자리는 중의적이다. 하나는 외로움이고 또 하나는 여백이다. 비워 두고 싶은 식탁의 여백에 의미를 부여하는 것은 식자의 휴식과 안식을 의미한다. 때로 혼잣밥이 필요한 이유이다. 사회적 시선은 사회 속에 머무르는 존재들에게 늘 규범과 의례를 요구한다. 그래서 지속적인 자발적 고립은 불가능하다. 홀로 먹는 일은 점점 더 우리의 변화된 사회와 삶 속에서 익숙한 모습이 되어가고 있다. 그것은 옳고 그름으로 재단할 수 있는 일이 아니다. 우리의 삶은 현재 오랜 시간 동안 익숙했던 것이 점차 퇴화되고, 새로운 문화를 받아들이는 의식을 치르는 것처럼 보인다. 그럼에도 불구하고 삶의 여정의 끝에서조차 함께 먹는 일, 타자와 함께하는 나눔은 혼자 먹는 삶이 표상하는 고독과 외로움을 극복하는 데 큰 위로가 되어 준다.[2] 함께 먹기의 본질은 나눔을 통해 '나는 입을 지닌 존재'라는 것을 인식하고, 이로부터 내 앞의 타자 또한 '나와 같이 입을 지닌 존재'라는 사실을 깨닫는 일이다. 함께 먹기가 그 이상적인 의미에서 나에게서 타자로 다가서는 것이라면, 혼잣밥은 그 긍정적인 실천 속에서 내 안의 타자화된 자아를 떨쳐버리고 외부의 타자를 온전히 직시할 수 있게 하는 미각적 행위이다. 자기를 규정하는 일은 무엇보다 가장 원초적인 일, 곧 자신을 위해 먹는 일부터 시작해야 한다.

---

2 게렝의 연구에 따르면 요양원에서 사는 노년기의 외로움을 극복하는 데 공동 식사가 중심적인 역할을 한다. 함께 먹는 일은 단순히 식탁을 나누는 것이 아니라, 삶의 끝자락에서조차 자신의 존재를 재해석할 수 있도록 해주는 최후의 사회성 장치이다(Guérin 2018 참조).

게오르그 짐멜. 2005[1910]. 김덕영·윤미애 옮김. 「식사의 사회학」, 『짐멜의 모더니티 읽기』, 서울: 새물결. 141-151.
배영동. 2016. 「한식(韓食)에 담긴 전승문화적 논리와 지식 그리고 가치」, 『민속연구』 33, 7-42.
베네딕투스 데 스피노자. 2011. 황태영 옮김. 『에티카』, 전주: 피앤비.
서종석. 2009. 「확대위상모델을 기반으로 한 인지 불변소 연구」, 『언어와언어학』 49, 29-52.
서종석. 2019a. 「현대의 식자(食者) - 정체성에 대한 시론」, 『프랑스학연구』 87, 183-206.
서종석. 2019b. 「#foodporn, 혹은 현대 식자(食者)의 초상」, 『소셜 미디어 속의 기호적 실천과 담론』, 서울: 한국외국어대학교출판부 지식출판원(HUINE). 263-299.
서종석. 2020. 「브리야 사바랭의 『미각 생리학』에 나타난 '공생공락'의 개념」, 『프랑스학연구』 91, 163-182.
서종석·김모세. 2020. 「식탁 위의 기호들: 음식과 말, 그리고 사회 - 브리야 사바랭의 미각 생리학을 중심으로」, 『기호학연구』 62. 131-163.
서종석·엄소연. 2017. 「매체로서의 음식 - '먹는 인간'에 대한 시론」, 『세미오시스의 매체성과 물질성』, 서울: 한국외국어대학교출판부 지식출판원(HUINE). 249-278.
엄소연·서종석. 2017. 「연향의 정치학: 영조대 '숭정전갑자진연'을 중심으로」, 『세미오시스의 매체성과 물질성』, 서울: 한국외국어대학교출판부 지식출판원(HUINE). 281-341.
프리드리히 니체. 2002. 백승영 옮김. 「이 사람을 보라」, 『바그너의 경우 · 우상의 황혼 · 안티크리스트 · 이 사람을 보라 · 디오니소스 송가 · 니체 대 바그너(1888~1889)』 서울: 책세상. 321-468.
프리드리히 니체, 2004. 김정현 옮김. 『유고(1884년 가을~1885년 가을)』. 서울: 책세상.
Ackerman, Diane. 1995. A natural history of the senses. New York: Vintage Books Edition.(『감각의 박물학』, 다이앤 애커먼 지음/백영미 옮김. 서울: 작가정신, 2004.)
Anigbo, Osmund A. C. 1987. Commensality and Human Relationship among the Igbo. Nsukka: University of Nigeria Press.
Anigbo, Osmund A. C. 1996. "Commensality as Cultural Performance: The Struggle for Leadership in an Igbo Village", In The Politics of Cultural Performance, eds. D. Parkin, L. Caplan, and H. Fisher, 101-14. Providence: Berghahn Books.
Apfeldorfer, Gérard. 1994. "Introduction", In Traité de l'alimentation et du corps, ed.

Gérard Apfeldorfer, 1-3. Paris: Flammarion.

Apfeldorfer, Gérard. 2002. Je mange donc je suis. Surpoids et troubles du comportement alimentaire. Paris: Petite Bibliothèque Payot.

Appelbaum, Robert. 2006. Aguecheek's Beef, Belch's Hiccup, and Other Gastronomic Interjections: Literature, Culture, and Food Among the Early Moderns. Chicago: University of Chicago Press.

Ariès, Paul. 2000. "Le bon goût est-il soluble dans la modernité ?", In Le goût, eds. Paul Ariès and Gong Gang, 61-115. Presses littéraires et artistiques de Shangai-Desclée de Brouwer.

Atkinson, Paul. 1983. "Eating Virtue", In The Sociology of Food and Eating: Essays on the Sociological Significance of Food, ed. Anne Murcott, 9-17. Aldershot: Gower.

Atwood, Margaret. 1988. "Introducing The CanLit Foodbook", In Literary Gastronomy. ed. David Bevan, 51-57. Amsterdam: Rodopi.

Bakhtine, Mikhaïl. 1970. L'œuvre de François Rabelais et la culture populaire au Moyen Âge et sous la Renaissance. tr. du russe par Andree Robel. Paris: Gallimard.

Balibar, Étienne. 1996. "Individualité et transindividualité chez Spinoza", In Architectures de la raison, Mélanges offerts à Alexandre Matheron, ed. Pierre-François Moreau, 35-47. Paris: ENS Éditions.

Barthes, Roland. 1961. "Pour une psycho-sociologie de l'alimentation contemporaine", Annales. Économies, Sociétés, Civilisations 5: 977-986.

Bataille, Georges. 1970. "Bouche", In Œuvres complètes. I, Premiers écrits 1922-1940, Histoire de l'œil, L'anus solaire, Sacrifices, Articles, 237-238 Paris: Editions Gallimard.

Bellan-Boyer, Lisa. 2003. "Conspicuous in their Absence: Women in Early Christianity" Cross Currents 53(1): 48-63.

Bloch, Maurice. 1999. "Commensality and Poisoning", Social Research 66(1): 133-49.

Bonescu, Mihaela. 2007. "Convivialité et espace public", Communication and Argumentation in the Public Sphere 1(1): 44-53.

Bordet, Julie, Christelle Benony-Viode, Blaise Pierrehumbert, Herve Benony, Sylvie Sanchez. "Alimentation et transmission mère-enfant" Champ psy 2011/2(n° 60): 63-78.

Boswell, James. 1833. The life of Samuel Johnson, LL. D.: Including a Journal of a Tour to the Hebrides. George Dearborn.

Bourque, Nicole. 2001. "Eating Your Words: Communicating With Food in the Ecuadorian Andes", In An Anthropology of Indirect Communication, eds. Joy Hendry and C. W. Watson, 85-100. London and New York: Routledge.

Boutaud, Jean-Jacques. 2004a. "Avant-propos: La table, communication symbolique et métaphore de la communication", In L'imaginaire de la table: convivialité, commensalité et communication, ed Jean-Jacques Boutaud, 21-23. Paris: L'Harmattan.

Boutaud, Jean-Jacques. 2004b. "Introduction: Inventer la table, s'inviter à table", In

L'imaginaire de la table: convivialité, commensalité et communication. ed Jean-Jacques Boutaud, 11-17. Paris: L'Harmattan.

Brillat-Savarin, Jean Anthelme. 1848[1826], Physiologie du goût. Paris: Gabriel de Gonet.(『브리야 사바랭의 미식예찬』. 장 앙텔므 브리야 사바랭 지음/홍서연 옮김. 서울: 르네상스, 2004.) https://archive.org/details/b21525882/page/n6/mode/2up. 2017.3.1. 최종 접속.

Brown, James W. 1978. "On the Semiogenesis of Fictional Meals", Romanic Review, 69/4: 322-335.

Brunschwig, Jacques, 2002, "Préface", In Philosophes entre mots et mets, Luciana Romeri, 7-12. Grenoble: Jérôme Millon.

Calvo, Manuel. 1982. "Migration et alimentation", Information sur les Sciences Sociales, 21-3: 383-446.

Carlin, Joseph M. 1998. "Reading about food and culinary history", Topics in Clinical Nutrition 13(3): 11-19.

Carsten, Janet. 1991. "Children in between: Fostering and the process of kinship on Pulau Langkawi, Malaysia", Man, 26: 425-443.

Carsten, Janet. 1995. "The substance of kinship and the heat of the hearth: Feeding, personhood, and relatedness among Malays in Pulau Langkawi", American Ethnologist 22(2): 223-241.

Cahuzac, Eric, Daniel Hassan, and Sylvette Monier-Dilhan. 2007. "Sécurité sanitaire des aliments: fausse alerte et vraie crise", Economie & prévision, n°177/1: 55-64.

Charbonneau, Bernard. 2011. Un festin pour tantale: nourriture et société industrielle. Paris: Sang de la Terre.

Chernin, Kim, 1985. The Hungry Self: Women, Eating, and Identity. New York: Times Books.

Corbeau, Jean-Pierre. 2005a. "Les jeux du manger", Colloque de l'AISLF, L'individu social. Autres réalités, autre sociologie. Communication CR 17, anthropologie et sociologie de l'Alimentation, Jun 2005, Paris, France. OCHA. 1-14.

Corbeau, Jean-Pierre. 2005b. "Sociabilités urbaines contemporaines et cuisines de foire. De la convivialité à la commensalité." Diasporas. Histoire et sociétés, n°7: 147-158.

Corbeau, Jean-Pierre. 2008. "Casser la croûte ! Pour une ≪ incorporaction ≫ jubilatoire", Corps 4: 79-83.

Corbeau, Jean-Pierre and Jean-Pierre Poulain. 2002. Penser l'alimentation. Entre imaginaire et rationalité. Toulouse: Privat.

Corbett, J. Martin. "What a kerfuffle about a truffle: food and the incorporation of identity", In Bits of Organization, eds. C. Rhodes and A. Pullen, 82-98. Copenhagen: Copenhagen Business School Press.

Counihan, Carole M., 1999a. "Food, culture and gender", In The anthropology of food and body. Gender, meaning and power, ed. C. M. Counihan, 6-24. New York: Routledge.

Counihan, Carole M., 1999b. "The Social and Cultural Uses of Food", In The Cambridge world history of food, eds. K. F. Kiple, & K. C. Ornelas, 1513-

1523. Cambridge: Cambridge University Press.

Counihan, Carole. 1999c. The Anthropology of Food and the Body: Gender, Meaning, and Power. New York: Routledge.(『음식과 몸의 인류학』, 캐롤 M. 코니한 지음/김정희 옮김, 서울: 갈무리, 2005.)

Counihan, Carole. 2004. Around the Tuscan Table: Food, Family, and Gender in Twentieth-Century Florence. New York and London: Routledge.

Counihan, Carole and Penny Van Esterik. 1997. "Introduction." In Food and Culture: A Reader, eds. Carole Counihan and Penny van Esterik, 1-7. New York: Routledge.

Cruickshank, Ruth. 2012. "Humans, eating and thinking animals? Structuralism's leftovers", Contemporary French and Francophone Studies 16(4): 543-551.

Curtin, D.W. 1992. "Food/Body/Person", In Cooking, Eating, Thinking: Transformative Philosophies of Food, eds. D.W. Curtin and L.M. Heldke, 3-22. Bloomington: Indiana University Press.

Danesi, Giada. 2012. "Pleasures and stress of eating alone and eating together among French and German young adults", Menu: Journal of Food and Hospitality Research 1: 77-91.

Derrida, Jacques. 1976. "Fors: Les mots anglés de Nicolas Abraham et Maria Torok", In Cryptonymie. Le verbier de l'homme aux loups. Nicolas Abraham and Maria Torok, 7-73. Paris: Flammarion.

Desclés, Jean-Pierre. 1995. "Langues, langage et cognition: quelques réflexions préliminaires", Acta Romanica Basiliensa 3: 1-32.

Desclés, Jean-Pierre. 2001. "Théorie des lieux abstraits, Espace, Langues & Cognition", Colloque International, 9~10 Novembre. Paris: CNRS.

Desclés, Jean-Pierre. 2006. "Trimorphe et topologie", Colloque en Hommage à Bernard Pottier, 25 Janvier. Paris: Maison des Sciences de l'Homme.

Dietler, Michael. 1996. "Feasts and commensal politics in the political economy: food, power and status in Prehistoric Europe", In Food and the Status Quest: An Interdisciplinary Perspective, eds. P. Wiessner and W. Schiefenhövel, 87-125. Berghahn: Providence.

Dietler, Michael. 2006. "Alcohol: Anthropological/Archaeological Perspectives", Annual Review of Anthropology 35(1): 229-249.

Dietler, Michael. 2007. "Culinary Encounters Food, Identity, and Colonialism", In The Archaeology of Food and Identity, ed. K. C. Twice, 218-242. Carbondale: Southern Illinois University Press.

Dietler, Michael. 2010. Archaeologies of Colonialism, Consumption, Entanglement, and Violence in Ancient Mediterranean France. California: University of California Press.

Di Giovine, Michael A. and Ronda L. Brulotte. 2014. "Introduction: Food and foodways as cultural heritage", In Edible identities: food as cultural heritage, eds. Michael A. Di Giovine and Ronda L. Brulotte, 1-27. Farnham, Surrey & Burlington, Vermont: Ashgate Publishing Group.

Douglas, Mary. 1994[1966]. Purity and danger: an analysis of concepts of pollution and taboo. London/New York: Routledge.

Douglas, Mary. 1977. "Introduction", In The Anthropologists' Cookbook, ed. J. Kuper, 1-7. London: Routledge and Kegan Paul.

Douglas, Mary. 1982. In the Active Voice, London and Boston: Routledge & Kegan Paul.

Douglas, Mary. 1997. Deciphering a meal. In In Food and Culture: A Reader, eds. Carole Counihan and Penny van Esterik, 36-54. New York: Routledge.

Douglas, Mary and M. Nicod. 1974 "Taking the biscuit: the structure of British meals", New Society 30(637): 744-747.

Drouard, Alain 2006, "Le point de vue historique: pour une histoire des plaisirs de la table", In Actes du Colloque de l'IFN(Institut français pour la nutrition) Le plaisir: ami ou ennemi de notre alimentation?, 12 décembre 2006.

Durif-Bruckert, Christine. 2007. La nourriture et nous. Corps imaginaire et corps social. Paris: Armand Colin.

Durif-Bruckert, Christine. 2017. "On devient ce que l'on mange: Les enjeux identitaires de l'incorporation", Revue Française D'Ethique Appliquée 4-2: 25-36.

Durkheim, Émile. 1990[1912]. Les formes élémentaires de la vie religieuse. Le système totémique en Australie. Paris: PUF(『종교생활의 원초적 형태』, 에밀 뒤르케임 지음/노치준, 민혜숙 옮김, 서울: 민영사, 1992).

Falk, Pasi. 1991. "Homo Culinarius: towards an historical anthropology of taste", Social Science Information 30(4): 757-790.

Falk, Pasi. 1994. The Consuming Body. London: Sage.

Eagleton, Terry. 1998. "Edible Écriture", In Consuming Passions: Food in the Age of Anxiety, eds. Sian Griffiths and Jennifer Wallace, 203-208. Manchester: Manchester University Press.

Faïck, Denis. 2009. Le Travail: Anthropologie et Politique. Essai sur Rousseau. Paris: Droz.

Farb, Peter and George Armelagos. 1980. Consuming passions: The anthropology of eating. Boston: Houghton Mifflin.

Fédida, Pierre. 2000. Par où commence le corps humain? Retour sur la régression. Paris: PUF.

Fischler, Claude. 1979. "Gastro-nomie et gastro-anomie", Communications 31: 189-210.

Fischler, Claude. 1980. "Food Habits, Social Change, and the Nature/Culture Dilemma", Social Science Information 19(6): 937-953.

Fischler, Claude. 1988. "Food, self and identity", Social Science Information 27(2): 275-293.

Fischler, Claude. 1994. "Éditorial: Magie, charmes et aliments", In Manger magique. Aliments sorciers, croyances comestibles. Autrement, Coll. Mutations/Mangeurs, N°149, Paris, 10-19.

Fischler, Claude. 1996. "Pensée magique et utopie dans la science. De l'incorporation à la 'diète méditerranéenne'", Cahiers de l'OCHA 5: 1-17. Paris: OCHA.

Fischler, Claude. 2001[1990]. L'Homnivore : le goût, la cuisine et le corps. Paris: Éditions Odile Jacob.

Fischler, Claude. 2001. "La peur est dans l'assiette", Revue Française du Marketing, N° 183/184, 2001/3-4: 7-10.

Fischler, Claude. 2006a. "Partage du plaisir et plaisir du partage", Actes du Colloque: Le plaisir: ami ou ennemi de notre alimentation ?(Colloque IFN du 12 décembre 2006), 33-42.

Fischler, Claude. 2006b. "Quand les crises alimentaires réveillent les utopies", Santé conjuguée 36: 104-118.

Fischler, Claude. 2011. "Commensality, society and culture", Social Science Information 50(3-4): 528-548.

Fischler, Claude and Estelle Masson. 2008. Manger. Français, Européens et Américains face à l'alimentation. Paris: Éditions Odile Jacob.

Flandrin, Jean-Louis. 1996. "Humanisation des conduites alimentaires", In Histoire de l'alimentation, eds. Jean-Louis Flandrin et Massimo Montanari, 19-27. Paris: Fayard.

Flandrin, Jean-Louis. 1999. "Préface", In Tables d'hier, tables d'ailleurs: histoire et ethnologie du repas, eds. Jean-Louis Flandrin and Jane Cobbi. Paris: Odile Jacob.

Flandrin, Jean-Louis and Massimo Montanari. 1996. Histoire de l'alimentation. Paris: Fayard.

Fox, Robin. 1994. The Challenge of Anthropology: Old Encounters and New Excursions. New Brunswick, NJ: Transaction Publishers.

Fournier, Tristan. 2012. "Pensée magique", In Dictionnaire des cultures alimentaires, ed. Jean-Pierre Poulain, 996-1002. Paris: PUF.

Frazer, James George. 1890. The Golden Bough. A Study in Comparative Religion. New York/London: Macmillan and co.(제임스 프레이저. 2005. 『황금가지 제1권』 박규태 역주, 서울: 을유문화사).

Freud, Sigmund. 1919. Totem and Taboo: Resemblances between the Psychic Lives of Savages and Neurotics. London: George Routledge & Sons, Limited.

Gabaccia, Donna R. 1998. We Are What We Eat Ethnic Food and the Making of Americans. Cambridge/Massachusetts: Harvard University Press.

Goldstein, David B. 2013. Eating and Ethics in Shakespeare's England. Cambridge: Cambridge University Press.

Gibson, Barry. 2008. "Mouth", In Cultural encyclopedia of the body, ed. Victoria Pitts-Taylor, 337-343. Westport, Connecticut London: Greenwood Press.

Goody, Jack. 1982. Cooking, cuisine, and class: A study in comparative sociology. Cambridge: Cambridge University Press.

Gosden, Chris and Jon G. Hather. 1990. The Prehistory of Food: Appetites for Change. London and New York: Routledge.

Grignon, Claude. 2001. "Commensality and Social Morphology: An Essay of Typology",

In Food, Drink and Identity: Cooking, Eating and Drinking in Europe since the Middle Ages, ed. Peter Scholliers, 23-33, Oxford: Berg Publishers.

Guérin, Laura. 2018. "Façonner les émotions en Ehpad : du rôle dédié au repas dans la lutte contre la solitude des personnes âgées", Sociologie et sociétés 50/1: 91-111.

Guiraud, Charles. 1986. "Les noms de la table en indo-européen et dans les langues indo-européennes anciennes", La table et le partage, Rencontre de l'Ecole du Louvre, 11-23.

Hastorf, Christine A. 2016. The Social Archaeology of Food: Thinking about Eating from Prehistory to the Present. Cambridge: Cambridge University Press.

Hattox, Ralph S. 1985. Coffee and Coffeehouses: The Origins of a Social Beverage in the Medieval Near East. Seattle and London, University of Washington Press.

Héritier-Augé, Françoise. 1985. "La leçon des 'primitifs'", Espace 89 - L'Identité française: 56-65.

Hirschman, Albert. 1996. "Melding the Public and Private Spheres: Taking Commensality Seriously", Critical Review 10(4): 533-50.

Hervé, Robert. 2008. Les régimes. Paris: Editions Le Cavalier Bleu.

Hyldtoft, Ole. 2007. "Food as Social Markers: A Copenhagen Hospital 1800", Food & History 5(2): 131-151.

Inness, Sherrie A. 2000. "Introduction: Thinking food/Thinking gender", In Kitchen Culture in America: Popular Representations of Food, Gender, and Race, ed. Sherrie A. Inness, 1-12. Philadelphia: University of Pennsylvania Press.

Iossifides, A. Marina. 1992. "Wine: life's blood and spiritual essence in a Greek Orthodox convent", In Alcohol, Gender and Culture, ed. D. Gefou-Madianou, 80-100, London: Routledge.

Jeanneret, Michel. 1993. "La gourmandise sous haute surveillance", In La Gourmandise, Editions Autrement, Série Mutations / Mangeurs n° 140, Paris, 140-147.

Jones, Martin 2007. Feast: Why Humans Share Food. New York: Oxford University Press.

Kilgour, Maggie. 1990. From Communion to Cannibalism. An Anatomy of Metaphors of Incorporation. New Jersey: Princeton University Press.

Kaufmann, Jean-Claude. 2004. L'invention de soi. Une théorie de l'identité. Paris: Armand Colin.

Le Barzic, Michelle. 2006. "Le plaisir oral est-il nutritionnellement correct ?", Actes du Colloque: Le plaisir: ami ou ennemi de notre alimentation ?(Colloque IFN du 12 décembre 2006), 53-65.

Le Breton, David. 2009. "Du goût en bouche au goût de vivre", In Le goût dans tous ses états, ed. Michel Erman, 5-19. Bern/Berlin: Peter Lang.

Leach, Edmund. 1989(1964). "Anthropological Aspects of Language: Animal Categories and Verbal Abuse", Anthrozoös: A multidisciplinary journal of the interactions of people and animals 2/3: 151-165.

Lévinas, Emmanuel. 1977. Du sacré au saint. Cinq nouvelles lectures talmudiques. Paris:

Éditions de Minuit.
Lévi–Strauss, Claude. 1962a. Le totémisme aujourd'hui. Paris: PUF.
Lévi–Strauss, Claude. 1962b. La Pensée sauvage. Paris: Plon.
Lévi–Strauss, Claude. 1964. Mythologiques, t. I: Le Cru et le Cuit. Paris: Plon.
Lévi–Strauss, Claude. 1983. Le Regard éloigné. Paris: Plon.
Lévi–Strauss, Claude. 2008. Œuvres. ≪Bibliothèque de la Pléiade≫, eds. Vincent Debaene, Frédéric Keck, Marie Mauzé et Martin Rueff. Paris: Gallimard.
Madsen, Stig Toft and Geoffrey Gardella. 2012. "Udupi Hotels. Entrepreneurship, reform, and revival", In Curried cultures: globalization, food, and South Asia, eds. Ray Krishnendu and Tulasi Srinivas, 91–109. University of California Press.
MacClancy, Jeremy and Helen Macbeth. 2004. "Introduction: How to do Anthropologies of Food", In Researching Food Habits. Methods and Problems, eds. Helen Macbeth, and Jeremy MacClancy, 1–14. Oxford: Berghahn Books.
Marin, Louis. 1977. "Puss–in Boots: Power of Signs. Signs of Power", Diacritics 7/2: 54–63.
Masson, Estelle. 2004. "Culturellement, manger, c'est manger ensemble", In L'imaginaire de la table: convivialité, commensalité et communication, ed Jean–Jacques Boutaud, 115–131. Paris: L'Harmattan.
Mauss, Marcel. 1950. Sociologie et anthropologie. Paris: PUF.
Mauss, Marcel. 1925. "Essai sur le don. Forme et raison de l'échange dans les sociétés archaïques", L'Année sociologique tome I(1923–1924): 30–186.
Meigs, Anna. 1977. Sexual Ideology and Pollution Among the Hua of Papua New Guinea. PhD Thesis. Department of Anthropology. The University of Pennsylvania.
Meigs, Anna. 1987a. "Food as a Cultural Construction", Food and Foodways 2: 341–357.
Meigs, Anna. 1987b. "Blood kin and food kin", In Conformity and conflict: Readings in Cultural Anthropology, eds. James Spradley and David McCurdy, 117–124. Boston: Little Brown.
Meigs, Anna. 1997. "Food as a Cultural Construction", In Food and Culture: A Reader, eds. Carole Counihan and Penny van Esterik. 95–106. New York: Routledge.
Mellor, Philip and Chris Shilling. 1997. Re–forming the Body: Religion, Community and Modernity. London: Sage.
Menzies, I. P. 1970. "Psychosocial aspects of eating", Journal of Psychosomatic Research 14: 223–227.
Miller, L., P. Rozin, and A. P. Fiske. 1998. "Food sharing and feeding another person suggest intimacy. Two studies of American college students", European Journal of Social Psychology 28: 423–436.
Mintz, Sidney. W. 1986[1985]. Sweetness and Power. The Place of Sugar in Modern History. Reprint edition. New York: Penguin Books.(『설탕과 권력』. 시드니 민츠 지음/김문호 옮김. 서울: 지호, 1998.)
Mintz, Sidney. W. 1997. Tasting Food, Tasting Freedom. Excursions into Eating,

Power, and the Past. Beacon Press.

Mondher, Kilani. 2006. "Le cannibalisme. une catégorie bonne à penser". Études sur la mort 129: 33–46.

Montanari, Massimo. 1996. "Systèmes alimentaires et modèles de civilisation", In Histoire de l'alimentation, eds. Jean–Louis Flandrin et Massimo Montanari, 103–115. Paris: Fayard.

Murcott, Anne. 1997. "Family Meals : a Thing of the Past ?", In Food, Health and Identity, ed. P. Caplan, 32–49. London: Routledge.

Murcott, Anne. 2012. "Lamenting the 'Decline of the Family Meal' as a Moral Panic ? Methodological Reflections", Recherches sociologiques et anthropologiques 431: 97–118.

Nicholson, Mervyn. 1987. "Food and Power: Homer, Carroll, Atwood and Others", Mosaic 20.3: 37–55.

Nicholson, Mervyn. 1991. "Eat–or Be Eaten: An Interdisciplinary Metaphor", Mosoic 24/34: 191–210.

Nicholson, Mervyn. 1992. "Magic Food, Compulsive Eating, and Power Poetics", In Disorderly Eaters: Texts in Self–Empowerment, eds. Lillian Furst and Peter W. Graham, 43–60. University Park: Pennsylvania State University Press.

Nicholson, Mervyn. 2001. "My Dinner with Stanley: Kubrick, Food, and the Logic of Images", Literature/Film Quarterly 29/4: 279–89.

Ohnuki–Tierney, Emiko. 1993. Rice as Self: Japanese Identities Through Time. Princeton: Princeton University Press.

Okely, Judith. 1983. The Traveller–Gypsies. Cambridge: Cambridge University Press.

Onfray, Michel. 1989. Le ventre des philosophes: critique de la raison diététique. Paris: Grasset.

Peckham, Shannan. 1998. "Consuming Nations", In Consuming Passions: Food in the Age of Anxiety, eds. S. Griffith and J. Wallace, 171–182. Manchester: Manchester University Press.

Piault, Fabrice. 1993. "Éditorial: une place à table", In Le Mangeur: Menus. mots et maux, ed. Fabrice Piault, 10–13. Paris: Éditions Autrement.

Picq, Pascal. 2004. "Imaginez: quand les chimpanzés s'inventer à la table de l'homme", In L'imaginaire de la table: convivialité, commensalité et communication, ed. Jean–Jacques Boutaud, 25–45. Paris: L'Harmattan.

Picquart, Julien. 2011. Notre désir cannibale: du mythe aux faits divers. Paris: Musardine.

Pliner, P., Bell, R., Hirsch, E. S. & Kinchla, M. 2006. "Meal duration mediates the effect of 'social facilitation' on eating in humans", Appetite 46: 189–198.

Pollan, Michael. 2006. The Omnivore's Dilemma: A Natural History of Four Meals. New York: Penguin Press.

Poulain, Jean–Pierre. 1997. "Mutations et modes alimentaires", Autrement 172: 103–120.

Poulain, Jean–Pierre. 2002a. Manger aujourd'hui. Attitudes, normes et pratiques. Paris.

Editions Privat.

Poulain, Jean-Pierre. 2002b. "The contemporary diet in France: 'de-structuration' or from commensalism to 'vagabond feeding'", Appetite 39(1): 43-55.

Poulain, Jean-Pierre. 2004. "Manger pour vivre: des regards sociologiques sur le risque à l'étude des modèles alimentaires", ACTES – Qu'est-ce qu'on mange ? Recherches actuelles sur l'alimentation. Aula F.-X. Bagnoud, Haute Ecole valaisanne/Sion. Samedi 15 mai 2004, 4-20.

Poulain, Jean-Pierre. 2008. "Du goût au plaisir, début d'une thématisation", In Nourrir de plaisir, ed. Jean-Pierre Corbeau, 47-53. Paris: l'OCHA.

Poulain, Jean-Pierre. 2013. Sociologies de l'alimentation: les mangeurs et l'espace social alimentaire. Paris. PUF.

Poulain, Jean-Pierre and Laurence Tibère. 2000. "Mondialisation, métissage et créolisation alimentaire: de l'intérêt du 'laboratoire' réunionnais", Bastidiana 31/32: 225-242.

Richards, Audrey I. 2004[1932]. Hunger and Work in a Savage Tribe: A Functional Study of Nutrition Among the Southern Bantu. London/New York: Routledge

Rigaud, Daniel, Hélène Pennacchio, Omer Van den Bergh, Marie-Laure Lalanne Mistrih, Karen Demange, Jean-Michel Huet, Claude Fischler, Matty Chiva. 2005. "Mise au point d'un questionnaire d'analyse des pensées et sentiments autour de l'alimentation", Cahiers de Nutrition et Diététique 40(6): 312-324.

Rivière, Claude. 1995. Les rites profanes. Paris: PUF.

Rochat, M. 1869. "Caractères différentiels de l'homme et des primates", Bulletins de la Société d'anthropologie de Paris, II° Série, Tome 4: 222-227.

Romeri, Luciana. 2002. Philosophes entre mots et mets: Plutarque, Lucien, Athénée autour de la table de Platon, Grenoble, Éditions Jérôme Millon.

Romeri, Luciana. 2005. "L'akolasia est en nous(Platon, Tim. 72e). Deux solutions à l'intempérance humaine: Platon et Plutarque", Kentron 21: 225-240.

Rosset, Clément. 2004. "Entretien: Clément Rosset, à la table des philosophes", Critique tome LX-685/686: 480-492.

Rotenberg, Robert. 1981. "The impact of industrialisation on meal patterns in Vienna, Austria", Ecology of Food and Nutrition 11: 25-35.

Rousseau, Jean-Jacques. 1990. Essai sur l'origine des langues. Paris: Gallimard.(『언어의 기원』, 장-자크 루소 지음/한문희 옮김, 서울: 한국문화사, 2013.)

Rozin Paul, Linda Millman and Carol Nemeroff. 1986. "Opération of the Laws of Sympathetic Magic in Disgust and Other Domains", Journal of Personality and Social Psychology 50(4): 703-712.

Rozin Paul, Carol Nemeroff, Marcia Wane, and Amy Sherrod. 1989. "Operation of the sympathetic magical law of contagion in interpersonal attitudes among Americans", Bulletin of the Psychonomic Society 27(4): 367-370.

Rozin, Paul and Carol Nemeroff. 1990. "The laws of sympathetic magic, a psychological analysis of similarity and contagion", In Cultural Psychology: Essays on Comparative Human Development, eds. J. W. Stigler, G. Herdt and R. A.

Shweder, 205–232. Cambridge: Cambridge University Press.

Rozin, Paul. 1976. "The selection of foods by rats, humans, and other animals", In Advances in the study of behaviour 6, eds. J. S. Rosenblatt, R. A. Hinde, E. Shaw, C. Beer, 21–76. New York: Academic Press.

Rozin, Paul. 1990. "Social and moral aspects of food and eating", In The legacy of Solomon Asch: Essays in cognition and social psychology, ed. Irvin Rock, 97–110. Hillsdale, NJ: Erlbaum.

Rozin, Paul. 1994. "La magie sympathique", In Manger Magique, Aliments sorciers, croyances comestibles, ed. Claude Fischler, 22–37. Paris: Editions Autrement.

Rozin, Paul. 1996. "Towards a Psychology of Food and Eating: From Motivation to Module to Model to Marker, Morality, Meaning, and Metaphor", Current Directions in Psychological Science 5: 18–24.

Rozin, Paul. 1998. "Réflexion sur l'alimentation et ses risques: perspectives psychologiques et culturelles", In Risques et peurs alimentaires, ed. Marian Apfelbaum, 135–147. Paris: Odile Jacob.

Rozin, Paul. 2007. "Food and Eating", In Handbook of Cultural Psychology, ed. Shinobu Kitayama and Dov Cohen, 391–416. New York: The Guilford Press.

Sánchez Romero, Margarita. 2011. "Commensality rituals: feeding identities in prehistory", In Guess who's coming to dinner: feasting rituals in the prehistoric societies of Europe and the Near East, eds. Gonzalo Aranda Jiménez, Sandra Montón–Subías, Margarita Sánchez Romero, 8–29. Oxbow Books.

Sceats, Sarah. 2000. Food, Consumption and the Body in Contemporary Women's Fiction. Cambridge: Cambridge University Press.

Scholliers, Peter. 2001. Meals, Food Narratives, and Sentiments of Belonging in Past and Present In Food, Drink and Identity. Cooking, Eating and Drinking in Europe since the Middle Ages. ed. Peter Scholliers, 3–22. New York: Bloomsbury Academy.

Schiffer, Michael Brian. 1999. The Material Life of Human Beings. Artifacts, Behavior, and Communication. London/New York: Routledge.

Scrinis, Gyorgy. 2008. "On the Ideology of Nutritionism", Gastronomica 8/1: 39–48.

Serres, Michel. 2014 [1985]. Les cinq sens. Paris: Pluriel.

Serres, Michel. 1992. Eclaircissements: entretiens avec Bruno Latour. Paris: François Bourin.

Slusser, George. 1996. "Introduction: Of Food, Gods, and Men: The Theory and Practice of Science Fictional Eating", In Foods of the Gods: Eating and the Eaten in Fantasy and Science Fiction. eds. Gary Westfahl, George Edgar Slusser, Eric S Rabkin, 1–18. Athens: University of Georgia Press.

Smith, W. Robertson. 1894[1889]. Lectures on the Religion of the Semites. London: Adam and Charles Black.

Sobal, Jeffery. 2000. "Sociability and meals: facilitation, commensality and interaction", In Dimensions of the meal. The science, culture, business, and art of eating, ed. H. L. Meiselman, 119–133. Gaithesburg: Aspen Publishers, Inc.

Sobal, Jeffery, C. F. Bove and B. S. Rauschenbach. 2002. "Commensal careers at entry into marriage: establishing commensal units and managing commensal circles", The Sociological Review 50: 378–397.

Sobal, Jeffery and Mary K. Nelson. 2003. "Commensal eating patterns: a community study", Appetite 41: 181–190.

Srinivas, M. N. 1969. "The Caste System in India", In Social Inequality: Selected Readings, ed. André Béteille, 265–272. Middlesex, England: Penguin Books.

Stano, Simona and Jean–Jacques Boutaud. 2015. "L'alimentation entre identité et alterité. Le Soi et l'Autre sous différents régimes", Lexia 19–20: 99–115.

Symons, Michael. 1994. "Simmel's gastronomic sociology: An overlooked essay", Food and Foodways 5(4): 333–351.

Terray, Emmanuel. 2010, "La vision du monde de Claude Lévi–Strauss", L'Homme 193: 23–44.

Teulon, Fabrice. 1988. "Gastronomy, gourmandise and political economy in Brillat–Savarin's Physiology of Taste", The European Studies Journal 15(1): 41–53.

Torres, C. C., McIntosh, W. A. and Kubena, K. S. 1992. "Social network and social background characteristics of elderly who live alone and eat alone", Journal of Aging and Health 32: 365–373.

Turner, Bryan S. 1994. "Preface", In The Consuming Body, Pasi Falk, vii–xvii. London: Sage.

Tylor, Edward Burnett. 1974[1871]. Primitive Culture Researches into the Development of Mythology, Philosophy, Religion, Art and Custom. New York: Gordon Press.

Van Esterik, P. 2015. "Commensal circles and the common pot", In Commensality: From Everyday Food to Feast, eds. S. Kerner, C. Chou and M. Warmind, 31–42. Oxford: Bloomsbury.

Vizcarra Bordi, Ivonne. 1999. "Au–delà de l'assiette. L'acte alimentaire dans la société et la culture(essai bibliographique)", Anthropologie et Sociétés 232: 145–151.

Weineck, Silke–Maria. 2006. "Digesting the nineteenth century: Nietzsche and the stomach of modernity", Romanticism, 12–1: 35–43.

Wilk, Richard. 2012. "The limits of discipline: towards interdisciplinary food studies", Physiology & Behavior 174(4): 1–5.

Wright, Jacob L. 2010a. "Commensal politics in ancient Western Asia: the background to Nehemiah's feasting(Part I)", Zeitschrift für Alttestamentliche Wissenschaft 122: 212–33.

Wright, Jacob L. 2010b. "Commensal politics in ancient Western Asia: the background to Nehemiah's feasting(Part II)", Zeitschrift für Alttestamentliche Wissenschaft 122: 333–52.

Young, Julian. 2010. Friedrich Nietzsche: A Philosophical Biography. Cambridge: Cambridge University Press.

Zubaida, Sami. 1991. "Utility and symbol in public eating", In Public Eating: Proceedings of the Oxford Symposium on Food and Cookery, ed. Harlan Walker, 1–5. London: Prospect Books.

식자의 삶

초판 인쇄	2021년 2월 22일
초판 발행	2021년 2월 25일

지은이	서종석
발행인	윤성우 Director, University Knowledge Press
편집장	신선호 Executive Knowledge Contents Creator
도서편집	장혜정 Contents Creator
	이근영 Contents Creator
디자인	우승민 Designer
재무관리	조아라 Managing Creator
전자책·사전	장혜린 Contents Creator
발행처	한국외국어대학교 지식출판콘텐츠원
	02450 서울특별시 동대문구 이문로 107
	전화 02)2173-2493~7
	FAX 02)2173-3363
	홈페이지 http://press.hufs.ac.kr
	전자우편 press@hufs.ac.kr
	출판등록 제6-6호(1969. 4. 30)
인쇄·제본	(주)트윈벨미디어 02)2088-1810

ISBN 979-11-5901-851-0 [93120] 정가: 17,000원

* 잘못된 책은 교환하여 드립니다.

HUINE 은 한국외국어대학교출판부의 어학도서, 사회과학도서, 지역학 도서 Sub Brand이다. 한국외대의 영문명인 HUFS, 현명한 국제전문가 양성(International+Intelligent)의 의미를 담고 있으며, 휴인(携引)의 뜻인 '이끌다, 끌고 나가다'라는 의미처럼 출판계를 이끄는 리더로서, 혁신의 이미지를 담고 있다.